税務行政法の制度的環境変化と法的課題

The recent important amendments in the tax administrative law
and these affection on tax practice

日税研論集

Journal of Japan Tax Research Institute

VOL 75

研究にあたって

早稲田大学教授　首藤　重幸

租税の公正（正義）をめぐる議論は，租税実体法と租税手続法のそれぞれの領域で多様な観点から論ぜられる。租税は反対給付なく，一方的に労働の成果を取り上げるという性格を有することから，租税の使途が公正であるか，租税実体法の課税原理が公正であるか，そして租税の情報収集や徴収にかかわる手続が公正であるかによって，租税制度の安定性（国民の信頼）は大きく影響を受けることになる。

租税実体法の領域での課税原理は，制限的所得概念から包括的所得概念への移行を普遍的な租税領域での公正原理としながらも，時代の変化のなかで，浪費される所得と投資等に回される所得への課税の差別化をめぐっての公正，租税による資産格差の是正（所得の再配分）をめぐる公正，人や財が容易に国境を越える環境のなかでの租税の公正，さらには少子高齢化社会における租税の公正など，そこでの公正をめぐって様々な考え方が提起されてきたし，存在しうる。

これに対して，租税手続法の領域での公正は，法の定める租税負担を，国民・納税者の人権保障と税務行政の効率化（確実な租税徴収の確保と効率化）という，時に対立する二つの基準軸のなかで考えられるものであるが，少なくとも法が定めた租税負担が憲法の定める人権保障を基礎とする適正な手続のもとで実現され，誤った課税がなされた場合にはこの適正な手続のもとで是正され，違法に租税負担を免れようとする行為には適正な手続によって相当なる制裁が下されるという，これらの制度が整えられることが租税手続法領域での公正の実現の一般的な条件となる。

租税手続法の領域での公正の実現度は，具体的には通達の作成手続，過大もしくは過小な租税負担の税務行政過程での是正手続（更正の請求や更正処分など），税務調査手続，税務情報収集手続，租税犯則手続，そして不服審査や租税訴訟などの争訟での救済手続などの個別項目ごとに評価されたうえで，その総合的な判断のもとに置かれなければならない。

従来，日本での租税手続法の領域では，租税確保行政のもつ公益性を基礎に，税務行政の効率化の天秤皿に分銅が多く置かれてきたことは否定できない。しかし，近時，このような国民・納税者の人権保障の天秤皿と税務行政の効率化の天秤のアンバランスを是正することをめざして，租税手続に関する重要な制度改正がなされてきている。

本研究は，この近時の租税手続に関する重要な制度改正の内容を分析，評価してみようとするものである。

目　　次

第3章　平成23年国税通則法改正後の税務調査手続の評価と課題

第5章　納税者情報の提供義務をめぐる制度改革と課題……柴　由花・141

第7章　税務訴訟における訴訟法上の問題

第8章　租税法律主義

第１章　研究の目的と概要

早稲田大学教授　首藤　重幸

Ⅰ　研究の目的

近年，更正の請求や税務調査，さらには国税犯則，不服審査，税務情報収集等に関する重要な法的制度改正が進められるともに，従来からの税務行政（税務行政過程，税務訴訟）をめぐる諸論争についても判例・学説の進化が見られる租税領域がある。本研究は，税務行政を研究対象とする近時の税務行政法の理論的状況を，これらの制度改正の内容や実際の運用状況，さらには実際の運用のなかで生じている法的問題も含めて，包括的に確認・検討しようとするものである。

以下，この論集に登載されている諸論文に目を通していただくためのリード文として，各論文について若干の紹介をして行くこととする。

なお，本論集の研究では，当初，「租税法における要件事実論」も検討課題とすることも構想していたが，この課題は近時の重要な租税手続の改正と関連させながら税務行政の現状を論じるという本研究の目的から少し距離を有するものと判断して，最終的に本論集への掲載対象から外すこととした。しかし，本研究会では，近時の「租税法における要件事実論」をめぐる租税法学界の動向には注目すべき点があることは各研究員の共通理解とされていた。そこで，「租税法における要件事実論」の議論の動向について，若干の感想を述べさせていただいた後に，以下の各章で展開される論文の概要を紹介させていただく。

要件事実論とは，主として民事裁判において，原告被告がそれぞれ主張立証すべき要件（事実）は何かを定めるための原理や基準を探求しようとするものである(1)。現在の要件事実論をめぐる議論をリードされている一人の伊藤滋夫氏の定義によれば，「実体法の条文や，判例・内容を分析するとともに，主張証明責任（主張立証責任）の公平妥当な分配を図るという基本的な観点から，民事裁判において，原告被告がそれぞれ主張証明すべき要件（事実）は何かを定めることを目的とするものである」(2)ということになる。この定義からも理解されるように，従来，この要件事実論は主として民事訴訟法学や民事訴訟実務の領域で展開されてきたものである。もちろん，行政訴訟やその一部である租税訴訟も民事訴訟手続を基礎として審理が進められることから，行政法学や租税法学がこの要件事実論に無関心であったわけではない。たとえば周知のように原子炉設置許可取消訴訟（行政訴訟）や推計による更正処分の取消訴訟（租税訴訟），さらには住民訴訟等では，要件事実論を基礎に立証責任（立証の程度を含む）をめぐる激しい議論が展開されてきた。しかし，そこでの議論は，行政訴訟でありながら，主として民事訴訟法学の研究者によって展開されるという傾向が存在していたことは否定できない。さらにいえば，法学部での民事訴訟や民法の法学教育としても，要件事実論に当てられる時間は限定的なものであり，要件事実論は法曹の専門家になっ

---

(1) 永石一郎「当事者からみた要件事実－当事者代理人に必要な要件事実の基礎知識－」（伊藤滋夫・難波孝一編『民事要件事実講座・総論Ⅰ　要件事実の基礎理論』2005年所収）では，要件事実論を具体的にいうならば，与えられた事実，主張群の中から，訴訟物を摘出し，その訴訟物を出発点として，請求原因事実，抗弁事実，再抗弁事実，以下法律効果の発生をもたらす攻撃防御方法の分配（攻撃防御方法の構造）をいかにすべきかを論ずるものをいい，論者によりその内容は異なるとしている（118頁）。

(2) 伊藤滋夫『要件事実の基礎－裁判官による法的判断の構造［新版］』（2015年）96頁。

てから学べばよいとの位置づけがあったように思われる。

このような状況は，法科大学院（ロースクール）の設置により大きく変化したようである。学問と実務を結合する教育を目指す法科大学院の設置を前に，法科大学院での要件事実教育の方法が広く論じられることになり，実定法研究者も要件事実論を基礎にしながら法解釈論を講義し，研究する必要性を意識することになった。そして，この事態は，法学部での民事訴訟教育のみならず，それ以外の各法領域での裁判的救済の教育内容にも一定の影響を与えている。

法科大学院の発足にともなう要件事実論のイメージについて，山野目章夫氏は次のような例を示されている。民法の本のなかでの，「所有権に基づく返還請求権とは，権原を有しない占有者に対し所有者が物の返還を請求することができる権利である」とい説明は誤りかという問題を設定し，これは平面的描写としては一個の説明であるが，訴訟における主張立証を考慮して説明（民法理解の立体化）がなされなければ不十分であるとする。すなわち，被告に占有権原がないことを原告となる所有者が証明しなければならないのか，それとも被告である占有者のほうで占有権原を有することを証明しなければならないかの議論と結合した立体的な説明がなされるべきであり，これが要件事実論によって立ち現れるイメージであると述べられている(3)。

さて，租税法における要件事実論が問題として本格的に提示され，租税法学界でも注目される嚆矢となったものの一つが，2011年11月27日に開催された「租税法要件事実研究会」（法科大学院要件事実教育研究所主催）での各研究報告と「意見交換」（議事録）の内容であろう(4)。この研究会の意見交換の場では，「裁判規範としての民法」論を基礎に租税法規を裁判規範として把握することの可能性と意義（そもそも民法の要件事実論を租税裁判においても採用しうるかの問題も含む），さらには租税訴訟における立証責任論争の主戦

(3)　山野目章夫「実況・要件事実論入門講義」（伊藤滋夫編『要件事実の現在を考える』2006年所収）58頁。
(4)　この内容は，伊藤滋夫編『租税法の要件事実』（2011年）を参照。

場である推計課税の合理性をめぐる議論などが検討の対象とされている。

この研究会をリードされた伊藤滋夫氏の主張する「裁判規範としての民法」という議論については，まず，事実が存否不明になったときにも，裁判官が判断をすることが不能にならないように立証責任のことまで考えて要件が定められている民法のことを裁判規範としての民法というと定義される。しかし，この裁判規範としての民法を定めた民法典は実際に存在しないことから，裁判規範としての民法の要件は通常の民法を基礎にした解釈によって構成しなければならないとする(5)。この具体例として，虚偽表示に関する民法94条2項（1項：相手方と通じてした虚偽の意思表示は，無効とする。2項：前項の規定による意思表示の無効は，善意の第三者に対抗することができない。）を採り上げ，裁判において第三者の取得の可否について当該第三者の善意・悪意が不明の場合，善意が明確なときにのみ第三者を保護するのが正しいとするのが法の趣旨に適合する解釈であるというのであれば，（善意を積極要件として認識して）第三者が善意であることを立証しなければならないとし，悪意が明確でない限り第三者を保護するのが正しいと解釈すべきことになれば，（悪意を消極要件として認識して）無効主張する者が第三者の悪意を立証しなければならないとするのが「裁判規範としての民法」の考え方の例であるとする(6)。

以上のような考え方にそって「裁判規範としての租税法」を考える場合，法律要件（租税法においては課税要件という）の存否にかかわる具体的事実の存否が不明な場合の立証責任の所在を考えて租税法規の解釈をしてゆくということになるのであろう。この裁判規範としての租税法の考え方については，租税法学界ではこれを支持する説と若干の警戒を示す説がある(7)。上記の意

(5) 伊藤滋夫『要件事実の基礎－裁判官による法的判断の構造』（2000年）183頁以下。

(6) 伊藤・同上184頁。この虚偽表示の事例につき，法（制度）の趣旨をどのような観点から考えていくのかの具体的な考察について，伊藤滋夫「要件事実論－民事訴訟を中心として」（租税訴訟学会『課税要件と要件事実』（平成27年度総会，研修会・研究会資料）所収185頁）では取引の安全等をどれほど重視するかが重要になるとする。

味での裁判規範としての租税法の考え方を支持する考え方の基礎にあるのは，租税訴訟は税額の多寡を争い，租税債権・債務関係を定めた租税法の解釈適用が中心的争点であることから，それが民事訴訟における債務不存在確認請求と似た側面をもっているということである。これは，租税訴訟における立証責任の考え方につき，一般的に民事訴訟における法律要件分類説・修正法律要件分類説による立証責任分配の基準がなじみやすいものとして主張される理由でもある(8)。このことからして，裁判規範としての租税法への評価は，まずは，租税法における課税要件は税金という金銭債務を発生させるための法律要件であって，私法上の法律要件と異なることはないという考え方をどのように評価するかという点から始めなければならないものと思われる。そして，裁判規範としての租税法という考え方は，租税法の趣旨・目的から，租税法規の定める課税要件事実が不明な場合の立証責任の分配を導くことを他の立証責任分配をめぐる学説よりも強調することとから，租税法の趣旨・目的はどのように把握するべきものか（民法規定と同様に論ずることができるのか），そして，そもそも「文理解釈」が原則とされる租税法解釈において趣旨・目的による解釈が（どの範囲で）許容されるのか，さらには，従来の租税法解釈の原則とされてきた「文理解釈」とは何か，等の点を改めて問題として提起することにならざるをえない。

田中治氏は，上記の「租税法要件事実研究会」（法科大学院要件事実教育研究所主催）の研究報告において，「租税訴訟において法の趣旨目的を確定する意義と手法」というテーマを設定されているが，このテーマは租税法における要件事実論を議論する場合の極めて重要な論点にかかわるものである(9)。

---

(7)　伊藤滋夫・岩﨑政明『租税訴訟における要件事実論の展開』（2016年），さらには伊藤編・前掲注（4）所収の諸論文や意見交換において，「裁判規範としての民法」論への支持とともに，裁判規範という用語の使用方法も含めた若干の疑念を示す主張が示されている。

(8)　法曹會『税務訴訟の審理について（第3版）』（2018年）175頁。

(9)　田中治「租税訴訟において法の趣旨目的を確定する意義と手法」（伊藤編・注（4）所収）127頁以下。

この論点は，裁判規範としての租税法という議論の地平では特に重要なものであるが，法の趣旨・目的に注目する修正法律要件分類説等の評価に関連しても重要な意義を有する。そして，この報告のなかで田中氏は法解釈の学問的分析の最先端に位置されると思われる笹倉秀夫『法解釈講義』（2009年）などに示される解釈方法論を基礎に，これと租税法解釈との関係にも関心を寄せられている（笹倉氏が示される解釈方法の分類論の租税法解釈にとっての有用性については，さらなる検討が必要とされている）(10)。この解釈方法（論）に関連して，若干のコメントをしておきたい。笹倉氏によれば，紛争が発生して法解釈が問題とされる場合には，まず，紛争の主要な事実を抽出した上で，それに適用される法源（制定法等）を選択し，まずは「法文自体の意味（文理解釈）」→「条文同士の体系的連関」→「立法者の意思」→「立法の歴史的背景」→「法律意思」（＝正義・事物の論理・解釈の結果）の順番(11)で法文の意味を大枠において確定し，事件の処理方向を定める作業を進める。そのうえで，法文自体の意味での解釈（文理解釈）によって解釈者の解釈を正当化できると考えれば，この「文理解釈」を基礎に「文字通り解釈」を展開してゆく。文字通り解釈で解釈者の解釈的結論を正当化できない場合には，条文同士の体系的連関，立法者の意思，立法の歴史的背景，法律意思の検討のもとで条文の意味を確定し，それを踏まえて「拡張解釈」，「縮小解釈」，「反対解釈」，「もちろん解釈」，「類推解釈」等で解釈論的結論を言語的に正当化してゆく（文理解釈や条文同旨の体系的連関などの条文の意味の確定作業と，それを踏まえて

---

(10) 田中・同上128頁。

(11) 笹倉『法解釈講義』によれば，「文字通り解釈（文理解釈）」は法文自体としての意味をとらえる作業，「体系的解釈」は他の条文や法命題（法律・慣習法・先例・条理の）との関連で法文の意味を絞る作業，「立法者意思解釈」とは立法者が明示した立法目的，条文についての立法者の定義，立法者によるその条文の体系的位置づけ，先例との関係づけ等に従って法文の意味を絞る作業，「法律意思解釈」は以上の解釈作業では決め手となる解釈を導くことができないとか，それらだけで決めると不都合な結果を生むとか，参照すべき適当な資料がない場合に，解決方法が正義にかなうか，事物のもつ論理にあった運用ができるか，そして，この解決法がルール化されても大丈夫かなどを考慮して法文の意味を確定してゆく作業である（笹倉・5頁以下）。

の拡張解釈や縮小解釈の言語による正当化作業は何度も行き来をする)。租税法学で通常使用される「文理解釈」という用語の意味は，法解釈（方法）論における上記の意味での文理解釈にもとづく文字通り解釈の意義の範囲を超えている場合が少なからず存在しているように思われる。そして，租税法領域においても厳格解釈や縮小解釈，さらには類推解釈などが「目的論的解釈」という名で行われている。このようなことから，租税法の趣旨・目的を踏まえて立証責任と結合した租税法規の解釈をするというときに，それが「文理解釈原則から制限される」と主張される場合も，文理解釈による結論が妥当性を欠くとして目的論的解釈をすべきとする主張をする場合にも，笹倉氏によって示されているような法解釈（方法）論の基本的枠組みも参考にしながら，そもそも租税法が使用する文理解釈，目的論的解釈とは何であるのかを，再度，精密に検討しなければならないであろう。戦後法学四大論争のなかの法解釈論争(12)は，1953年私法学会での来栖三郎氏の報告「法の解釈と法律家」(13)によって，全法学領域を包括する論争に拡大してゆく。来栖氏は「こうみてくると，何と法律家は威武高なことであろう。常に自分の解釈が客観的に正しい唯一の解釈だとして，客観性の名において主張するなんて。しかし，また見方によっては，何と気の弱いことであろう。万事法規に頼り，人間生活が法規によって残りくまなく律せられるように考えなくては心が落ち着かないなんて。そして，何とまた法律家は虚偽で無責任なことであるか。何とかして，主観を客観のかげにかくそうとするなんて。」と述べて，法解釈作業の性格を学問的にとらえなおす必要性とともに，解釈作業における解釈者の責任を明確に自覚すべきことを主張した。租税法律主義のもとに構築される租税法学といえども，法解釈論争の学問的財産（成果）から無関係な場所に位置することはできない。租税法における要件事実論の議論，とくに

(12)　法社会学論争，法解釈論争，判例研究方法論争，現代法論争が戦後四法学論争と呼ばれている。

(13)　来栖三郎「法の解釈と法律家」（私法11号・1954年）22頁。もちろん，日本での法解釈論争の基礎には自由法論，利益法学，そしてリアリズム法学などの諸外国での法解釈方法論をめぐる理論動向がある。

裁判規範としての租税法を主張する議論は，租税法の解釈方法論を租税法学において再検討すべき課題を新たに提供しているように思われる（租税法解釈論では，つねに「(純粋な経済的）実質主義」という法文に書かれざる，租税法律主義原理と強い緊張関係を有する原理が背後に隠れて影響を与える。このような租税法解釈の特徴を明確に学問的に分析，位置づけながら，租税法における法解釈方法論，なかでも判例・学説が使用する文理解釈とは何か等の再検討が必要となる)。

もう一つ，課税要件が租税権債・債務の発生要件であるといえることから，私法上の法律要件と基本的に異なることはなく，民事訴訟で発展してきた要件事実論と親和性をもつという，租税訴訟の立証責任を考える場合の骨格をなしてきた議論をどう評価するかが問題となる(14)。この点につき，谷口勢津夫氏は，租税訴訟における要件事実論（立証責任論）は，民事訴訟における要件事実論と親和性をもつとの主張を容認しながらも，租税法の趣旨・目的を考慮して課税要件を解釈する場合，その趣旨・目的のなかに権力的な要素をいれてくると，純粋な意味で租税請求要件であるはずの課税要件が，権力的な要素を含むような租税命令要件として実際上解釈・運用されるおそれがあると指摘し，租税法における要件事実論は一般民事とは同じようにはいかないとしている(15)。租税債権・債務の発生を私法上の債権・債務の成立と基本的に差異はないとする議論は，従来の税務行政過程における過剰な権力的手法の行使を抑制するための有力な理論的根拠を与えたが，「国家が，特別の給付に対する反対給付としてではなく，公共サービスを提供するための資金を調達する目的で，法律の定めに基づいて私人に課する金銭給付であ

---

(14)　山田二郎「税務訴訟の訴訟物と租税法の要件事実」（注（4）文献所収）は，租税訴訟も民事訴訟と比較して，訴訟の構造や要件事実に異質といえる差異があるものでないといえるが，租税の課税要件（要件事実）は経済取引のような事実そのものではなく，私法上の法律効果（例：売買，贈与，相続）が課税要件を構成しているのが通例になっているという差異には注目しておく必要があるとしている。

(15)　前掲注（4）文献中の意見交換（議事録）の谷口勢津夫氏の発言（15頁）

る」[16]との定義からも理解されるように，租税債権・債務の法的性格（法関係の成立過程も含め）は，特別な給付と反対給付が対等に対抗する通常の私法上の法関係とは異なるものである。法関係の当事者間において一方当事者に法的優位が存在する関係（同意なく租税を強制的に課す法的手法を認められている）は権力関係と定義されることになるが，租税をめぐる納税者と国家の関係は明らかに権力関係である。このよう法関係のもとでは，民事の要件事実論は租税事件における要件事実論（課税要件事実論）とは基本的に親和性を有しないということも可能であるように思われる。それゆえ，租税訴訟の立証責任の分配論については，租税訴訟実務も基本的に依拠しているとされているところの[17]，国民の自由権を制限したり，国民に義務を課す処分の取り消しを求める訴訟については国（行政庁）に処分が適法であることについての立証責任があり，国民の権利領域を拡大する請求をする訴訟については国民に請求の法的根拠があることの立証責任があるとする考え方が妥当であるように思われる（この考え方による立証責任の分配論は，法律要件分類説による分類論と結果的に一致する場合が多いが，この一致は結果論であり，法律要件分類説が行政訴訟・租税訴訟において最初に選択されるべき立証責任の分配基準論になるものではない）。もちろん，これは原則であり，当事者の公平，事案の性質，事物に関する立証の難易度等によって具体的な事案について立証責任の配分を修正する必要がある[18]。たとえば，生存権にかかわる訴訟において原告たる国民に立証責任を負わせることについては，原則の修正が考慮されなければならない[19]。

以上，民事の要件事実論をめぐる理論の理解は容易ではなく，その正確な理解が不十分であるにもかかわらず，租税訴訟における要件事実論にかかわって，近時，租税法研究者のなかで支持が拡大しているように思われる裁判

(16)　金子宏『租税法（第22版）』（2017年）9頁。
(17)　法曹會・前掲注（8）174頁。
(18)　同上・174頁は，この当事者の公平や事物に関する立証の難易度等を重視しすぎると，行政の便宜が過度に強調される危険性があると指摘する。
(19)　同上・174頁。

規範としての民法の議論を基礎とした租税法における要件事実論の議論につき，若干の感想めいたものを述べさせて頂いた。もちろん，租税訴訟における要件事実論の一般的有用性については，誰しもこれを認めるところであろう。

上述のように本論集での研究では租税裁判における要件事実論を個別の検討課題とする計画をたてていたことから，以下で概略を紹介する高野論文（「税務訴訟における訴訟法上の問題」）では，租税訴訟における立証責任の問題については触れない構成とした。しかし，租税訴訟における要件事実論を独立の章として構成できなかったことから，本研究においては租税訴訟における立証責任の立ち入った検討はできないままになってしまった。この租税訴訟における立証責任の具体的問題（さらには要件事実論にもとづく租税訴訟での具体的な攻撃防御の組み立て）については，租税訴訟における要件事実論の議論をリードする今村隆氏の『課税訴訟における要件事実論［改訂版］』（2013年），さらには法曹會『租税訴訟の審理について（第3版）』（2018年）を参照されたい。

租税訴訟における立証責任の問題（難問）は，ほぼ推計課税の領域に集中しているといってよい。たとえば，前述の「租税法要件事実研究会」（法科大学院要件事実教育研究所主催）での「意見交換」（議事録）のなかで，推計課税による更正処分の取消訴訟における，いわゆる原告である納税者からの実額反証は，文字通り「反証」で足りるのか，それとも立証責任を負う再抗弁なのかという点が問題とされている。反証で足りるとすれば，原告は証拠提出の負担を負うのみで，裁判所の心証を真偽不明の状態に戻せば足りるということになる(20)。これについては，学説上の対立があるが（この基礎には，推計課税の本質をめぐる「事実上推定説」と「補充的代替手段説」の対立の影響がある），再抗弁説が有力に主張されているようである(21)。再抗弁説は，実額が

(20)　同上・232頁，今村隆『課税訴訟における要件事実論［改訂版］』（2013年）33頁以下。

(21)　近時の裁判例は，再抗弁説に立つものが多いと指摘されている（上松晴子「推計課税の適法性」奥田隆文・難波孝一編『民事事実認定重要判決50選』2015年所収，521頁）。

認定されれば，どのような推計方法であっても（その推計の合理性のいかんにかかわらず）実額が優先する（「実額は推計を破る」）という関係から，実額反証は再抗弁であるとし，そのうえ訴訟の段階で初めて実額の主張をすることを公平の観点から評価すれば原告の立証責任とするのが妥当であるとする(22)。

租税訴訟における要件事実論への注目度を高めたものに，東京地裁平成11年3月30日判決（訟務月報46巻2号899頁）がある。この事案は以下のようなものである。消費税法30条7項は，仕入税額控除（同条1項）の規定を，事業者が当該課税期間の課税仕入れ等の税額の控除に係る帳簿及び請求書等を保存しない場合には，当該保存がない課税仕入れ又は課税貨物に係る課税仕入れ等の税額については適用しないと定める。このような規定のもと，原告たる納税者が税務調査の時点で提示を拒否したことから課税庁は仕入税額をゼロとして更正処分をおこなったが，更正処分の取消訴訟の段階で原告は帳簿を「後出し」し，仕入税額控除の「保存」要件は充足されているとして，当該更正処分の取り消しを求め出訴した。この事件の争点は，このような後出しを仕入れ税額控除の要件たる帳簿等の「保存」として評価できるかということである。国側は，当初，保存は物理的保存のみでなく，提示要求に対する提示を含んでおり，「後出し」は認められないと主張していたが，この主張は条文構造からは無理のある解釈であることは否定できないところ，東京地裁判決は，この争点につき要件事実論の観点から対応をしたことで租税裁判における要件事実論の議論に大きな影響を与えたものと評価されている(23)。判決は，ⅰ）保存とは，税務調査での調査に応じて，帳簿等の内容

(22)　法曹會・前掲注（8）233頁。なお，同上・上松論文は，実務的には反証で足りるにせよ立証責任を負うにせよ，推計の合理性を崩すには，信頼のおける帳簿又は原始記録の存在が必要であるから，反証か再抗弁かで結果に相違が発生することはないのではないかと指摘している（521頁）。

(23)　今村・前掲注（20）は，今となれば本件東京地裁判決の整理は当たり前のように思われるかもしれないが，「コロンブスの卵」であり，この発想は当時としては画期的な考え方であったと評価している（125頁以下）。

を確認することができる状態，態様で保存を継続していることとしたうえで，ii）仕入れ税額控除を否認するための要件事実は「保存がないこと」であるとし，その立証責任は課税庁にあるとする。iii）しかし，保存が「ないこと」の立証は困難であることから，調査で求められた帳簿等の提示がなかったことの立証で，保存がなかったことが推認されるとし，帳簿等の「後出し」は，この推認に対する反証という位置づけを与えた（裁判の結果は請求棄却）。

II　各論文の概要

1　平川論文（納税者からの税額修正手続－更正の請求を中心に）

平成23年の国税通則法改正により，通常の更正の請求にかかる期間制限が従来の1年から5年に延長された（これに対応して，増額更正処分の除斥期間が3年から5年に延長された）。この更正の請求の改正については，そのほか一定範囲で当初申告要件の廃止，更正の請求をする際の更正の請求の理由の基礎となる「事実を証明する書類」の添付義務，内容虚偽の記載をした更正の請求書を提出した者に対する罰則の創設などの重要な改正が同時になされた。

本論文は，更正の請求にかかる平成23年改正の内容を紹介してその意義を検討しているが，なかでも通常の更正の期間制限が1年以内から5年以内へと延長されたことによって発生する新たな問題や，それが従来の更正の請求をめぐる議論にどのような影響があるのかを詳細に検討している。さらに本論文は，更正の請求について従来から問題とされてきた事項についての近時の学説や判例の動向も検討の対象としている。

従来からの問題として，租税法が概算経費控除の特例や税額控除等の定めにおいて納税者に選択権を認めている場合で，納税者がその選択に過りがあった場合にも，単純な計算ミスや課税要件事実の誤認などの場合に認められると規定される通常の更正の請求（国税通則法23条1項1号）が認められるかが問題とされてきたが，これを認めるとした最判平成21年7月10日を踏まえた平成23年度税制改正において，一定の控除等の選択にかかる当初申告要件や控除限度額要件が廃止されることとなったことが指摘されている。

ついで本論文は，通常の更正の請求期限が5年に延長されたことから，この5年の期間制限内に，後発的理由による更正の請求（平川論文は，谷口勢津夫教授の提案する「特別の更正」の請求という用語を使用している）に該当する事態が発生することに着目し，通常の更正の請求と後発的理由による更正請求が重複・交錯する場合の問題を検討している。これについては，「不動産を譲渡した売主が，その譲渡所得につき確定申告をした後，買主による解除権の行使により売買契約が解除され当該譲渡所得が消滅し，当該解除の日から2月の満了日が法定申告期限から5年以内に到来する場合」というような事例を設定し，二つの更正の請求の関係につき二つの考え方が存在することを紹介する。第1の考え方は，二つの更正の請求のいずれもできないとするものであり，通則法23条2項括弧書きにより，同23条2項3号，通則令6条1項2号を理由として後発的理由による更正の請求をすることはできず，また，申告段階では，課税標準等もしくは税額等の計算が「国税に関する法律にしたがっていなかった」または「計算に誤りがあった」（通則法23条1項柱書き）わけでもないので，通常の更正の請求もできないと解することとなる。

これに対して，第2の考え方は通常の更正の請求が認められるとして，通則法23条2項は，法定申告期限後に生じた一定のやむを得ない理由（後発的理由）によって過誤要件が充足された場合または過誤要件の充足が確認された場合について，同条2項各号所定の期間の満了する日が法定申告期限から5年を経過した日以後に到来する場合について更正の請求を定めるものであり，当該期間の満了する日が法定申告期限から5年以内に到来する場合については，同条2項各号所定の期間は適用されず，同条1項所定の期間制限が適用されると解することになるとする。本論文は後者の説を支持し，それが既存の判例とも整合的であるとする。

さらに，本論文は上記の国税通則法23条の1項と2項の関係に対する後者の第2の考え方は，通則法23条1項と各個別租税法における更正の請求の特例との関係について同様に当てはまるかという点も検討している。特に相続税法の実務において問題があると指摘されていた相続税法32条1項の更正の請求の特則（更正事由が生じたことを知った日から4月以内という期間制限）と国税通則法23条1項との関係について，「法定申告期限から2年目に，遺留分減殺請求による返還額が確定した場合（相続税法32条1項3号）に，当該事由が生じたことを知った日の翌日から4月を経過した後でも，更正の請求をすることができるのであろうか」というような事例を設定して，その可否を検討している。この問題につき本論文は，国税通則法23条1項による更正の請求ができるとする。

そのほか本論文は，平成23年の改正によって更正の請求の制度について創設された当初申告要件の緩和，事実を証明する書類の添付義務，故意による内容虚偽の更正の請求に対する罰則などについても個別的に検討を加えている。さらに，更正の請求の期間制限が5年に延長された点については学説からは積極的な評価が与えられているが，一部に消極的評価も存在していることから（更正の請求の期限が5年に延長されたことの意義は，これと連動して更正の除斥期間が5年に延長されたことと総合して評価されるべきであり，この総合的観点からは課税庁に大きなメリットがある改正であるとする主張もある）本論文は改正後の更正の請求の件数が増加しているなどのデータなども基礎にしながら，期間制限の延長には積極的な評価が与えられてよいとしている。

2　藤曲論文（平成23年国税通則法改正後の税務調査手続の評価と課題）

平成23年12月の国税通則法の改正により，新たに税務調査手続の一般的な通則が同法中に定められるところとなった（施行は平成25年1月）。平成21年に誕生した民主党政権は，納税者権利憲章の制定を重要施策の一つとして掲げており，その憲章を国税通則法の一部改正で実現させるとしていた。そして，この納税者権利憲章の内容の最重要課題が税務調査手続の改革ということであったが，この納税者権利憲章の制定という政策課題は実現されなかった。しかし，納税者権利憲章制定の動きは，国税通則法のなかに通則としての税務調査手続を新たに整備するという結果を生じさせることになったといえる。

さて，この新たな平成23年の国税通則法改正により法規として定められた税務調査手続（法）の運用が，従来の税務調査実務をどのように変化させているのか，その変化が税務調査の場面における納税者の権利擁護という点で積極的な意味をもつ方向に進んでいるものなのか，そして課税の公平という点からも無視しえない徴税の効率化という要請にどのような影響（さらには税務調査の場面での納税者の権利保護と徴税の効率化の対抗関係の変化）を与えているのか等は，極めて重要な検証すべき課題である。

藤曲論文は，上記の検証課題を，税理士の立場から税務調査実務に直接にかかわって得た知見も基礎にしながら学問的に検討しようとするものである。本論文は，国税通則法の改正による税務調査手続の法定化については，とくに調査結果に対する税務当局の説明責任が強化された点に積極的な評価を与える。さらに，改正後の税務調査手続の税務組織内での具体的な流れを見たあとで，予想された通りに調査件数が減少している事実を指摘するとともに，その減少の原因の一つである調査期間の長期化は争点整理表や調査結果説明書の作成の厳格化によるものであるとしている。

現在，平成25年から課税庁によって税務調査実務に持ち込まれた，納税者と税務調査担当者の質疑応答を文書化する「質問応答記録書」の評価が問題となっている。この書類作成への納税者の協力は任意であるが，納税者が同意して作成に協力する場合には調査担当者から納税者に署名押印が求められることになる。この文書が作成された場合には，課税処分や，その後の争訟における課税庁側の証拠資料としての重要な意味をもつことになることから，納税者は署名押印に応ずるべきか否かについて判断に迷う場合が出てくる。本論文は，この制度の意義を一定範囲で認めたうえで，課税庁も自ら認めているところであるが，この文書が課税処分のための証拠資料として作成されることを納税者に明確に説明するべきであるとする。また，国税通則法改正による税務調査手続の厳格化のなかで，同法改正後に質問応答記録書のような，従来にない新しい税務調査手法が創出されてきていることを，税務調査の議論をする際には正確にその議論の射程に取り込んでおく必要性も指摘している。

また，改正後の税務調査手続において，争点整理表や調査結果説明書，質問応答記録書などの整備が過度に求められると，税務調査にかかわる税務署内での手続が定型化されることで，税務調査過程における調査担当者の対応に柔軟性が失われ，硬直化してくる可能性が生じることを本論文は指摘する。そして，税務調査における両当事者の調整・合意による解決（柔軟性）は改正後も必要であり，わが国の税務行政は，それなくしては執行実務が成り立たないのではないかとし，税務当局が調査事務手続の形式的な整備（更正処分や訴訟に耐えうる書類の作成）に多くの労力を注入することになれば，納税者への柔軟な対応が欠如することになることを指摘する。

そのほか本論文は，税務調査にかかわって従来から議論の対象とされてきた手続的要件としての「調査について必要があるとき」の解釈，反面調査についての事前通知の必要性，行政指導（純粋任意の税務調査）との区分などにも言及する。また，税務調査の後になされる修正申告の勧奨をめぐり，勧奨内容を不満とする納税者は，勧奨に応じて修正申告をした後に更正の請求をするか，勧奨に応じないで更正処分を待つかの選択をするかにかかわって生じる問題についても興味ある検討を加えている。

さらに，平成 13 年に設置された納税者支援調整官制度の現状について検討し，その課題を指摘する。そして，ICT や AI 等を活用して課税・徴収の効率化・高度化を進める必要があるとし，これと関係して将来において構築されるべき税務調査手続システムについても言及する。

3　山元論文（不服審査制度改正の租税実務への影響）

平成 26 年の行政不服審査法の改正に対応して，国税通則法の改正の形で国税領域での不服申立制度の改正がなされた。行政不服審査法の改正は，不服申立ての類型の一元化，審理員による審理手続，行政不服審査会等への諮問手続の導入等，かなり抜本的な見直しがなされたが，国税通則法での不服審査制度の改正は税務行政の特殊性から，行政不服審査法の改正に全面的に対応するものではなく，相当に制約された範囲内での改正にとどまることになった。しかし，異議申立てと審査請求の二元的な不服審査制度を原則的に廃止して審査請求に一元化した改正については，従来から異議申立て強制の存在意義について強い疑問もあったことから，積極的に評価されているようである。

山元論文は，不服審査の一元化，納税者の任意の選択で利用できる「再調査の請求」，不服審査申立期間の延長などの改正によって導入された制度の検討，さらには従来から議論の対象とされてきている国税不服審判所の審査方法の現状と課題，さらには国税不服審判所を担当機関とする事前照会制度の導入などの提案，などについての考察をおこなう。

さらに山元論文は，国税不服審判所が納税者と課税機関との関係でどのような位置づけをなされるべきかについて，国税不服審判所を徴税機関たる行政組織としての最終的な原処分の見直し機関とみるか，国税組織内部での審理とは異なる第三者機関的な機関とみるべきについての対立があることを指摘すると共に，この問題は国税不服審判所が税務通達に拘束されなければならないか否かの考え方に影響を与えるとする。なお，再調査の請求は，要件事実の認定が争点になっている事案については，再調査の請求による審理を求めることにメリットがあるとしている。

地方税に関する不服審査については，固定資産の登録価格に関する不服審査を除いて，行政不服審査法の手続が適用される場合が多いことを考えると，行政不服審査法により地方自治体に設置される行政不服審査会に地方税の不服審査をゆだねるよりも，審理を国税不服審判所に併合するなどのことが考えられてよいのではないかとする。さらに，租税法規の解釈に不明確な点がある場合の統一的解釈をおこなう権能をもつスウェーデンの第三者的な委員会である事前照会委員会（リッツ・ネムンデン）のような組織の新たな設置や，そのような権能の一部を国税不服審判所に担当させることも検討の余地があるとする。

4　柴論文（納税者情報の提供義務をめぐる制度改革と課題）

必要な財政需要を充足するための税収の確保は，公平な課税制度のもとでの，まずは納税者による誠実な申告義務の履行によって担保されることになる。しかし，この義務が誠実に履行されていない場合には，納税者に対して課税庁による第二次的な税収確保のための権力的な対応が要請されることになる。誠実な申告義務が履行されているかの評価や，履行がなされていないと判断された場合の課税庁の権力的手段による税額の確定には，税額確定に必要な課税要件事実が可能な限り客観的な資料をともなって課税庁に把握されなければならない。この場合の課税要件事実の把握は現在，取引手法の多様化，国際取引の増大（さらには税務調査の実調率の低下などもある）などによって，ますます困難となっている状況がある。このような状況への対応策として，公平な課税を担保するための法定資料の提出義務の範囲が拡大してきている。

本論文は，拡大してきているとはいえ現在の法定資料提出義務ではカバーできていない，インターネットを介した個人間の取引（海外との取引も含む）にかかる捕捉困難な所得につき，その取引の仲介役ともいうべきプラットフォーム事業者（財やサービスの提供者とその消費者とのインターネットを利用しての取引を，インターネット上にプラットフォームを設けて促進する仲介者）に対して納税者情報の提供を，現在の法制度のもとで義務付けることができるのか，さらには，同事業者への反面調査という方法でインターネット上での取引の当事者の税務情報を課税庁が取得することが出来るのか等，税務情報の取得をめぐる最先端の問題を検討するものである。

本論文は，プラットフォーム事業者を介してのインターネット上での個人間取引を，「シェアリングエコノミー（共有経済）」（場所，乗り物，モノ，人，お金などの遊休資産をインターネット上のプラットフォームを介して，個人間で貸借や売買，交換することでシェアしていく新しい経済（シェアリングエコノミー協会の資料より引用））の視点から注目するものであることから，いわばシェアリングエコノミーのもとでの税務情報の取得ともいうべきサブテーマをもつ論稿であるといえる。本論文は，シェアリングエコノミーの考え方や，それにかかわる規制の現状についても詳しく論じている。

本論文は，プラットフォーム事業者に法定調書の提出義務を課すについては立法論としては検討する価値があるとしているが，決済インフラを提供する場合が多く，提供者の収入について把握していることが一般的であると考えられるプラットフォーム事業者が管理している情報を，年1回，確定申告の時期の前に税務当局に報告するとともに，提供者に対しても確定申告が必要である旨の情報を提供するという提案については，単なる仲介役にすぎない業者にとってはその事務量が負担の重いものとなり，提出義務違反には罰則も用意されるであろうことを考えると，容易に賛成できないとしている。

プラットフォーム事業者を介した取引については，納税者本人や，その直接の取引の相手方について質問検査権を行使することは難しいことから，課税庁は，プラットフォーム事業者への反面調査によって納税者情報を収集することが考えられる。モノやサービスの提供者への税務調査については，取引の相手方である消費者に対しておこなうことが困難である可能性も高く，プラットフォーム事業者への反面調査をおこなうことが考えられる。しかし，そもそも反面調査はあくまでも任意調査という限界があるとともに，プラットフォーム事業者は，モノやサービス提供者に対して守秘義務があることから，プラットフォーム事業者への反面調査には検討すべき問題が多く残されているとする。これに関連して，本論文内に，プラットフォーム事業者が税務調査に協力する旨を，モノ・サービス提供者や消費者に対してプライバシーポリシー等で明言しておくという興味ある実例が紹介されている。

5　伊藤論文（租税逋脱犯の諸問題）

平成29年度の税制改正により国税犯則取締法（国犯法）が廃止され，国税犯則にかかる定めは国税通則法に編入された。この改正によって国税犯則調査手続につき，差押え対象物件の電子データ等への拡大や臨検等の夜間執行に関する規定などが整備されたが，基本的な部分についての制度改正はなされなかった。

従来，租税犯，なかでも逋脱犯（狭義の脱税犯）の構成要件の理解をめぐっては激しい学説の対立が見られるところであるが，この理解は刑法学の領域に属するものと認識されているからであろうか，従来の租税法学における議論は活発になされてきているとはいえないであろう。しかし，税務事務の大量性等の性格が安易に強調されて租税犯の構成要件が緩やかに理解されることになれば，即座に納税者の人権侵害の危険性が生じることになる。租税法律主義による人権保障を学問的目的とする租税法学の検討対象は，租税手続領域に及ぶべきことは当然であるが，その際には租税犯の成立に関する手続的統制も検討の射程に入れておかなければならない。

本論文は，まず，租税犯の法的性格をめぐる議論の中心に位置してきた，租税逋脱犯の故意の理解についての再検討をおこなっている。そして，この議論と密接に関係する逋脱犯の成立時期（既遂時期）や所得秘匿工作の実行行為性，さらには共犯の成立範囲の問題についても学説の対立状況を明快に整理している。逋脱犯の故意について，どの程度の認識が必要であるかについては個別的認識説と概括的認識説の対立が続いてきている。本論文は，概括的認識があれば故意は全額に及ぶとする見解は，逋脱犯の成立を拡大する危険性があり，支持するにはなお検討を要すると思われるとし，逋脱により免れた税額がいくらであったかということは，刑の量定の上で重要な意味を持つことも指摘されていることにも鑑みれば，基本的には，個別的認識説によるべきであろうと結論している。

さらに本論文は，平成23年の改正により創設された無申告逋脱犯（所得税法238条3項，4項，法人税法159条3項，4項等）について，この国税犯則類型は種々問題を孕むものであり，とくに無申告逋脱犯の構造のなかに租税犯の「主観化」の危険性が存在することを指摘している。逋脱犯（狭義の脱税犯）である脱税工作がない虚偽無申告逋脱犯と租税危害犯である単純無申告犯の隙間を埋めるものとして創設したと説明されるこの無申告逋脱犯につき，単純無申告犯と無申告逋脱犯の実行行為は，ともに「申告書をその提出期限までに提出しないこと」で，両者を区別する基準は「税を免れた」か否かによることとなるが，この「税を免れた」というために「逋脱の意思」が重視されることになり，「逋脱の意思」が簡単に認定されることになれば，申告書を提出しなかった場合には「逋脱の意思」があるとされ，無申告逋脱犯が広く成立してしまう危険性があると指摘する。

本論文は，従来から違憲説が有力に主張されている通告処分についても，学説の対立状況を整理した後に，通告処分の法的性格については，刑法学説と同様に，犯罪の非刑罰的処遇（ダイバージョン）として理解するのが妥当であるとし，それを基礎に，通告処分を刑罰ではなく行政的制裁としての制度に純化し（過料での対応），取消訴訟の対象とすることの明確化，事前手続の保障や通告金額の明確化等の措置が講じられるべきとする。

本論文は，租税犯における難問の一つである，通常の税務調査（間接強制付きの任意の税務調査）によって取得された証拠資料に犯則事件（刑事事件）での証拠能力を認めてよいかという問題を検討したのち，今回の国犯法の国税通則法への編入の際に創設されるべきとの意見が出されていた（創設されなかった）ファイアーウオール（税務調査の担当部署と犯則調査の担当部署との間の情報のやりとりを制限する仕組み）の設定の必要性に言及する。

6　高野論文（税務訴訟における訴訟法上の問題）

本論文は，税務行政争訟のうち，税務訴訟にかかわる行政訴訟法上の近年の理論状況について，税務訴訟制度改正や学説・判例の進化を踏まえながら，確認・検討をおこなうものである。

税務訴訟にかかわる訴訟法上の諸問題については，まず，取消訴訟の形で争われる税務訴訟の訴訟形式をどのように理解するかが重要な出発点となる。本論文は，課税処分の取消訴訟は基本的には通説・判例が採用する形成訴訟であると理解しているが，確認訴訟と理解する余地も否定できないとする。

すなわち，租税法律関係において，税務署長等の行う課税処分の法的性格は準法律行為的行政行為の確認行為であり，性質上内容が事実に合致することを要する観念通知を中核とすると解することができるから，税務行政（事件）訴訟においては，税務署長等の観念通知についてその内容が事実に合致しているか否かの確認訴訟と解する余地も否定できないとする。

本論文は，課税処分の取消訴訟における訴訟要件についても検討を加えているが，このなかの（狭義の）訴えの利益にかかわって，更正処分の取消訴訟提起後に増額再更正処分がなされた場合の訴訟法上の取扱いについての吸収説，併存説，逆吸収説の対立を取り上げている。最高裁判決は吸収説を採用して，再更正処分がなされることで当初の更正処分の取消訴訟の訴えの利益はなくなるとしているが，本論文は，国税通則法の更正と再更正の関係を理解するうえで影響を与える複数の規定を前提にすれば，併存説が妥当であるとする。

更正処分の取消訴訟において，訴訟の審理過程で被告（国）が処分理由を変更することが許されるかという，いわゆる訴訟過程での処分理由の差替え問題は，制定された行政手続法の一般的趣旨，さらには従来からの青色申告への更正処分をする際の理由附記の義務化等のみでなく，記帳・帳簿の保存が義務化された白色申告への更正処分にも理由附記が義務化されたことなどの環境変化のなかで，処分理由の差替えを制限すべきとの主張が強くなってきている。このようななかで，ブラジルのマナウスの自由貿易地域にあるホンダ子会社への役務提供にかかる移転価格税制の適用が争われた事件で，控訴審段階になって控訴人（国）が，処分理由を差替える主張をおこなったことに対して，同一の課税要件事実（「本件国外関連取引の対価が独立企業間価格に満たないこと」）に属する範囲内での理由の差替えではあるが，納税者としては，新たな攻撃防御を尽くすことを強いられ，かつ，その負担は軽くないというべきであるとして差替えを認めなかった注目すべき高裁判決が出され（通説・判例に反対して処分理由の差替えの制限を主張する有力学説にも，同一の課税要件事実に属する範囲内であれば理由の差替えは容認されるとするものが少なからず存する），本論文も検討の対象としている。

課税処分の取消訴訟における請求容認判決の判決効については，その判決の形成力，既判力，拘束力について，それぞれに多様な問題が存在している。なかでも，判決の拘束力と反復禁止効の関係の理解については，既判力説と特殊効力説（通説）の対立がある。本論文は，課税処分の取消請求を容認する判決が確定しても，更正処分の除斥期間内であれば，裁判上で被告により主張されていない更正処分の理由を持ち出して，再更正処分ができる（特殊効力説）ことを容認する結果を阻止しようとする既判力説の意図は理解できるが，通則法 26 条が除斥期間の範囲内で繰り返し更正・再更正を行うことを認めている以上，通則法上認められた権限を判決の効力によって制約する結果となる既判力説は，根本的な問題として司法作用の範囲を超えることにはならないのであろうかとして，既判力説に消極的な評価を与えている。

取消訴訟と国家賠償の関係につき，課税処分にかかわる国家賠償請求については，課税処分の公定力を否定（取消訴訟）しておく必要はないが，国家賠償請求を認めると，結果的に行政処分を取り消した場合と同様の経済的効果が得られる場合にのみ，取消訴訟等により公定力を排除しておく必要があるとの従来の有力学説や一部の判例につき，名古屋冷凍倉庫事件最高裁判決はこのような場合にも公定力を排除しておく必要はないとした。この判決を本論文は疑問であるとして，固定資産課税台帳の登録価格についての争訟については，それにかかる争訟制度を利用できる期間が制限されているとはいえ，平成 26 年度の行政不服審査法の改正に伴い，当該期間は従来の 30 日から 3 月以内に延長されていること，平成 14 年度改正で自己の土地・建物の固定資産課税台帳登録価格と同一市町村内の土地・建物のそれを比較できるように固定資産課税台帳の縦覧制度が整備されたことなどを考慮すると，従来の有力学説のような考え方を原則とすべきではないだろうかとしている。

7　手塚論文（租税法律主義）

租税法律主義は，租税法における最も重要な基本原理であるが，基本原理であるだけに，その現代的意義に限定してアプローチする場合でも，多様な議論の局面を有している。しかし，租税要件法定主義や課税要件明確主義をその内容にもつ租税法律主義は，租税の納税や徴収の実務が大量の法規命令や租税通達の存在なくしては実現できないとの現実の前で，構造的に常に危機状況のもとにあるともいえる。本論文は，租税法律主義に関する議論は，税収の必要性，新種取引に対する課税の必要性等のもとで，「租税法律主義の厳格性を前提としつつも，課税という行政作用の機能性・実効性を確保する途は何か」という次元で展開されるべきものと位置づけている。そして，この視角から，税務行政過程で採用される租税法律主義は，行政処分という法形式のもとで展開される租税法律主義のみを検討対象にするのではなく，租税法律主義との緊張関係を保ちながら進められる行政指導やネゴシエーションなどの手法も租税法律主義の問題として検討対象にしなければならないとする。

このような問題意識のもとで本論文は，まず租税法領域における委任立法の限界や租税公平主義と租税法律主義の関係について検討を加える。後者の検討においては，いわゆるスコッチライト事件の大阪高裁判決を素材にしながら，租税公平主義に租税法律主義が劣位するべき場合があり，常に租税法律主義が絶対的に優位するものではないことを論じている。

ついで本論文は，通達の法規化現象ともいうべきものにつき，これを通達に違反する課税処分は違法となるか等の具体的問題を素材にしながら検討している。なお，税務通達の違法性を当事者訴訟で争うことの許容性について，本論文は消極的な立場に立っている。さらに，租税通達と租税法律主義の関係を論じる際には，相続税の課税標準を算出するために必要な相続財産評価を財産評価基本通達によっていることの問題，さらにはいわゆる緩和通達の租税法律主義からの評価の問題を避けて通ることはできず，これらの問題についての検討もおこなう。

そして，租税法律主義と緊張関係を有する租税領域での和解，遡及立法，そして租税回避の否認についても検討を加えている。

第２章　納税者からの税額修正手続
―更正の請求を中心に

金沢大学准教授　平川　英子

はじめに

申告納税方式の国税については，納税者に申告義務が課され，第一義的に納税者の申告によって税額が確定する。このような納税者の当初の申告において何らかの過誤があった場合，納税者は，修正申告あるいは更正の請求の手続をもって，その税額等を修正することができる。本稿は，そのような納税者からの税額修正手続のうち，納税者からみて税額の減額を求める手続である「更正の請求」について取り上げる。更正の請求については，近年，いくつかの重要な法改正が行なわれているため，これらの法改正の内容を確認し，その意義を明らかにするとともに，従来の更正の請求をめぐる議論への法改正の影響を分析する。

本稿では，まず，納税者からの税額修正手続の概要，当該手続における更正の請求の位置付けおよび更正の請求の基本的な仕組みを確認する（Ⅰ　納税者からの税額修正手続）。次いで，更正の請求にかかる近年の法改正について，その内容と意義を確認するとともに，法改正の影響，問題点を分析する（Ⅱ　更正の請求にかかる近年の改正）。そして，最後に，更正の請求をめぐる従来の議論に対する法改正の影響，とくに通常の更正の請求期間が法定申告期限から1年以内から5年以内へと延長されたことによって，従来の更正の請求をめぐる議論に何らかの影響があるものかについて考察する（Ⅲ　従来の議論に対する法改正（更正の請求期間延長）の影響)。以上の考察から，本稿は現行法制のもとにおける，納税者の権利救済手続としての更正の請求の意義と機能を明らかにする。

Ⅰ　納税者からの税額修正手続

1　修正申告と更正の請求

申告納税方式による国税の納税者は，国税に関する法律の定めるところにより，納税申告書を法定申告期限までに税務署長に提出しなければならず（国税通則法（以下，通則法という）17条1項)，これにより提出された納税申告書は期限内申告書という（同条2項)。また，期限内申告をすべきであった者は，法定申告期限後においても，決定（通則法25条）のあるまでは，納税申告書を提出することができ，これを期限後申告という（通則法18条1項，2項)。

このように，申告納税方式の国税については，原則として，納税者の納税申告という行為により，納付すべき税額が確定する。この当初の申告において確定した税額に，何らかの誤りがあった場合，当該税額を納税者から修正する手続としては，修正申告と更正の請求とがある。

納税申告書（期限内申告，期限後申告を問わない）を提出した者は，申告にかかる税額に不足額があるとき，申告にかかる純損失等の金額が過大であるとき，申告にかかる還付金の額に相当する税額が過大であるとき，申告にかかる税額を記載しなかった場合において，その納付税額があるときは，更正（通則法24条）があるまでは，その申告にかかる課税標準等又は税額を修正する納税申告書を提出することができる（通則法19条1項[1])。これを修正申告という。修正申告は，納税者が，当初の申告等の内容を自己の不利益に変更する手続である。

これに対し，当初の申告等によっていったん確定した課税標準等又は税額等を自己に有利に変更するには，納税者は更正の請求をすることになる（通則法23条）。更正の請求は，修正申告とは異なり，税額等を確定しなおすものではなく，税務署長に対し課税標準等又は税額等を更正すべきことを求める手続である。更正の請求に対し，税務署長が，その更正の理由を認め，減額更正を行うことによって，税額等が修正されることとなる。更正の請求には，通則法23条1項による更正の請求（以下，通常の更正の請求という）と，通則法23条2項や各個別税法に定める更正の請求[(2)]（以下，特別の更正の請求という）とがある。

2　通常の更正の請求

通則法23条1項は，納税申告書を提出した者は，当該申告書に記載した課税標準等又は税額等の計算が法律の規定に従っていなかったこと，又は計算に誤りがあったことにより，税額が過大であるとき等に，法定申告期限から5年以内に限り，更正の請求をすることができることを規定している。

そこで，「当該申告書に記載した課税標準等又は税額等の計算が法律の規定に従っていなかったこと，又は計算に誤りがあったこと」の意義が問題となる。これには，納税申告書における，単純な計算ミスや誤記，計上漏れ，課税要件事実の認定の誤り，法令解釈の誤りなどが該当すると考えられる[(3)]。

---

(1)　また，更正・決定を受けた後に，更正・決定にかかる税額に不足額がある場合等には，更正・決定等を受けた者は，課税標準等又は税額等を修正する納税申告書を提出することができる（通則法19条2項）。

(2)　沿革としては，当初，通則法には特別の更正の請求の規定はなく，各税法のそれぞれ特有の事情に基づいて規定されているにすぎなかった。昭和45年改正により，「期限内に権利が主張できなかったことについて正当な理由が認められる場合の納税者の立場を保護するため，後発的な事由により期限の特例が認められる場合を拡張」（昭和43年7月税制調査会「税制簡素化についての第三次答申」54頁参照）するため，各税法に共通的に適用されるべき事由について，通則法に定められることとなった。参照，武田正輔監修『DHCコンメンタール・国税通則法』（加除式）1427頁（第一法規・2018年10月時点のもの。以下（特記なき限り）同様とする。）。

これに対し，租税法が，概算経費控除の特例や税額控除等の定めにおいて，納税者に選択権を認めている場合において，その選択に過誤がある場合，上記の要件を満たし，更正の請求が認められるかについては議論がある[(4)]。

最判昭和 62 年 11 月 10 日[(5)]は，社会保険診療報酬にかかる事業所得の計算において租税特別措置法の定める概算経費による確定申告をした後に，実額経費による収支計算を行なったところ，これによれば概算経費による申告所得額を下回るとして更正の請求を行なったところ，税務署長が更正すべき理由がない旨の通知を行なったという事案である。申告期限までに収支計算を終えていなかったため，概算経費の選択について見込み違いが生じていたケースである。これに対し最高裁は，措置法の概算経費の規定を適用するかしないかは，納税者の確定申告時における自由な選択に委ねられていることから，「措置法 26 条 1 項の規定により事業所得の金額を計算した旨を記載して確定申告をしている場合には，所得税法の規定にかかわらず，同項所定の率により算定された金額をもって所得計算上控除されるべき必要経費とされるのであり，同規定が適用される限りは，もはや実際に要した経費の額がどうであるかを問題とする余地はないのであって，納税者が措置法の右規定に従って計算に誤りなく申告している以上，仮に実際に要した経費の額が右概算による控除額を超えているとしても，そのことは，右〔筆者注：通則法 23 条 1 項 1 号〕にいう『国税に関する法律の規定に従っていなかったこと』又は『当該計算に誤りがあったこと』のいずれにも該当しない」と判示した。本判決では，概算経費の選択において見込み違いがあったというだけでは更正の請求の理由にあたらないとされている[(6)]。

---

(3) 金子宏『租税法〔第 22 版〕』（弘文堂，2017 年）880 頁，同「更正の請求について」『租税法理論の形成と解明（下）』（有斐閣，2010 年）600 頁以下を参照。

(4) 選択権行使の過誤と更正の請求の問題については，谷口勢津夫「錯誤に基づく選択権行使の拘束力に関する一考察（1）（2）」税法学 491 号 1 頁・492 号 1 頁（1991 年），同「課税要件法上の選択手続と法的救済」石島弘ほか編『税法の課題と超克』（信山社，2000 年）485 頁を参照。

(5) 集民 152 号 155 頁。評釈として，木村弘之亮・ジュリ 927 号 109 頁（1989 年），三木義一・民商 99 巻 2 号 227 頁（1988 年）参照。

租税特別措置や一定の控除の適用の条件として，当初の確定申告書において，当該適用を受ける旨の記載や適用を受ける金額の記載を求められ（いわゆる当初申告要件），又は当該適用を当初の確定申告書に記載された金額を限度とすることが定められていることがある（いわゆる控除限度額要件）。このような控除限度額要件が定められている場合に，当初の申告書に適用を受ける金額を誤って記載していた場合，更正の請求をすることができるかについて問題となっていた。

福岡高判平成19年5月9日[7]は，外国税額控除の適用について，確定申告書への外国税額控除の記載にあたり誤った計算により過少な金額を記載し

(6)　これに対し，最判平成2年6月5日（民集44巻4号612頁）は，社会保険診療報酬にかかる事業所得の計算において概算経費によると実額経費によるとでどちらが有利か計算した際に，その計算に誤りがあったため概算経費による方が有利であると判断して確定申告を行っていた（正しい計算によれば実額経費の方が有利なケースであった）。その後，自由診療収入の計上漏れがあったこともあり，修正申告した際に，社会保険診療報酬にかかる必要経費を概算経費から正しく計算した実額経費を計上したところ，税務署長が，修正申告のうち，社会保険診療報酬の必要経費を実額控除から概算控除に改める更正処分および過少申告加算税の賦課決定処分を行なったという事案について，本件では，診療経費総額を自由診療収入分と社会保険診療報酬分に振り分ける計算過程において誤りがあり，そのため「自由診療収入分の必要経費を正しく計算した場合よりも多額に，実額経費を正しく計算した場合よりも少額に算出してしまい，そのため右実額経費よりも概算経費の方が有利であると判断して概算経費選択の意思表示をしたというのであるから（なお，本件記録によれば，右の誤りは本件確定申告書に添付された書類上明らかである。），右概算経費選択の意思表示は錯誤に基づくものであり，上告人の事業所得の金額の計算上その診療総収入から控除されるべき必要経費の計算に誤りがあったというべきである。」とし，修正申告の要件を充たす限りにおいて，「確定申告における必要経費の計算の誤りを是正する一環として，錯誤に基づく概算経費選択の意思表示を撤回し，所得税法37条1項等に基づき実額経費を社会保険診療報酬の必要経費として計上することができる」とした。本判決の評釈として，例えば堺澤良・ジュリ978号167頁（1991年），上田豊三・法曹時報42巻9号2466頁（1990年），藤原淳一郎・租税判例百選〔4版〕196頁（2005年），興津征雄・租税判例百選〔6版〕199頁（2016年）がある。

(7)　LEX／DB文献番号28140946。最決平成21年3月23日により確定。評釈として，中西良彦・税理50巻12号134頁（2007年），橋本守次・税弘56巻1号109頁（2008年）などがある。

ていたという事案について，控除限度額要件の趣旨は，外国税額控除の適用とその適用を受ける範囲について納税者の選択に委ねられているところ，いったん選択して申告した以上は，後日の修正申告等において「あらためてその選択の内容を見直してその範囲を拡大し，追加的な控除が主張されることがないようにすることにより制度の適正な運用を図る趣旨」と解し，「たまたまその記載金額又は計算に誤りがあったために，結果的にその申告記載した控除金額が過少になっている場合には，上記と事情が異なり，基本的には更正の請求の対象になりうる」と判示した。そして，確定申告書に「記載された金額を限度とする」というときの「その金額は，そこに記載された具体的な金額のみを指すものということはできず，外国税額控除制度の適用を受けることを選択した範囲を限度として，法令に基づき誤りを是正した上で正当に算定されるべき金額を限度とする趣旨と解するのが相当である」とした。

最判平成 21 年 7 月 10 日(8)は，配当等にかかる所得税額控除の適用にあたり，計算を誤ったために，控除を受ける所得税額を過少に記載していたことから，更正の請求を行なった事案である。判旨は，所得税額控除制度における当初申告要件および控除限度額要件の趣旨について，「納税者である法人が，確定申告において，当該事業年度中に支払を受けた配当等に係る所得税額の全部又は一部につき，所得税額控除制度の適用を受けることを選択しなかった以上，後になってこれを覆し，同制度の適用を受ける範囲を追加的に拡張する趣旨で更正の請求をすることを許さないとしたものと解される」と述べたうえで，本件事実関係によれば，納税者は計算誤りの結果，控除を受ける所得税額を過少に記載したものであり，「その計算の誤りは，本件確定

(8) 民集 63 巻 6 号 1092 頁。多数の評釈がある。主なものとして，南繁樹・税研 148 号 90 頁（2009 年），渡辺徹也・税研 148 号 209 頁（2009 年），品川芳宣・TKC 税研情報 18 巻 6 号 46 頁（2010 年），奥谷健・民商 141 巻 4＝5 号 498 頁（2010 年），望月爾・判時 2075 号 169 頁（2010 年），太田幸夫・判タ 29 号 284 頁（2010 年），鎌野真敬・ジュリ 1401 号 87 頁（2010 年），藤岡祐治・法協 130 巻 9 号 139 頁（2010 年），伊藤剛志・租税判例百選〔6 版〕201 頁（2016 年）参照。

申告書に現れた計算過程の上からは明白であるとはいえないものの，所有株式数の記載を誤ったことに基因する単純な誤りということができ，本件確定申告に記載された控除を受ける所得税額の計算が，上告人が別の理由により選択した結果であることをうかがわせる事情もな」く「上告人が，本件確定申告において，その所有する株式の全銘柄に係る所得税額の全部を対象として，法令に基づき正当に計算される金額につき，所得税額控除制度の適用を受けることを選択する意思であったことは，本件確定申告書の記載からも見て取れるところであり，上記のように誤って過少に記載した金額に限って同制度の適用を受ける意思であったとは解されない」とした。そして，最高裁は本件事実関係においては，本件更正の請求は，所得税額控除制度の適用を受ける範囲を追加的に主張する趣旨のものではなく，本件確定申告において控除を受ける所得税額を過少に記載したため法人税額を過大に申告したことは通則法23条1項1号の要件に該当するとした。

これらの判決を踏まえて，平成23年税制改正において，一定の控除等の選択にかかる当初申告要件や控除限度額要件が廃止されることとなった（この点について，詳しくは後述Ⅱ 2⑴を参照）

3　特別の更正の請求

通則法23条2項は，通常の更正の請求期間を経過した後に，一定の後発的理由が生じた場合について，当該後発的理由の発生を理由として，当該後発的理由が生じた日から起算して2月以内に更正の請求ができることを定めている。また，この場合，更正の請求ができる者は，納税申告書を提出した者だけでなく，決定を受けた者も含まれる。

通則法23条2項は，一定の後発的理由により行なわれる更正の請求であり，一般的に，後発的理由による更正の請求[9]といわれる。本稿では，同条項について，谷口勢津夫による「特別の更正の請求」という用語法によるこ

(9)　例えば，金子・前掲注（3）882頁参照。

ととした[10]。その理由は，通常の更正の請求との関係を整理するうえで有用であるからということと，後発的理由として列挙されるものの中には性質の異なる2つのものがあり，その差違を認識することが有用であることにある[11]。前者の点については，次の「4　通常の更正の請求と特別の更正の請求との関係」において詳述することとし，ここでは後者の点について説明する。

谷口[12]の分析によれば，更正の請求にかかる後発的理由には，租税実体法ないし課税要件法の観点から見ると，㋐法定申告期限後に生じた事実（後発的事実）に基因して，通則法23条1項に定める過誤要件が充足される場合（参考1の①，③1）～4）がこれに該当）と，㋑後発的事実の発生を契機として（税法の正しい解釈適用を前提にすると）原始的に過誤要件が充足されていることが確認される場（参考1の②，③5）がこれに該当）とが含まれている。つまり，㋑の後発的理由による過誤は，「むしろ，納税申告または決定の原始的過誤としての性質をもつ[13]」ものとみられる。そして，㋑の場合については，減額更正にかかる期間制限の特例が定められていない（通則法71条1項2号，同令30条，24条4項）ため，㋑の後発的理由が，減額更正にかかる通常の期間制限（法定申告期限から5年又は10年。通則法70条1項，2項）を経過した後に生じた場合には，結果的に㋑の理由による更正の請求はできないこととなる[14]（この点ついては，通達の変更による更正の請求において詳述する。）。

平成23年税制改正により，通常の更正の請求期間が5年に延長され，減

(10)　谷口勢津夫『税法基本講義〔第6版〕』（弘文堂，2018年）139頁以下参照。
(11)　谷口・前掲注（10）141頁以下および143頁以下参照。
(12)　谷口・前掲注（10）143頁参照。
(13)　谷口・前掲注（10）143頁参照。
(14)　通則法がこのような差違を設けたことにつき，谷口は，㋑の場合には，納税者が納税申告の当初から当該納税申告の過誤（過誤要件の充足）に気がつく可能性があることのほか，とくに更正や決定があった場合には，納税者としては㋑の後発的理由の発生前から過誤要件の充足（＝更正・決定の違法性）を理由に，更正・決定に対して正式の権利救済手続を提起することが可能であることを考慮したものであろうと分析する。谷口・前掲注（10）143頁以下参照。

参考1

<table>
<tr><td colspan="2">国税通則法23条2項</td></tr>
<tr><td colspan="2">【更正の請求ができる者】　納税申告書を提出した者又は決定を受けた者</td></tr>
<tr><td colspan="2">【更正の請求の理由】　次のいずれかに該当する場合（納税申告書を提出した者については，当該各号に定める期間の満了する日が，23条1項に規定する期間の満了する日後に到来する場合に限る）には，23条1項の規定にかかわらず，当該各号に定める期間において，その該当することを理由として1項の規定による更正の請求をすることができる。</td></tr>
<tr><td>【後発的事実】</td><td>【請求の期間】</td></tr>
<tr><td>①　その申告，更正又は決定にかかる課税標準等又は税額等の計算の基礎となった事実に関する訴えについての判決（判決と同一の効力を有する和解その他の行為を含む）により，その事実が当該計算の基礎としたところと異なることが確定したとき</td><td>その確定した日の翌日から起算して2月以内</td></tr>
<tr><td>②　その申告，更正又は決定にかかる課税標準等又は税額等の計算に当たってその申告をし，又は決定を受けた者に帰属するものとされていた所得その他課税物件が他の者に帰属するものとする当該他の者にかかる国税の更正又は決定があったとき</td><td>当該更正又は決定のあった日の翌日から起算して2月以内</td></tr>
<tr><td>③　その他当該国税の法定申告期限後に生じた前2号に類する政令で定めるやむを得ない理由があるとき</td><td>当該理由が生じた日の翌日から起算して2月以内</td></tr>
<tr><td colspan="2">＊政令で定めるやむを得ない理由（通則法施行令6条1項）
1）　その申告，更正又は決定にかかる課税標準等又は税額等の計算の基礎となった事実のうちに含まれていた行為の効力にかかる官公署の許可その他の処分が取り消されたこと
2）　その申告，更正又は決定にかかる課税標準等又は税額等の計算の基礎となった事実にかかる契約が，解除権の行使によって解除され，若しくは当該契約の成立後生じたやむを得ない事情によって解除され，又は取り消されたこと
3）　帳簿書類の押収その他やむを得ない事情により，課税標準等又は税額等の計算の基礎となるべき帳簿書類その他の記録に基づいて国税の課税標準等又は税額等を計算することができなかった場合において，その後，当該事情が消滅したこと。
4）　わが国が締結した所得に対する租税に関する二重課税の回避又は脱税の防止のための条約に規定する権限のある当局間の協議により，その申告，更正又は決定にかかる課税標準等又は税額等に関し，その内容と異なる内容の合意が行なわれたこと
5）　その申告，更正又は決定にかかる課税標準等又は税額等の計算の基礎となった事実にかかる国税庁長官が発した通達に示されている法令の解釈が，更正又は決定にかかる審査請求若しくは訴えについての裁決若しくは判決に伴って変更され，変更後の解釈が国税庁長官により公表されたことにより，当該課税標準等又は税額等が異なることとなる取扱いを受けることとなったことを知ったこと</td></tr>
</table>

額更正の除斥期間と一致することとなった。改正前であれば，通常の更正の請求期間は１年であったので，㋑に該当する場合は後発的理由の発生時から２月以内に更正の請求ができるという意味で更正の請求の期間を延長するという意味があった。

しかし，改正により，納税申告書を提出した者については，㋑の規定の意義は，更正の請求期間の延長をもたらすという点での意義は失われ（法定申告期限から５年を超えての更正の請求はできない），更正の請求をすることができる事由を明らかにする点にのみにある（この場合の更正の請求は，後発的理由の発生により，通常の更正の請求をするということになる。両者の関係については「4」で詳述する）。決定を受けた者については，決定に対して争訟手続をとらなかった場合であっても，法定申告期限から５年以内に㋑に該当する後発的理由が発生すれば，通則法 23 条２項に基づく特別の更正の請求をなしうる。

後発的理由の発生による更正の請求といっても，通常の更正の請求にあたる（通則法 23 条１項に基づく）ものと，特別の更正の請求による（同２項にもとづく）ものとがあるので，その点をより明確にするために，通則法 23 条２項による更正の請求については，「特別の更正の請求」と呼ぶことが便宜であると考えられる。

4　通常の更正の請求と特別の更正の請求との関係

通常の更正の請求と特別の更正の請求について，どのような関係にあるのかを確認する。

設例として，不動産を譲渡した売主が，その譲渡所得につき確定申告をした後，買主による解除権の行使により売買契約が解除され当該譲渡所得が消滅し，当該解除の日から２月の満了日が法定申告期限から５年以内に到来する場合（図１を参照）について考えてみる。

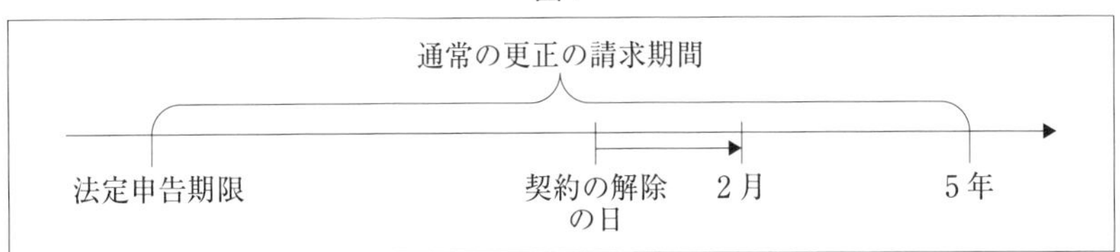

第1に，この場合，通則法23条2項括弧書きにより，同23条2項3号，通則令6条1項2号を理由として更正の請求をすることはできず，また，申告段階では，課税標準等もしくは税額等の計算が「国税に関する法律にしたがっていなかった」，又は「計算に誤りがあった」（通則法23条1項柱書き），というわけでもないので，同条1項による更正の請求もできないとする考え方がある[15]。つまり，この考え方によれば，いずれによっても更正の請求はできないということになる。

第2に，この場合，通則法23条2項は，法定申告期限後に生じた一定のやむを得ない理由（後発的理由）によって同条1項にいう過誤要件が充足された場合又は過誤要件の充足が確認された場合について，同条2項各号所定の期間の満了する日が法定申告期限から5年を経過した日以後に到来する場合について定めるものであり，当該期間の満了する日が法定申告期限から5年以内に到来する場合については，同条1項が適用されるとする考え方がある[16]（図2を参照）。

(15)　品川芳宣『国税通則法の理論と実務』（ぎょうせい，2017年）78頁は，通則法23条の文理上は，そのように解されるとする。同様に解する裁判例として横浜地判昭和60年9月18日（本文後掲東京高判昭和61年7月3日の原審）がある。

(16)　谷口・前掲注（10）141頁参照。

図2

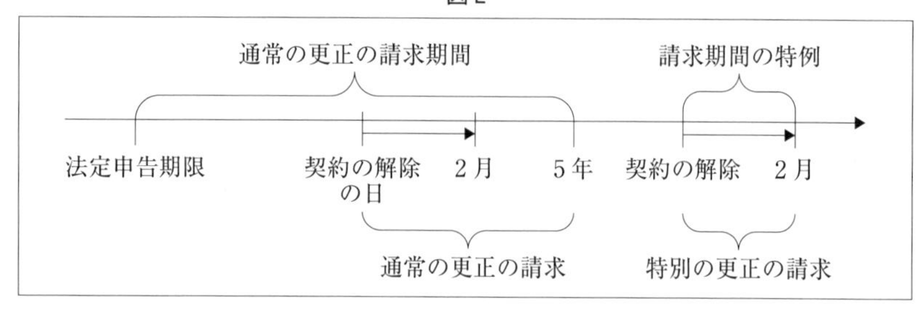

東京高判昭和61年7月3日(17)は，「同条2項において，前記のように，同項による更正請求のできる期間の満了する日が同条1項の更正請求のできる期間の満了する日よりも後でなければ2項による更正の請求を認めないとした趣旨は，同条1項の期間内であれば1項による更正の請求が認められることによるものと解するのが相当である」とし，同条1項に規定する要件（計算が国税に関する法律に従っていなかったこと又は計算の誤りによって税額が過大となった場合）のうちには，「同条2項が規定する場合も含まれていると解するのが相当である」とする。上記東京高判は，通常の更正の請求期間が法定申告期限から1年のときのものであるものの，通則法23条1項と2項との関係については，現行法のもとでも同様に解されると思われる。

そうすると，前記2つの考え方のうち，後者は判例とも整合的であり，また合理的で妥当な解釈であると思われる。前記の設例に即していえば，解除権の行使による契約の解除が，図3のt1の時点で発生した場合には更正の請求をすることはできず，t2の時点で発生した場合には更正の請求ができるとすると，後発的理由がいつ生じたかによって更正の請求の可否が左右されることとなり合理的でないからである(18)。したがって，同条2項各号に定める後発的理由は，同条1項各号の更正の請求ができる理由に包含されて

(17) 訟月33巻4号1023頁。評釈として，関根稔・税務事例18巻6号2頁（1986年），一杉直・税通41巻14号209頁（1986年），岩崎政明・判時1194号（1986年）190頁，畠山武道・自治研究63巻10号131頁（1987年），谷口勢津夫・シュト328号1頁（1989年）がある。

いる[19]と考えるべきであり，同条1項と2項との関係は後者の説（前掲図2）のように理解するのが妥当であろう。

図3

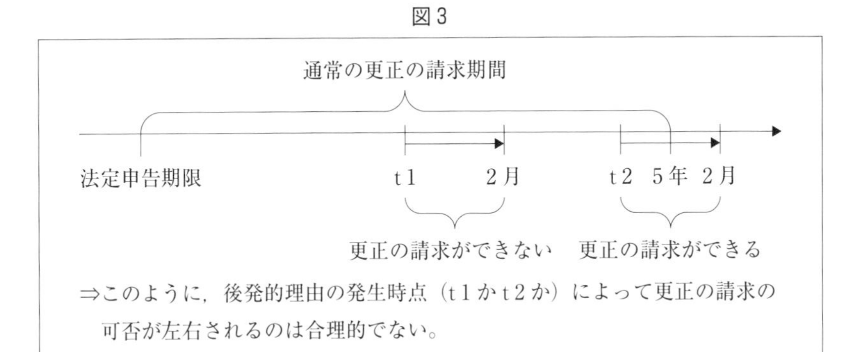

通常の更正の請求と特別の更正の請求の関係について図2のように理解したうえで，さらに問題となるのは，図2中の通常の更正の請求が認められるには，通則法23条1項の要件（過誤要件）だけでなく，同条2項各号所定の要件を充足することが必要かという点がある。

---

(18)　品川・前掲注（10）79頁は，当該東京高判（前掲注（17））について，通則法23条1項1号にいう「国税に関する法律の規定に従っていなかったこと又は当該計算に誤りがあったこと」という文理を牽強付会的に解釈するものと評する。しかし，本稿本文で述べた通り，後発的理由がどの時点で生じたかによって更正の請求の可否が決まるのは合理的でない。更正の請求の趣旨からしても，当該東京高判を支持しうる。
　また，品川は，当該東京高判を妥当とするのであれば，同条2項括弧書きを廃止すれば足りるとする。しかし，同条2項括弧書き部分は，通常の更正の請求期間に対する「期間の特例」であることを明示する意義をもつものであり，仮に当該規定部分を削除してしまうと，同条1項の期間内であっても，同条2項各号に掲げる期間制限が適用されることとなるため，東京高判の判旨とは全く異なるものとなる。同条2項括弧書きの趣旨は，まさに「第1項の5年の期間内であっても2か月しか更正の請求期間がないと誤解されては困るので，原則の5年内であれば，第1項の更正の請求をするのであるということを明らかにしたもの」（『DHCコンメンタール・国税通則法』・前掲注（2）1441の3頁）というところにあると考えられる。

(19)　前掲東京高判昭和61年7月3日，『DHCコンメンタール・国税通則法』・前掲注（2）1441の2頁。

これにつき，第１に，通則法 23 条１項と２項とは，「それぞれの制度目的は截然と区別して規定している」ものであり，両者は請求理由の内容・実質も異なりそれぞれ異なる許容要件を定めたものであるとする考え方がある(20)。これに対し，第２に，１項と２項とで請求理由の内容は異ならない（ここにいう，請求理由は，「課税標準等若しくは税額等計算が国税に関する法律の規定に従っていなかったこと又は当該計算に誤りがあったこと」により税額が過大になったことをいう）と解し，通常の更正の請求期間内に後発的理由が生じた場合の更正の請求については，上記の過誤要件を充足するか否かで判断すべきものとする考え方がある(21)。前者を請求理由二元説，後者を請求理由一元説という(22)（それぞれ制限説，無制限説といわれることもある(23)）。

この点に関し，前記東京高判では，契約の合意解除について，通則令６条１項２号に定める「やむを得ない理由」が認められる場合に更正の請求が認められるとし，請求理由二元説に立っている。なお，この場合，請求理由一元説に立つと，合意解除につき「やむを得ない理由」を問わず，更正の請求をしうると解することになる(24)。

ところで，上にみてきた通則法 23 条１項と２項との関係は，通則法 23 条１項と各個別法における更正の請求の特例との関係について同様に当てはまるのであろうか。

例えば，相続税法 32 条１項は，相続税又は贈与税について申告書を提出した者又は決定を受けた者は，同条１項各号所定の事由により当該申告又は決定にかかる課税価格および相続税額又は贈与税額が過大となったときは，当該各号に定める事由が生じたことを知った日の翌日から４月以内に限り，

---

(20)　一杉直・前掲注（17）215 頁参照。

(21)　谷口・前掲注（17）７頁参照。

(22)　谷口・前掲注（17）７頁参照。

(23)　伊藤信彦「更正の請求に係る諸問題」税務事例研究 156 号 69 頁以下（2017 年）参照。

(24)　谷口・前掲注（17）８頁，関根・前掲注（17）５頁，関根稔「合意解除と法令解除」税理 29 巻８号 150 頁（1986 年）参照。

更正の請求をすることができる旨を規定している。具体的にいえば，法定申告期限から2年目に，遺留分減殺請求による返還額が確定した場合（相続税法32条1項3号）に，当該事由が生じたことを知った日の翌日から4月を経過したのちに，更正の請求をすることができるのであろうか。

相続税法32条には，通則法23条2項括弧書きに相当する規定が置かれていないため，この場合に4月が経過した日以後は，それが法定申告期限から5年経過する前であっても，更正の請求は認められないと解する余地がある(25)。しかし，相続税法32条と通則法23条2項の趣旨・目的が同様であることからすれば，上記のように解するのは相当ではなく，相続税法32条1項に基づく更正の請求の期限が，通則法23条1項に定める更正の請求の期限よりも先に到来する場合についても，通則法23条1項により更正の請求ができるものと解すべきである(26)。

(25)　清永敬次「更正の請求に関する若干の検討」『憲法裁判と行政訴訟（園部逸夫先生古稀記念）』（有斐閣，1999年）444頁参照。

(26)　伊藤・前掲注（23）73頁参照。相続税基本通達32-2は，「（相続税）法第19条の2第2項ただし書の規定に該当したことにより，同項の分割が行われた時以後においてその分割により取得した財産に係る課税価格又は同条第1項の規定を適用して計算した相続税額が当該分割の行われた時前において確定していた課税価格又は相続税額と異なることとなったときは，法第32条第1項の規定による更正の請求のほか通則法第23条の規定による更正の請求もできるので，その更正の請求の期限は，当該分割が行われた日から4月を経過する日と法第27条第1項に規定する申告書の提出期限から5年を経過する日とのいずれか遅い日となるのであるから留意する」こととしている。この通達の意義について，実務逐条解説では，「この場合，前者の更正の請求（法32①）は後者の更正の請求（通則法23①）の特則規定であることから，前者の更正の請求の期限が先に到来すれば，後者の請求はもはや適用の余地がないのではないかという疑問を生ずるおそれがある」ところ，「しかし，このように解することは，前者の更正の請求の設けられている趣旨からみて適当でないので，相基通32-2は，そのことを留意的に定めたものである」と説明されている。野原誠編『平成27年版・相続税基本通達逐条解説』（大蔵財務協会，2015年）477頁以下参照。

Ⅱ　更正の請求にかかる近年の改正

1　通常の更正の請求期間の延長

⑴　「嘆願」は消滅したか？

平成23年改正前において，通則法23条1項に定める通常の更正の請求の期間は，法定申告期限から1年とされていた。これに対し，税務署長の減額更正の除斥期間は5年とされていることから（平成23年改正前の通則法70条2項参照），通常の更正の請求期間を経過後に過大納付等が発覚した場合に，税務署長に対し職権による減額更正を求める「嘆願」という実務慣行があった。「嘆願」は，減額更正処分の職権発動を促すものに過ぎず，税務署長には「嘆願」に対する応答義務はないものの，実務上，過大納付に対する納税者の救済措置として一定の地位を占めていたものと推察される(27)。

このような「嘆願」に対しては，その裁量を統制する見地から，合法性の原則(28)，信義則あるいは裁量権の濫用論から(29)，税務署長の応答義務を導出する理論が展開された。さらに立法論として，「嘆願」の解消を目指した議論が続けられ(30)，税理士等の実務家サイドからも「嘆願」の解消に向けた強い働きかけがなされてきた。例えば，日本税理士連合会の税制審議会は，平成17年度諮問に対する答申として更正の請求期間を減額更正の除斥期間と同様に法定申告期限から5年以内に延長すべきことを提言し(31)，また，同連合会は「平成23年度・税制改正に関する建議書」において同様の提言

---

(27)　税理士が嘆願の手続をしなかったことにつき，損害賠償請求を認めた事例として，前橋地判平成14年6月12日（LEX/DB文献番号28080192），東京高判平成15年2月27日（LEX/DB文献番号28082901）がある。占部裕典「課税庁に対する嘆願書提出の法的意義とその効果－税理士が嘆願の教示・指導を怠ったことによる損害賠償責任との関係において」税理46巻12号2頁（2003年）を参照。

(28)　金子宏「更正の請求について」『租税法理論の形成と解明（下巻）』（有斐閣，2010年）609頁参照。

(29)　首藤重幸「税務訴訟の最新動向と課題」税弘54巻3号8頁（2006年）参照。

を行なっていたところである（税制改正建議項目22）[32]。

このような議論が実を結び，平成23年度税制改正大綱は「法定外の手続により非公式に課税庁に対して税額の減額変更を求める『嘆願』という実務慣行を解消するとともに，納税者の救済と課税の適正化とのバランス，制度の簡素化を図る観点から，更正の請求期間（現行1年）を5年に延長し，併せて，課税庁が増額更正できる期間（現行3年のもの）を5年に延長し」，「これにより，基本的に，納税者による修正申告・更正の請求，課税庁による増額更正・減額更正の期間を全て一致させる」方針を示し[33]，平成23年改正によって通常の更正の請求期間は法定申告期限から1年以内から5年以内[34]へと延長されることとなった。そして，当該改正は平成23年12月2日以降に法定申告期限が到来する国税について適用されることとなった。

以上の通り，平成23年改正により，更正の請求期間と更正の除斥期間とが基本的に統一されたことによって「嘆願」は基本的には消滅したといって

(30)　「嘆願」に対し税務署長に応答義務を課す方向での解決は，過渡的には是認しうるけれども，実体的真実発見主義のもと「嘆願」は根本的に解決されなければならないとする見解として，新井隆一「更正の請求と『減額修正申告』」税研22巻1号12頁（2006年）参照。このほか，萩原芳宏「更正の請求の期間制限について」税法学550号35頁（2003年），三木義一「更正の請求期限の延長とその問題点」税理47巻6号9頁（2004年），高橋靖「更正の請求期限にかかる不均衡と見直し」税理48巻10号2頁（2005年）などを参照。

(31)　日本税理士連合会税制審議会「納税者からみた税務行政の今日的問題点について－平成17年度諮問に対する答申」（平成18年3月27日）参照URL：http://www.nichizeiren.or.jp/wp-content/uploads/doc/nichizeiren/business/taxcouncil/toushin_H17.pdf（2018年11月15日最終閲覧）。

(32)　日本税理士会連合会「平成23年度・税制改正に関する建議書」（平成22年6月24日）8頁）参照URL：http://www.nichizeiren.or.jp/wp-content/uploads//doc/nichizeiren/proposal/taxation/tax_reform/kengisyo-H23.pdf（2018年11月15日最終閲覧）

(33)　「平成23年度税制改正大綱」（平成22年12月16日閣議決定）6頁以下参照。参照URL：http://www.kantei.go.jp/jp/kakugikettei/2010/h23zeiseitaikou.pdf（2018年11月15日最終閲覧）。

(34)　なお，贈与税および移転価格税制にかかる法人税についての更正の請求期間は6年（改正前1年），法人税の純損失等の金額にかかる更正の請求期間は9年（改正前1年。なお平成27年改正により平成30年4月1日から10年）に延長されている。

よい。

(2) 更正の除斥期間終了間際になされた更正の請求に対する措置

更正の除斥期間の終了間際になされた更正の請求に対し，課税庁が適切に対応するため，通則法70条1項・2項の規定により更正をすることができないこととなる日前6か月以内にされた更正の請求にかかる更正又は当該更正に伴って行われることとなる加算税についてする賦課決定は，当該更正の請求があった日から6か月を経過する日まですることができるとされた（通則法70条3項）。

ところで，更正の請求については，更正の請求から3か月以内の処理が目安とされているようである。「平成29事務年度国税庁実績評価書」（平成30年10月財務省）によれば[35]，平成29年度における3か月以内の処理件数割合は98.1%とある。また，3か月以内に処理できなかったものの多くは，添付（証拠）書類等に不備がありその補正等の対処に時間を要したため，とされている。また，それ以前の年度の実績をみても，いずれも3か月以内の処理の達成度は98%以上である（表1を参照）。これらの処理実績からすれば，除斥期間の6か月の延長は，除斥期間終了間際になされた更正の請求に対処するために十分なものと思われる。

表1　更正の請求の3か月以内の処理件数割合

（単位：%）

事務年度	24年度	25年度	26年度	27年度	28年度	29年度
目標値	95	95	95	95	95	95
実績値	98.6	98.6	98.6	98.5	98.6	98.1

（資料出所）財務省「平成28事務年度国税庁実績評価書」20頁および「平成29事務年度国税庁実績評価書」20頁のデータをもとに，筆者作成。

(3) 更正の請求期間の延長に対する評価

平成23年改正は，更正の請求期間のみをただ延長するだけでなく，修正申告，更正の請求，増額更正および減額更正という税額修正にかかる手続き

(35) 同評価書の20頁に掲載の実1-1-1-A-1「更正の請求」の3か月以内の処理件数割合を参照。

の期間を統一するものであった。

更正の請求期間の延長（減額更正の除斥期間との統一）について，金子宏は合法性の原則の観点から，「租税行政庁は，賦課権の除斥期間内に，申告等に係る税額が真実の額を超えていることに気付いた場合には，減額の更正を行うべきであ」り，「その意味でも，更正の請求の期間を除斥期間に一致させたことは，首尾一貫した立法措置であった」(36)と評価する。谷口勢津夫は，更正の請求期間を更正の除斥期間に一致させ，さらに通常の期間制限満了前6月以内にされた更正の請求にかかる減額更正について講じられた「時間切れ」防止措置が規定されたこととも相俟って，「減額更正義務の履行を担保し，もって更正の請求の適法性保障機能を拡充するもの」と高く評価する(37)。また，上述のように実務的観点から，「嘆願」という実務慣行が解消されることについて積極的評価がある(38)。

これに対し，この改正は，納税者の権利救済と租税法律関係（早期安定）のバランスを大きく崩すことになるとの見解(39)や，「証拠との距離」を考慮すれば更正の請求期間と更正の除斥期間との間に一定の差違を設ける方が合理的であったとの指摘がある(40)。

更正の請求の期間を考えるにあたって，渋谷雅弘は，一連の税額修正手続の中で，「納税者と課税庁という両当事者の利益に適切に配慮」しつつ，更正の請求における期間制限が「納税者救済に実質的に支障がないか」という視点から，「納税者の救済と課税庁の負担を適切にバランスさせる」ことが

(36)　金子・前掲注（5）879頁参照。
(37)　谷口・前掲注（10）136頁参照。
(38)　山本洋一郎「納税申告の誤りの是正をめぐる問題」税法学569号268頁（2013年），大渕博義「更正の請求制度の改正とその周辺を巡る論点の考察（上）」税通68巻12号20頁（2013年）参照。なお，三木義一は，更正の請求期間の延長自体は評価するものの，それとセットで増額更正の期間の延長という「権限強化と抱き合わせ」となったと評している。三木義一「租税手続法の大改革－平成23年度税制改正における国税通則法の改正」自正63巻4号38頁（2012年）を参照。
(39)　品川・前掲注（15）75頁参照。
(40)　大渕・前掲注（38）21頁参照。

重要であることを指摘する[41]。

このような観点から，更正の請求の期間延長をめぐる改正経緯を振り返ると，そこでは，納税者が自らの誤りを発見するのにどの程度の時間があれば合理的であるかを考慮要素としていることがうかがわれる。すなわち，通則法制定（昭和37年）当時は法定申告期限から1月以内であったところ，昭和41年改正により所得税・法人税については2月以内とされた。このとき期間を2月以内に延長する理由として，所得税・法人税の申告書の作成には2か月～2か月半を要することから，その見直しも相当の日時を要することが挙げられている。また，昭和45年改正により，1年に延長されるとともに後発的事由による更正の請求制度が拡充された際には次のような議論がなされている。すなわち，更正の請求期間をどの程度設定することが妥当であるかについて，昭和45年税制改正のベースとなる昭和43年税制調査会「税制簡素化についての第三次答申」（昭和43年7月）は，「期限内申告の適正化，法律関係の早期安定，税務行政の能率的運用等の諸般の要請を満たすため，原則として更正を請求できる期限を定める一方」，「当該期限内に請求がない場合においても，税務署長は，職権調査により申告税額が過大であると認めたときは，積極的に減額更正をすることにより」，「納税者の正当な権利は保護されるという趣旨に出たものと認められ」，「したがって，この期間を安易に延長することは，必ずしも適当ではない」が，「現行の2か月の期限は短きに過ぎるという主張にも無理からぬ点があるとともに，納税者が自ら誤りを発見するのは，通常は，次の申告期が到来するまでの間であるという事情をしんしゃく[42]」し，申告期限から1年の更正の請求期間とすることを答

(41) 渋谷雅弘「更正の請求をめぐる今日の論点」租税法研究38号90頁（2009年）参照。このような視点は，碓井光明による指摘，「かりに，更正の請求期間を職権による減額更正期間の5年と一致させる場合には，請求事由について一定の限定を加えなければなら」ず，「回帰的に事務を処理しなければならないという税務行政の要請を確保しうるような制度でなければならない」（同「更正の請求についての若干の考察」ジュリ677号67頁（1978年））等にも見い出すことができる。

(42) 税制調査会・前掲注（2）53頁以下参照。

申している（傍点は筆者）。職権による減額更正も含めたところで，納税者の権利救済の点で，どの程度の期間を設定することが合理的かを検討している。

以上の改正経緯をみると，更正の請求だけでなく職権による減額更正とその発動を促す「嘆願」も含めて納税者の権利救済のあり方が検討されており，そもそも納税者の権利救済（過大申告の過誤の是正）はもっぱら更正の請求のみによって完結するものとは考えられていなかったようにみえ(43)，制度全体において「納税者の権利救済にとっての実質的支障」が考慮されてきたように思われる。

これに対し，平成23年改正では「嘆願」という実務慣行の解消に主眼が置かれているようにみえ(44)，納税者の権利救済にとって5年という期間が実質的に必要であるかという点はそれほど明確に議論されていないようにみえる。このことが，前記のような消極的評価（納税者の権利救済と租税法律関係（早期安定）のバランスを崩す等）につながっているものと思われる。

そこで，納税者の権利救済にとっての実質的支障という面から，5年という更正の請求期間が必要であるかという点について考えてみる。確かに，納税者が当初の申告のミスに気付くのは，次の申告期までの間であることが多いであろう。しかし，とりわけ租税法規や取引等の複雑化が進む今日では，1年では短いと考えられる。では何年あれば支障がないかは，はっきりとした決め手を欠く。そこで重要となるのが，まさに「嘆願」や「職権による減額更正」の権利救済上の位置づけであったと思われる。「嘆願」に対して，合法性の原則等から，課税庁が「職権による減額更正」を義務付けられると解したとしても，課税庁が「嘆願」に対して職権減額更正をしなければ，納

(43)　碓井は，更正の請求制度の採用と展開を通覧して，「申告の過誤の是正はもっぱら更正の請求によるべきである，という『更正の請求の排他性』があまり強調されていなかったという点は注目されてよい」と指摘する。碓井・前掲注(41) 65頁を参照。

(44)　税制調査会専門家委員会「納税環境整備に関する論点整理」（平成22年9月14日）11頁以下，納税環境整備PT「納税環境整備PT報告書」（平成22年11月25日）8頁，平成23年度税制改正大綱（平成22年12月16日）33頁では，一貫して，「嘆願」をなくすという点が強調されている。

税者としては訴訟を提起することによって救済を求めなければならない。例えば，職権の減額更正を求める義務付け訴訟を考えた場合，訴訟要件（「一定の処分がされないことにより重大な損害を生ずるおそれがあり，かつ，その損害を避けるために他に適当な方法がないとき」行政事件訴訟法37条の2第1項）を満たすかといった問題がある。これに対し，「更正の請求」のルートにのれば行政争訟のルート（不服審査，取消訴訟）への接続が確保される(45)。このような争訟手続へのアクセスという点から考えると，更正の請求期間を減額更正の除斥期間に一致させるのでなければ，権利救済にとっての実質的支障があるといえ，その点で5年の期間が必要であったといえるのではないかと思われる。

次に納税者の救済と課税庁の負担のバランスについて，更正の請求期間を5年に延長することが，権利救済と租税法律関係の早期安定のバランスを崩すことになるかという点について検討する。ここで留意しなければならないのは，制度全体をみれば，修正申告や更正処分による納税義務の変更が認められており，更正の請求だけが「租税法律関係の早期安定」を脅かすわけではないということである。その意味で，「租税法律関係の早期安定」は，「過大評価すべきものではない(46)」。さらにいえば，「更正の請求」には税額等の修正を確定する効果はなく，「租税法律関係」を修正するには「更正」をまたなければならないので，その点で，「早期安定」に対する影響も限定的と考えられる。

さらに，データに基づき，更正の請求が租税法律関係の早期安定に与える影響について検討する。表2は更正の請求の処理件数である。平成23年改

(45) なお，租税争訟における更正の請求の排他性について，近年，興味深い裁判例が出されているところ，本稿では紙幅の関係上検討することができないため，この問題については別稿にゆずることとする。

(46) 渋谷・前掲注（41）91頁参照。

(47) 税目別の更正の請求の件数については，データとしては少し以前のものになるものの，金子・前掲注（28）617頁に参考となるデータが記載されている。それによれば，更正の請求のうち，所得税にかかるものが圧倒的に多い（平成18年度：約212千件，平成19年度：約217千件，平成20年度：約221千件）。

表2　更正の請求の処理件数

（単位：千件）

事務年度	20年度	21年度	22年度	23年度	24年度	25年度	26年度	27年度	28年度	29年度
処理件数	262	255	294	310	260	312	367	378	400	413

（資料出所）　財務省「平成24事務年度国税庁実績評価書」98頁および「平成29事務年度国税庁実績評価書」21頁のデータをもとに，筆者作成。

（注）　処理件数の数値は全体件数である[47]。

正の影響は平成25年度以降にみられるところ，確かに，更正の請求が増加傾向にあるようにみえる。

しかし，更正の請求の件数（例えば，平成29年度の処理件数41万件）は，申告書の提出件数と比較すれば（表3を参照），そのごく一部に過ぎない。また，参考までに，調査件数と比較すると（表4を参照），例えば平成29年度の調査件数（更正の請求に対する調査は含まれない）は約84万件である。更正の請求のために一定の調査が必要なことを考慮すると，更正の請求の増加にかかる調査事務の負担増（課税庁側にとっての負担）が調査事務を圧迫するという

表3　申告書の提出件数

（単位：千件）

年分	24年分	25年分	26年分	27年分	28年分	29年分
提出件数(個人)						
所得税	21,525	21,434	21,391	21,515	21,690	21,977
還付申告	12,573	12,403	12,487	12,465	12,580	12,830
土地等譲渡所得	429	485	481	489	495	514
株式等譲渡所得	984	1,098	937	907	932	1,031
消費税	1,149	1,134	1,139	1,142	1,142	1,138
贈与税	437	491	519	539	509	507
相続税	53	54	56	103	106	
提出件数(法人)						
法人税	2,761	2,771	2,794	2,825	2,861	2,896
消費税(法人)	1,950	1,947	1,959	1,973	1,992	

（資料出所）　財務省「平成28事務年度国税庁実績評価書」16頁および「平成29事務年度国税庁実績評価書」16頁のデータをもとに，筆者作成。

表4　税務調査等の件数

（単位：千件）

事務年度	24年度	25年度	26年度	27年度	28年度	29年度
調査等の件数	内196	内180	内194	内188	内229	内234
	868	1,077	925	833	871	847
非違があった件数	554	718	597	526	564	550

（資料出所）財務省「平成28事務年度国税庁実績評価書」69頁および「平成29事務年度国税庁実績評価書」71頁のデータをもとに，筆者作成。

（注）調査等の件数は，全体の件数である。また調査等の件数の中の「内書き」は個人課税課，資産課税課において，比較的容易に申告等の適否の確認および非違事項の是正ができる納税者に対して，文書・電話又は来署依頼による面接等により行なった簡易な接触を除いた件数である。なお，平成29年度は暫定値による。

懸念もあるかもしれない。しかし，そのことは，「租税法律関係の早期安定」とは別次元の問題であろう。

(4)「嘆願」の余地と「更正の申出」

前述の通り，従来問題視されてきた「嘆願」は解消された。しかし，いわゆる後発的事由による更正の請求（通則法23条2項，各個別税法）については更正の請求事由が生じてから2か月等の期間が定められているところ，税務署長はこれらの事由が生じた日から3年間は減額更正ができる（通則法71条1項2号，国税通則法施行令30条）ため(48)，後発的事由による更正の請求の期間が徒過したケースでの「嘆願」はありえる。

国税庁は，平成23年改正に伴い，平成23年12月2日より前に法定申告期限が到来する国税について，運用上の措置として「更正の申出」という手続を講じた(49)。その内容は，更正の請求期間（1年）を過ぎていても，増額更正ができる期間内に「更正の申出書」を提出することにより，職権による減額更正を求めることができるというもので，従前の「嘆願」に相当する。

(48)　国税通則法施行令30条は，政令で定める理由として同令24条4項を引用する。したがって，通則法23条2項1号および3号（同令6条1項5号に掲げる理由を除く）並びに各個別税法に定める更正の請求の基因とされている理由で当該国税の法定申告期限後に生じたものについては，税務署長は当該理由の生じた日から3年間，更正処分をすることができる。

「更正の申出」は「嘆願」を，実務上のものとはいえ[50]，公式の制度として認めるものであり，「嘆願」の不透明性ゆえの不公平（あるいは不公平感）を払拭するものとして評価に値する[51]。

このような「更正の申出」は，前述の特別の更正の請求期間の徒過のケースについても，適用されるのであろうか。上記「更正の申出」は，もっぱら通常の更正の請求に準じたものであり，特別の更正の請求期間の徒過のケースについては想定されていない。また，「更正の申出」の期間は「増額更正ができる期間」とセットで考えられていることからすると[52]，特別の更正の請求期間の徒過のケースの場合にはすでに増額更正の除斥期間を経過しているので，「更正の申出」の対象外と考えられる。とはいえ，「更正の申出」の対象にはならないとしても，職権による減額更正の可能な期間であるので，理論上なお「嘆願」の余地はありうる。

---

(49)　2019年1月現在においては，法人税について更正の申出手続が残っている。手続の詳細については国税庁ホームページ「ホーム＞税の情報・手続・用紙＞申告手続・用紙＞申告・申請・届出等，用紙（手続の案内・様式）＞税務手続の案内（税目別一覧）＞更正の申出関係＞[手続名] 法人税の更正の申出手続」（URL：https://www.nta.go.jp/taxes/tetsuzuki/shinsei/annai/kosei_proposal/tetsuzuki/02.htm）（2019年1月15日最終閲覧）を参照。

導入当初の更正の申出手続について詳述するものとして，井寺洪太「更正の請求期間延長に伴う更正の申出・更正の請求の特則」税理57巻2号129頁（2014年）を参照。

(50)　国税不服審判所裁決平成25年1月17日（裁決事例集No.90）は，「更正の申出に対するお知らせ」は通則法75条1項に規定する「国税に関する法律に基づく処分」に該当しないとして，「更正の申出に対するお知らせ」の取り消しを求めた審査請求を不適法なものとして却下する。

(51)　手続的保障原則からすれば，更正の申出を更正の請求に「格上げ」すべきであるとの見解がある。谷口・前掲注（10）137頁参照。

(52)　この点は，平成23年度税制改正大綱でも「改正趣旨を踏まえ，過年分についても，運用上，増額更正の期間と合わせて，納税者からの請求を受けて減額更正を実施するよう努める」こととされている（33頁参照）。

2　更正の請求の範囲の拡大

⑴　当初申告要件の緩和（平成23年改正）

各個別税法において，当初申告時に選択した場合に限り適用が可能な「当初申告要件が設けられている措置」や，控除等の金額が当初申告の際に記載された金額に限定される「控除額の制限がある措置」については，更正の請求によって，事後的に当該措置を適用したり，控除額を引き上げたりすることはできないとされている。

平成23年税制改正により，個別税法において当初申告要件がある措置のうち，当該措置の目的・効果や課税の公平から事後的な適用を認めても問題ないものとして，①インセンティブ措置や，②利用するかしないかで有利にも不利にもなる操作可能な措置のいずれにも該当しない措置について，当初申告要件が廃止された(53)。また，控除額の制限がある措置について，更正の請求により適正に計算された正当額まで当初申告時の控除額を増額することができることとされた(54)。これらの当初申告要件の緩和は，通則法上の改正ではないものの，更正の請求の対象範囲を拡大するものであり注目される(55)。

⑵　通達の解釈変更による更正の請求（平成18年改正，通則令6条1項5号）

平成18年改正により通則令6条1項5号が新設され，「申告，更正又は決定に係る課税標準等又は税額等の計算の基礎となった事実に係る国税庁長官が発した通達に示されている法令の解釈その他の国税庁長官の法令の解釈が，更正又は決定に係る審査請求若しくは訴えについての裁決若しくは判決に伴

---

(53)　志場喜徳郎ほか共編『国税通則法精解』（大蔵財務協会，2013年）349頁以下参照。具体的に対象となる措置については351頁以下を参照。

(54)　前掲最判平成21年7月10日を受けた改正と位置づけられる。この点について，詳しくは，山本洋一郎「更正の請求と税額控除規定の再論」税法学563号419頁（2010年）および同前掲注（38）259頁を参照。

(55)　この改正について画期的と評価する見解として，多田雄司「更正の請求，更正の期間の改正をめぐる実務処理」租税研究763号128頁（2013年）を参照。

って変更され，変更後の解釈が国税庁長官により公表されたことにより，当該課税標準等又は税額等が異なることとなる扱いを受けることとなったことを知ったこと」を更正の請求事由として，当該理由が生じた日の翌日から2月以内に更正の請求をすることができることとされた。

改正前においては，解釈の変更について，課税実務上，更正の請求期間内（1年）であれば減額更正をするとしていたところ，最判平成17年2月1日（ゴルフ会員権名義書換え手数料は取得費に該当）を受け，国税庁は，通達の解釈を取消争訟で争った者とそうでない者との間で救済上不公平であるとして（後者は1年内の更正の請求ができない限り救済されない），5年間遡及して減額更正をする対応を行った（いわゆる「嘆願の慫慂」(56)）。これを契機に，通則令6条1項（通則法23条2項3号政令で定めるやむを得ない理由）に本号（5号）が追加されることとなった(57)。これにより，通達の解釈変更に伴う更正の請求の可否の問題自体は，立法的に解決されたといえる。一方で，当該規定による通達の解釈変更に対する救済は限定的であることもまた確認されなければならない。

第一に，当該規定は，通達の法令解釈が更正等に対する審査請求や訴えについての「裁決若しくは判決に伴って変更」された場合において更正の請求を認めるものであるという点があげられる。「伴って」の文言を厳格に解釈すれば，更正の請求ができるのは，判決等の中で従来の行政解釈が誤りであると判断され，それによって解釈が変更された場合に限定されることとなろう。そうすると，判決等を契機としない解釈の変更については，更正の請求をすることができない。このように限定的に解することは妥当であろうか(58)。

第二に，解釈変更の「公表」とそれによって，税額等が「異なることとな

(56)　このとき，国税庁は判決を受けて従来の取扱いの変更をするとのメッセージをホームページ上や窓口パンフレットで発信し，「嘆願の慫慂」として注目された。首藤重幸「税務訴訟の最新動向と課題」税弘54巻3号8頁（2006年）を参照。

(57)　『DHCコンメンタール国税通則法』1448頁参照。

る取扱いを受けることとなったことを知ったこと」のタイミングの問題である。改正規定は，当該知った日の翌日から2か月以内に更正の請求をすることができるとしている。したがって，通則法23条2項だけをみれば，通常の更正の請求期間（5年）を過ぎていても，「知った日[59]」の翌日から2か月以内に更正の請求をすることができるようにみえる。ところが，通達変更にかかる更正の除斥期間は，一般的な減額更正の除斥期間（5年）によるため[60]，当該除斥期間（通則法70条3項は適用されるので最長で5年6か月）を経過している場合には，解釈変更を理由に更正の請求をしても，減額更正はなされない。つまり，通達の解釈変更による更正の請求は，通則法23条2項の後発的理由の一つとして規定されているものの，当該事由が法定申告期限から5年以内に生じたのでなければ実際には救済の対象とならない。その点で，通常の更正の請求期間経過後も更正の請求ができる他の後発的理由と異なることに注意しなければならない。

このように，通達の解釈変更による更正の請求について，実質的に期間の特例がない理由について，「これを無制限に遡及して減額更正をすることとすれば，数十年も遡及しなければならない場合もあり得ることころから，国と納税者との間の権利関係の早期安定に反すると考えたからであろうか[61]」との見方がある。確かに，通達の解釈変更の場合，例えば通則令6条1項2号（やむを得ない事情による契約の解除等）と比べても，時間的にも，また対象

(58) このような限定は妥当ではなく，実体的真実主義により違法を是正する観点から，一定期間を遡った是正を認めるべきであるとし，「伴って」を緩く解釈すべきことを主張するものとして，碓井光明「租税法における実体的真実主義優先の動向」石島弘ほか編『納税者保護と法の支配』（信山社，2007年）25頁を参照。

(59) 「知ったとき」は納税者が物理的に知ったときを指すと解される。『DHCコンメンタール国税通則法』1448頁参照。

(60) 通則法71条1項2号，令30条，令24条4項により，通則令6条1項5号の事由は，通則法71条（更正等の期間制限の特例）から除外されている。なお，通則法23条2項2号に定める事由も同様に通則法71条の適用除外とされている。

(61) 『DHCコンメンタール国税通則法』3797頁参照。

となる範囲も広くなることが考えられるから，一定の範囲を画する必要があることは認められよう。くわえて，通則令6条1項5号とそれ以外の号との理論的な差違にも言及する必要があろう。同1号ないし4号は，後発的事実に基因して過誤要件が充足される場合であるのに対し，同5号は後発的事実の発生を契機に，原始的な過誤要件の充足が確認される場合であると整理することができる[62]。つまり，同5号の場合，納税者としては，申告の当初から当該納税申告の過誤に気がつく可能性（通達が間違っているかもしれないと考える余地）がある点で，他の事由とは異なるといえる[63]。

大阪地判平成28年8月26日[64]は，次のように述べる。すなわち通則法71条1項2号は，「申告納税方式による国税について法定申告期限後に課税標準等又は税額等の計算の基礎となった事実に変動が生じたために上記の計算が異なることとなり納税すべき税額が減少する場合の減額更正について除斥期間の延長を認め，そのような場合に当たる更正の理由を政令に委任する

(62) 谷口・前掲注（10）143頁参照。

(63) 谷口・前掲注（10）144頁参照。

(64) 判タ1434号192頁。事案の概要は次の通りである。平成18年11月8日にAが死亡した。Aの相続人はAの子Xらと妻（あわせてXらという）である。Xらは，Aの相続財産中，B社株式（取引相場のない株式）について，株式保有割合29.1%であるとして，当時の財産基本通達189（以下，旧通達という）に従い，純資産価額方式で評価し申告した。その後，国税庁長官は，東京高判平成25年2月28日を受けて，旧通達を変更し，平成25年5月27日付け「財産評価基本通達の一部改正について（法令解釈通達）」によって，純資産価額方式で評価する大会社の株式保有割合の基準を「25%」以上から「50%」以上に改正した。この通達変更を受け，Xらは，平成25年7月25日，改正通達によればXらの申告にかかるB社株式についても純資産価額方式でなく類似業種比準方式によるべきであったとして，更正の請求を行った。課税庁は，当該更正の請求は法定申告期限から5年を経過してなされているところ，旧通則法70条2項1号による減額更正はできず，また旧法71条1項2号の委任を受けて定められた施行令30条および24条4項も施行令6条1項5号の理由に基づく更正を除外しており，当該更正の請求には更正をすべき理由がないとして，Xらにこれを通知した。

本件判決の評釈として，増田英敏・並木知紀・TKC税研情報26巻5号1頁（2017年），佐藤孝一・月刊税務事例49巻9号17頁（2017年），今本啓介・ジュリ1521号146頁（2018年）がある。

ものである」のに対し，通則令6条1項5号は，「計算の基礎となった事実に変動は生じておらず，単に申告等の課税標準等又は税額等が正当な法令解釈を前提にした場合とは異なるものであったことが国税庁長官の法令解釈を契機として明かになったものにすぎ」ず，「このような場合には，法定申告期限後に課税標準等又は税額等の計算の基礎となった事実に変動が生じた場合とは異なり，納税者は，自ら正しいと考える申告をし，課税庁から増額の更正処分を受けた場合にはこれに対する取消訴訟を提起して自らの権利保護を求めることができるのであり，課税の適正を図る必要において法71条1項2号が予定する場合とは異なるというべき」（傍点は筆者）である。したがって通則令6条1項5号は，通則法71条1項2号にいう「その他これらに準ずる」理由にはあたらず，除外規定は，同号の委任の範囲を逸脱しない。

以上の通り，通達の解釈変更に基づく更正の請求については，解釈変更をいつ知ったかという納税者側の事情よりも，いつ解釈が変更され，いつそれが公表されたかが重要であり，そのような課税庁側の事情によって，更正の請求による救済の可否が左右されることに留意しなければならない(65)。更正の除斥期間内に更正の請求をすることができるかどうかは，「公表」のタイミングや，「公表」の方法，「公表」された情報へのアクセスの難易にかかっている(66)。

3　更正の請求の適正な運用を確保するための措置

(1)　事実を証明する書類の添付義務

平成23年税制改正にあわせ，通則令6条2項が改正され，同項には「更正の請求をしようとする者は，その更正の請求をする理由が課税標準たる所

---

(65)　この点，通則法23条2項2号の場合には，実務上，他の者に対する決定・更正があった場合，対応する減額更正が行われており，同項2号に該当したことによる更正の請求が行なわれることはほとんどないという（品川・前掲注(15) 80頁）から，同項2号については，それほど問題は生じないと思われる。

(66)　国税庁ホームページでは，通達の変更に関する情報が公表されている（ホーム>お知らせ>その他お知らせ）を参照。

得が過大であることその他その理由の基礎となる事実が一定期間の取引に関するものであるときは，その取引の記録等に基づいてその理由の基礎となる事実を証明する書類を法第23条第3項の更正請求書に添付しなければならない」と規定されることとなった（下線は筆者）。下線部「添付しなければならない」の部分は，改正前は「添附するものとする」とされていたところ，事実を証明する書類についての添付義務を明示する文言に改正された。

これに関し，事実を証明する書類の添付のない更正の請求について，書類の添付は更正の請求の手続的要件と解し，これを欠く場合には不適法なものとして却下することができるのか，又は調査をすることなく請求に理由なしとすることができるのかが問題となりうる。

改正前の本件条項につき，大阪地判昭和52年8月2日(67)は，一定期間の取引をしている者であってもその取引の記録が常に存在しているとは限らないこと，「添付しなければならない」との規定の仕方をしていないこと，更正の請求の理由の有無は添付された証拠書類のみによって判断すべきものとは解されないことから，添付のない更正の請求であってもそれを理由に却下することはできないとする。

一方で，大阪地判平成18年2月8日(68)は，配当所得に係る源泉徴収税額につき配当所得の帰属についての判断を変更したことを理由に，配当所得の金額およびその内訳を自ら記載した書面を「事実を証明する書類」として添付して行われた更正の請求につき，当該添付書面は「当該書面に記載された各配当所得の発生（当該配当金の支払の事実及びそれが原告に帰属するものである事実）を客観的に裏付けるものではないから，通則法施行令6条2項所定の更正の請求をする理由の基礎となる事実を証明する書類に該当しないことは明らかで」あり，本件更正の請求は「事実を証明する書類の添附を欠くものであり，本件更正請求の理由となる原告の配当所得の増加を基礎付ける具体的事実を認めることはできないから」，更正すべき理由がないとした本件通

(67)　行裁例集28巻8号808頁。
(68)　税資256号順号10300。

知処分は違法ではないと判断している。さらに，所得税法は源泉徴収税額等の還付を受けようとする場合には源泉徴収税額につき明細書（支払者および種類ごとに，その元本又は数量，配当等の収入金額，源泉徴収税額，支払者の氏名又は名称，住所若しくは居所又は本店若しくは主たる事務所の所在地を記載したもの）を添付すべきこと，更正の請求において事実を証明する書類の添付が求められていること，課税庁は本件について配当所得にかかる明細書の提出や本人に対し出頭を求めたのであるから，通則法 24 条 4 項が定める調査を尽くしており，それ以上に，「自ら進んで調査権限を行使し，原告に対する真実の配当等の支払額を調査すべき」法的義務はない，と判示する。

これらの判決を踏まえると，これらの事案の当時とは規定の仕方こそ異なるものの，更正の請求の理由の有無は添付書類のみによって判断するものとは解されない（通則法 23 条 4 項）ことについては同様の状況にあるので，「添付しなければならない」と規定されたことをもって手続的要件と解し，これを欠く場合に，何らの調査をすることもなく請求を却下することはできないと考えられる。その意味において，添付義務の規定は「訓示的な規定を強めたに過ぎない(69)」ものであり，書面の添付を欠くからといって，課税庁は更正の請求をただちに却下するのではなく，当該書面の提出を求めるなど更正の請求の理由の有無を調査する必要があると解すべきであろう。ただし，納税者側に書面の添付義務があることが法令上明確にされた趣旨（「更正の請求に際しては，納税者がその理由を証明するとの趣旨を明確化する(70)」）からすると，課税庁に対して要求される調査義務の程度は緩和されるものと思われる(71)。このことは，更正の請求期間の延長，対象の拡充により更正の請求の事務量が増加すると予想されることからすれば(72)，効率的な事務処理の観点から是認されよう。

(69) 品川芳宣「国税通則法改正後の更正の請求をめぐる諸問題」税理 56 巻 3 号 78 頁（2013 年），および同「国税通則法の実務研究　第 8 回納税者の是正手続 (3) 更正の請求③」税理 57 巻 5 号 102 頁（2014 年）参照。

(70) 平成 23 年税制改正大綱 33 頁。

(2) 故意による内容虚偽の更正の請求に対する罰則

平成23年改正により，更正の請求書に「偽りの記載」をして税務署長に提出した者について，罰則（1年以下の懲役又は50万円以下の罰金）が創設された（通則法128条1号）。

罰則創設について，平成23年度税制改正大綱では「故意に内容虚偽の更正の請求書を提出した場合を処罰」（33頁）するものとあるのみで，当該罰則を創設する趣旨は明らかでない。この点について，税制調査会専門委員会の議論を参照すると，「期間の延長に伴い，租税回避的行為や粉飾といったモラルハザードが生じる可能性もあり，こうした点について個別の対応を検討する必要(73)」があることを指摘する意見を見出すことができる。当該意見は，直接に罰則創設の必要性に言及するものではないが，おそらく更正の請求期間の延長や対象の拡大に伴って更正の請求が増加することが見込まれ，その中に「不心得者」の請求がまじじることを懸念し，そうした請求をけん制する意図があったものと推察される。

そうした懸念も理解できなくもない。しかし，実際に，罰則をもって規制する必要性があるのか疑問である。確かに，「偽りの記載」をして更正の請求を行い，減額更正を受けるというケースは想像できなくもない。とはいえ，

---

(71)　更正の請求の事実を証明する書類の添付を欠くため課税庁が本人に対して提出を求めたところ，1年経っても提出がなかったことから，調査を打ち切り，更正の請求において必要経費の追加計上される租税公課等は確認できず，当該租税公課は存在しないものと推定して更正処分をした事案について，国税不服審判所平成26年12月4日裁決（裁事97集119頁）は，再三の要求にも資料を提出しなかったこと，当該資料は請求人が必要経費として計上した租税公課の内容を明らかにする資料であって一般的に納税者に提出困難なものとも言い難いことから，課税庁が請求人に対する7回の電話連絡および5回の提出依頼文書の送付をもって調査を打ち切り，当該租税公課は存在しないものと推定して更正処分を行なったことは，課税庁の裁量権を逸脱ないし濫用するものとは認められないと判断している。

(72)　本文中の前掲表1の通り，更正の請求の処理件数は，平成28年度では40万件であり，これは平成23年度前後の処理件数が30万件ほどであったことと比較すると増加傾向にあるとみられる。

(73)　税制調査会専門委員会「納税環境整備に関する論点整理」13頁。

この場合，課税庁は更正の請求を鵜呑みにするのではなく，調査を行ったうえで更正の要否を判断するので，租税債権に対する侵害という点ではそれほど大きな問題があるとは思われない。

虚偽の更正の請求についてほ脱犯が成立するかについて，東京地判昭和61年3月19日(74)は「申告等により納税額が確定した後，税の納付を免れる目的で内容虚偽の更正請求を行なうなどの不正行為を行い，正しい履行をしなかった時にも，租税債権が侵害されたと認められるのであって，租税法上の体系上ほ脱犯として処罰される」とする。また，同判決の控訴審である東京高判昭和62年3月23日(75)は，「更正の請求自体によっては右租税債権の減少又は消滅の効果を生ぜず，税務署長の更正処分によって始めて具体的租税債権の減少又は消滅の効果を生じ，国家の課税権が侵害されるに至るのであるから，右税務署長の更正処分によって始めて相続税のほ脱は既遂となる」とする。いずれも，虚偽の更正の請求についてほ脱罪の実行行為となることを認めている。

これらによれば，「偽りの記載」が虚偽の内容に基づいており，そのような更正の請求によって減額更正が行われた場合には，「偽りその他不正の行為」としてほ脱犯（既遂）として処罰されることとなる。

一方，「偽りの記載」の内容が「偽りその他不正の行為」に当たる場合であっても，更正の請求に対して減額更正がされなければ，ほ脱犯の未遂となり未遂処罰の規定を欠く以上，処罰されない。しかし通則法128条1号による処罰の対象とはなる。また，「偽りの記載」の内容が，「偽りその他不正の行為」までには至らない場合は，ほ脱犯は成立しないものの，この場合も通則法128条1号による処罰の対象となる。

「偽りその他不正の行為」の意義について，判例は，「ほ脱の意図をもって，その手段として税の賦課徴収を不能もしくは著しく困難ならしめるような何

(74) 判時1206号130頁。評釈として，佐藤英明・ジュリ890号（1987年）113頁がある。
(75) 判時1242号139頁。

らかの偽計その他の工作を行なうことをいう」としている[76]。単なる「偽りの記載」と，「偽りその他不正の行為」にあたる「偽りの記載」とは，行為の悪質性の面で異なると思われるところ，上の通り，結論として両者を同等に扱うこととなることの是非が問われよう。単純無申告罪と比較した場合，単純無申告罪については情状による刑の免除が定められている（例えば，所得税法241条但書き等）のに対し，通則法128条には同様の定めがない。したがって，通則法128条1号の適用において，「偽りの記載」のうち，「偽りその他不正の行為」に当たるものとそうでないものとの間では，量刑が異なりうるにすぎない。

以上のように，通則法128条1号の罪の成否についていえば，「偽りの記載」が「偽りその他不正の行為」に当たるか否かを区別する必要がない。そこで問題となるのは，「偽りの記載」の意義である。この点について，「証明書類の添付義務等に鑑みると，更正の請求が否認されて税務署長が更正の理由がない旨の通知に至ると，ほとんどの場合『偽りの記載』をしたことになりかねない[77]」との指摘がある。しかし，例えば，契約の解除を理由とする更正の請求に対して，税務署長が「やむを得ない事情」によるものと認められないとして更正の理由がない旨の通知をした場合，納税者と税務署長とで「やむを得ない事情」の有無に対する判断が異なるにすぎないにもかかわらず，税務署長からみて更正の理由がないと判断されるときには「偽りの記載」をしたことになるのは不合理であろう。

以上によれば，通則法128条1号の罰則は，不正な更正の請求に対処するために必要な措置というより，刑罰の威嚇効果のもとに，「不心得者」の発生を事前抑制することに主眼があるものと思われる。更正の請求の期間の延長や対象の拡充により，更正の請求にかかる事務処理量が増えるであろうと考えれば，「不心得者」を事前に排除することは，本来救済が必要な者に迅速な救済を与えるという点から（とくに課税庁の人手不足との関係でも）正当化

(76)　最大判昭和42年11月8日刑集21巻9号1197頁。
(77)　品川2013・前掲注（69）78頁。

しうる余地がある。しかし，現行規定の文言「偽りの記載」は，その意味するところが判然とせず，正当な更正の請求をも萎縮させてしまうのではないかという点で大きな問題があるといわざるを得ない(78)。

Ⅲ　従来の議論に対する制度改正の影響

1　通常の更正の請求と特別の更正の請求との関係

平成23年改正によって，通常の更正の請求期間が5年に延長されたことにより，今後，通則法23条2項に規定する事由が同条1項の期間内に生じるというケースも増えるのではないかと思われる。

このことが，通常の更正の請求と特別の更正の請求との関係に関する議論を再燃させるおそれがある。つまり，改正前においては，通則法23条1項の期間内に，同条2項に規定する理由が生じた場合，同条1項に基づいて通常の更正の請求をすることができると解されてきた。これに対し，改正後では同条2項所定の理由は，ほとんど法定申告期限から5年以内に生じるであろうことから，租税法律関係の早期安定の観点から，同条2項所定の理由に該当する場合には同項の期間制限が適用されるとする考え方が出てくるかもしれない。すなわち，法定申告期限から5年以内であっても，同条2項所定の理由の生じた日の翌日から起算して2月以内に更正の請求をしなければならないというような考え方である。

しかし，このように考えることは妥当ではないだろう。通常の更正の請求と特別の更正の請求との関係に関する議論は，更正の請求期間が1年から5年に延長されても当てはまるものであり，改正後も，従来と同様，通則法

---

(78)　もっとも，品川2013・前掲注（69）78頁は，通則法128条1号につき「税務行政における刑事訴追（告発等）の困難性からみて，その実効性には期待し難いものがある」として，実際には発動されないだろうから，問題性はあまりないとみているようである。しかし，規定の実効性はもとより，この罰則の問題点は，当該規定自体が存在することによって正当な更正の請求までも萎縮させてしまうのではないかという点にあるものと思われる。

23条1項所定の期間内に同条2項の理由が生じたとしても，同条1項の更正の請求期間が適用されるものと考えられる。また，通則法23条1項と各個別税法における更正の請求の特例規定との関係も同様に解される。

以上のように考えると，今後，同条2項の更正の請求期間の特例としての役割（更正の請求期間を延長すること）は低下していくように思われる(79)。同条2項の更正の請求期間の特例としての存在意義がうすれていく一方で，同項のもつもう一つの側面が相対的に重要性を増すものと思われる。それは，同項所定の更正の請求の要件が，同条1項による通常の更正の請求ができる場合を限定するという側面である(80)。

前掲東京高判昭和61年7月3日は，通常の更正の請求期間内に同条2項所定の事由が生じた場合には同条1項による更正の請求ができるとし，同条1項による更正の請求の可否を同条2項に定める事由の該当性で判断している（請求理由二元説）。このことに関連して，同条2項所定の後発的理由は限定列挙かという問題もある。国税不服審判所裁決平成28年1月12日（非公開）(81)は，相続税の申告にあたり固定資産税評価額を基礎に計算していたところ，固定資産税評価額の計算に誤りがあったとする市長からの通知を受けて，更正の請求をした事案において，本件通知は通則法23条2項1号にも，同3号および通則令6条1項各号の規定のいずれにも該当しないとして，更正の請求の理由がないとしている。このような点で，今後も通則法23条2項の，上にみたような機能がより注目されることとなろう。

---

(79)　もちろん法定申告期限から5年を経過して同条2項所定の事由が発生することはありうるから，同項の権利救済としての存在意義が失われるわけではない。

(80)　高橋祐介「フリーはつらいよ」佐藤英明編『租税法演習ノート〔第3版〕』（弘文堂，2013年）140頁参照。岸田貞夫「後発的事由による更正の請求についての一考察」石島ほか編・前掲注（58）244頁は，納税者の権利救済の趣旨で創設された通則法23条2項が，逆に，権利救済に限定的な結果をもたらしていることを指摘する。

(81)　本件裁決の内容については，千田喜造「固定資産評価額に誤りがあった場合の相続税に係る更正の請求」税理60巻8号152頁（2017年）を参照した。

2 税負担の錯誤を理由とする更正の請求

東京地判平成21年2月27日(82)は，配当還元方式による評価を前提として行った遺産分割に基づき相続税の申告をした後に，当該前提に錯誤があったことから当初の遺産分割協議を合意解除し，配当還元方式の適用を受けられるように取得する株式数を調整したうえで新たな遺産分割協議をし，当該遺産分割協議に基づいて，法定申告期限から1年以内に通常の更正の請求をしたという事案である。

判旨は，原則として，法定申告期限後は，税負担の錯誤を理由として，当該遺産分割の無効を主張することはできないものの，「例外的に，その主張が許されるのは，分割内容自体の錯誤との権衡等にも照らし，①申告者が，更正の請求期間内に，かつ，課税庁の調査時の指摘，修正申告の勧奨，更正処分等を受ける前に，自ら誤信に気付いて，更正の請求をし，②更正の請求期間内に，新たな遺産分割の合意による分割内容の変更をして，当初の遺産分割の経済的成果を完全に消失させており，かつ，③その分割内容の変更がやむを得ない事情により誤信の内容を是正する一回的なものであると認められる場合のように，更正の請求期間内にされた更正の請求においてその主張を認めても上記の弊害〔筆者注：租税法律関係が不安定となり，納税者間の公平を害し，申告納税制度の趣旨・構造に背馳すること〕が生ずるおそれがなく，申告納税制度の趣旨・構造及び租税法上の信義則に反するとはいえないと認められるべき特段の事情がある場合に限られるものと解するのが相当である」と判示した。

本件判決は，例外的かつ限定的であるとはいえ，通常の更正の請求期間内であれば，税負担の錯誤を理由とする更正の請求が認められる場合があるこ

---

(82) 税資259号順号11151。評釈として，三木義一・月刊税務事例41巻5号1頁（2009年），橋本守次・税弘57巻13号156頁（2009年），末崎衛・税法学561号97頁（2009年），品川芳宣・税研146号126頁（2009年），増田英敏＝田中論・TKC税研情報18巻5号1頁（2009年），堺澤良・月刊税務事例42巻2号1頁（2010年），図子善信・月刊税務事例43巻2号20頁（2011年），山本展也・月刊税務事例44巻5号22頁（2014年）がある。

とを明らかにしている。当該事案は，改正前の更正の請求期間が1年であったときのものであるところ，改正後も同様に解されるのか問題となろう。通常の更正の請求期間が5年に延長されたとはいえ，上記判旨にいう①ないし③の要件を充たすものであれば，更正の請求が認められるべき特段の事情があると考えて差し支えないものと思われる。

3　修正申告の慫慂との関係

従前実務上行なわれていた修正申告の慫慂について，通則法の中に「修正申告の勧奨」として規定されるとともに，修正申告の内容に誤りがあった場合には，不服申立はできないが更正の請求はできることが明記された（通則法74条の11第3項）。

改正前は，修正申告の慫慂に応じた場合，その時点で法定申告期限から1年の期間を過ぎてしまっていることが多く，修正申告の内容に誤りがあっても更正の請求ができないため権利救済上の問題が生じていた(83)。改正により更正の請求期間が延長されたことによって，いったん修正申告の慫慂に応じたとしても，更正の請求を行なう機会が以前よりは保障されたといえよう。この点においても，更正の請求期間の延長には意義があるといえる。

おわりに

以上の通り，納税者からの税額修正手続である更正の請求制度は，近年の法改正によって大きく変わった。このような更正の請求制度の充実は，租税行政過程における納税者の手続的権利の保障にとって意義がある。更正の請求の途が保障されることによって，争訟手続へのルートへの接続が確保され，最終的には司法による判断を得られる機会が担保されることは，納税者の権利救済にとって欠くべからざる要素であろう。そのような意味において，近

---

(83)　平成23年改正前において，この問題について詳しく論じたものとして，占部裕典『租税債務確定手続』（信山社，1998年）1頁以下がある。

年の更正の請求をめぐる改正は高く評価される。

一方で，更正の請求の期間と対象の拡大によって，更正の請求件数の増加が見込まれるところ，更正の請求に対応するための調査が調査の全体件数を圧迫し，調査制度全体の実効性が問題になるかもしれない。近年，実調率の低下がいわれているところでもある。適正な調査の実施は，申告納税制度の適正担保のための重要な側面であることは疑いない。しかし，それは調査制度自体の問題であり，更正の請求の問題ではない。課税庁にとっての調査の負担から，更正の請求を制限するような議論には警戒する必要があろう。この問題は，情報通信技術の活用や既存の法定資料等の提出制度の見直しなど，税務行政の適正化・効率化によって解決されるべきものである(84)。

(84) 本共同研究においては，藤曲武美「第3章　平成23年国税通則法改正後の税務調査手続の評価と課題」および柴由花「第5章　納税者情報の提供義務をめぐる制度改革と課題」が調査制度・情報収集制度の充実と課題を論じているので参照されたい。

第3章　平成23年国税通則法改正後の税務調査手続の評価と課題

税理士　藤曲　武美

はじめに

平成23年12月国税通則法の改正は平成25年1月より施行された。4事務年度が経過して明らかになったのは，調査件数の一律20%～30%の減少などである。平成23年国税通則法改正の適用後における税務調査の状況及びその問題点と課題について検討してみたい(1)。

Ⅰ　調査手続に関する平成23年12月国税通則法改正

1　平成23年12月国税通則法改正前の沿革

調査手続に関する規定は，平成23年12月税制改正前においては，各税法で規定されていたものが，事前通知，終了手続など一定の整備が行われた上，国税通則法（以下「通則法」という。）にまとめて規定されるようになった。改正前の各税法，特に所得税法234条で規定されていた調査に関する規定の

(1)　通則法改正後の調査手続については，「税務行政におけるネゴシエーション」（日税研論集 Vol. 65）の拙稿「税務調査等におけるネゴシエーション」においても触れているので参照されたい。

沿革について簡記する。

改正前所得税法234条（以下この項において「旧規定」という。）の沿革は，昭和22年に当時の所得税法第63条において旧規定とほぼ同様の規定が制定されたことに始まる。その後，昭和25年に調査対象者に損失申告書を提出した者が加えられたほか目立った改正もなく，昭和40年の所得税法の全文改正により旧規定が制定された。昭和40年の旧規定制定では，旧規定の第2項に，質問検査権は犯罪調査のために認められたものではない旨の規定が設けられた以外は，前の所得税法63条の規定が踏襲された。昭和40年改正以後，平成23年12月改正までは，帳簿書類の範囲に関する電磁的記録を含む旨の改正以外に，大きな改正は行われていない。

税務調査について，改正前の法規定には調査手続の細目規定が全くなく，各税目の法律において「調査について必要があるときは」，「質問し，又はその帳簿書類その他の物件を検査することができる」と定めているだけであった。そして具体的な調査の実施に関する手続については，次のような古い最高裁判決の判断に基づいて実務が行われていた。

「この場合の質問検査の範囲，程度，時期，場所等実定法上特段の定めのない実施の細目については，右にいう質問検査の必要があり，かつ，これと相手方の私的利益との衡量において社会通念上相当な程度にとどまるかぎり，権限ある税務職員の合理的な選択に委ねられているものと解すべく，また，暦年終了前または確定申告期間経過前といえども質問検査が法律上許されないものではなく，実施の日時場所の事前通知，調査の理由および必要性の個別的，具体的な告知のごときも，質問検査を行なううえの法律上一律の要件とされているものではない。」（最判昭48.7.10）

税務調査手続の細目は，特に法定されていないことから，相手方の私的利益との衡量において社会通念上相当な程度にとどまるかぎり，税務職員の裁量に委ねられていたといえる。

2　平成23年12月通則法改正の概要（調査手続関係）

平成23年12月通則法改正により，それまで規定されていなかった税務調査手続を明確化する改正が行われた。その改正の概要は次のとおりである。

⑴　改正の趣旨

平成23年12月改正で税務調査手続の明確化が行われたが，その各手続規定改正の趣旨は次のとおりであり，従前の運用上の取扱いを明確化したものであるとされている[2]。

① 調査手続の透明性と納税者の予見可能性を高め，調査に当って納税者の協力を促すことで，より円滑かつ効果的な調査の実施と申告納税制度の一層の充実・発展に資する。

② 調査結果に対する税務当局の説明責任を強化する観点から，調査手続のうち基本的事項について通則法において横断的に法令整備を図った。

⑵　個別税法の規定を通則法に集約化

各税法に定められていた，質問検査権に係る規定，質問検査権に係る罰則規定等を通則法に集約化した（通法74の2，127）。

例えば改正前の所得税法234条「調査について必要があるとき」の条文及び242条8号（罰則規定）を，平成23年12月改正で若干の改正を加えて，通則法に移行，集約した。

⑶　税務調査において提出された物件の留置き制度の法定

調査実務上行われている物件の預り・返還等に関する規定を法律上明確化した（通法74の7）。

⑷　税務調査の事前通知の法定

税務署長等は，税務職員に実地の調査において質問検査等を行わせる場合には，あらかじめ，納税義務者に対し，その旨及び調査を開始する日時等を通知することとする。この通知相手については，当初の通則法74条の9第1項においては，納税義務者と税務代理人の双方に行うこととされていた。

---

(2)　志場喜徳郎ほか共編『国税通則法精解　平成25年改訂』大蔵財務協会，2013年・826頁。

ただし，税務署長等が違法又は不当な行為を容易にし，正確な課税標準等又は税額等の把握を困難にするおそれ，その他国税に関する調査の適正な遂行に支障を及ぼすおそれがあると認める場合には，これらの通知を要しないこととする（通法74の9，74の10）。

なお，この定めについては，平成26年度改正により，あらかじめ納税義務者の同意がある場合は，納税義務者への通知は税務代理人に対してすれば足りることに改正された（通法74の9⑤）。また，平成27年度改正により，複数の税務代理人がある場合において，代表する税務代理人を定めた場合には，その代表する税務代理人に対する通知で足りることとした（通法74の9⑥）。

<事前通知項目>

法定された事前通知の項目は次のとおりである（通法74の9）。納税義務者の同意の手続があれば税務代理人（税理士）への通知で代替できる。

① 調査の開始日時

一旦決定した調査日時についての変更は，当該納税義務者の私的利益と実地の調査の適正かつ円滑な実施の必要性という行政目的とを比較衡量の上判断するが，例えば，納税義務者等（税務代理人を含む。）の病気・怪我等による一時的な入院や親族の葬儀等の一身上のやむを得ない事情，納税義務者等の業務上やむを得ない事情がある場合は，合理的な理由があるものとして取り扱う。

② 調査対象場所

③ 調査の目的（例：○年分の所得税の申告内容の確認等）（通令30の4②）

④ 調査対象税目

⑤ 調査対象期間

⑥ 調査の対象となる帳簿書類その他の物件（例：所得税法△△条に規定する帳簿書類）（通令30の4②）

⑦ 調査の相手方（通令30の4①）

⑧ 調査担当者（通令30の4①二）

⑨　その他①，②の変更に関する事項について（通令30の4①三）

⑩　調査範囲の拡大の可能性について（通令30の4①四）

⑸　調査終了時手続の法定

調査終了時の手続について，課税庁の納税者に対する説明責任を強化する観点から，更正決定等をすべきと認められない場合と認められる場合に区分して，次のとおりとされた（通法74の11）。

①　税務署長等は，実地の調査を行った結果，更正決定等をすべきと認められない場合には，その調査において質問検査等の相手方となった納税義務者に対し，その時点において更正決定等をすべきと認められない旨を書面により通知するものとする。

②　調査の結果，更正決定等をすべきと認める場合には，税務職員は，納税義務者に対し，調査結果の内容を説明するものとする。

③　上記②の説明をする場合において，税務職員は，納税義務者に対し修正申告等を勧奨することができる。この場合において，調査結果に関し納税申告書を提出した場合には不服申立てをすることはできないが更正の請求をすることはできる旨を説明するとともに，その旨を記載した書面を交付しなければならない。

⑹　再調査の実施条件

税務当局は，前回調査後においても，新たに得られた情報に照らし非違があると認める場合には，再調査を行うことができるものとされている（通法74の11⑥）。この点については，平成27年度改正により，前回調査の範囲を実地の調査に限ることとされた。

⑺　平成23年改正の実施時期

平成25年1月1日以後行う税務調査に適用された。

Ⅱ　通則法改正実施後の状況

平成23年通則法改正の実施後の状況は次のような特徴，状況を結果した。

1　調査に要する時間・期間の長期化

改正前における税務署所管法人（主に中小企業等）の調査は，現地の臨場調査が2日～4日程度のものが多く，調査開始から終了までの期間が1ヶ月から2ヶ月程度のものが通常であった。平成23年改正後においては，調査の終了までの期間が1ヶ月程度は伸びているように思われる。

2　署内手続の整備

税務調査の期間が長期化しているのは，調査手続の整備が関係しているものと思われる。税務署内の調査手続については事前通知，調査の終了説明が法定化されたことからおよそ次のように整備された（図表1参照）。

3　争点整理表，調査結果説明書の作成

平成23年12月改正により，調査期間が長期化している原因は，上記の調査手続の整備が関係していると考えられるが，その主なものは争点整理表の作成及び調査結果説明書の作成の一般化である。いずれも，次のような改正事項を担保するための作成が徹底化された。

①　更正決定等をすべきと認められる場合には，その調査結果の内容を納税義務者に対して説明することが法定化されたこと（通則法74の11②）。

②　白色申告も含めて，原則としてすべての更正処分等について理由附記が義務付けられたこと（通則法74の14）。

ところで，争点整理表の作成，決裁のプロセスは次のとおりである（図表2参照）。

図表1　税務調査手続の概要

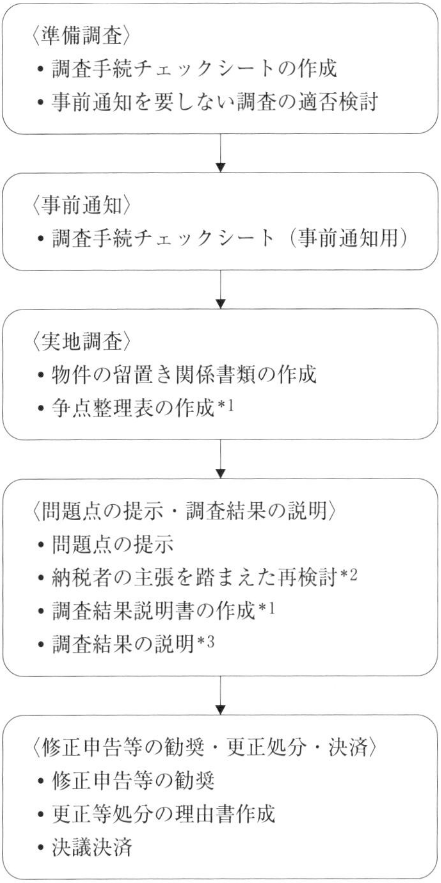

〈準備調査〉
- 調査手続チェックシートの作成
- 事前通知を要しない調査の適否検討

↓

〈事前通知〉
- 調査手続チェックシート（事前通知用）

↓

〈実地調査〉
- 物件の留置き関係書類の作成
- 争点整理表の作成*1

↓

〈問題点の提示・調査結果の説明〉
- 問題点の提示
- 納税者の主張を踏まえた再検討*2
- 調査結果説明書の作成*1
- 調査結果の説明*3

↓

〈修正申告等の勧奨・更正処分・決済〉
- 修正申告等の勧奨
- 更正等処分の理由書作成
- 決議決済

＊1 調査期間に時間がかかることとなった原因の書類である。

＊2 この時点が税務当局と納税者との意見の調整が問題となる場面である。

＊3 調査結果の説明後，修正申告等，更正等処分がなされるまでの間において，説明の前提となった事実が異なることが明らかとなり，説明の根拠が失なわれた場合は調査結果の説明内容を変更することができる。（国税の調査関係通達5-4）

図表2 争点整理表の作成・決済のプロセス

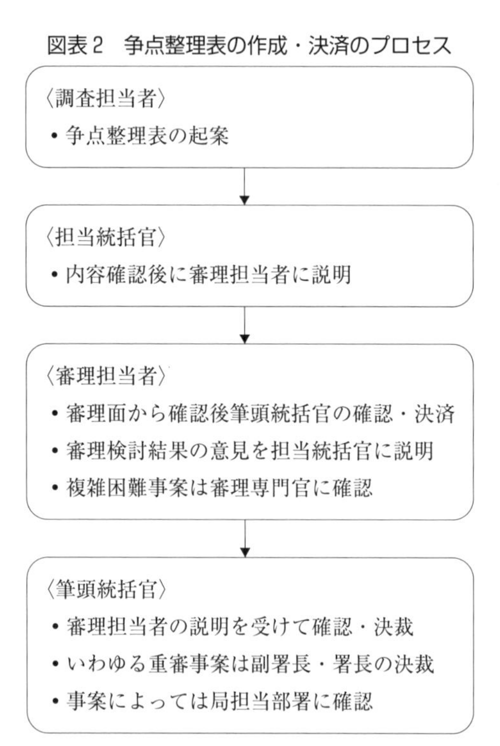

上記の内部決裁を受けた争点整理表に基づき納税者に指摘事項を提示，説明し，納税者の意見，主張を踏まえて次に「調査結果の説明書」が作成される。

調査結果の説明書についても，調査担当者→統括官→審理担当者（事案に応じて筆頭統括官，副署長，署長）の確認，決済を受ける。

このように署内手続が整備され，厳格化されると調査期間が長期化することは避けられない。また組織的な複数チェックを踏むことにより独自の見解による処理ミスが減少するメリットがあるが，同時に調査担当者の判断による納税者への対応の範囲は狭められ，より組織的，画一的な対応になってしまう危険性も生ずる。

この結果，改正後の税務調査手続制度においては，税務署内の処理手続が組織化，厳格化されることによって，メリットがある反面，時間がかかる等の効率性の面でのデメリット，及び柔軟性が損なわれることが危惧される状態がある。

4　調査件数の減少

上記のように1件当たりの調査にかかる期間の長期化により，調査の件数が減少した。平成23年改正の適用は平成25年1月からであったが，調査件数推移表（図表3参照）のように調査件数は，税目により違いはあるが，おおむね年間で20%～30%程度減少した。なお，所得税においては，簡易な調査により一般調査の減少をカバーしている傾向がうかがえる。

図表3　調査件数推移表

(1)　所得税　【単位：件】

種類/年度	平成23事務年度		平成24事務年度*3		平成25事務年度		平成26事務年度		平成27事務年度		平成28事務年度	
特別・一般	57,861	100.00%	46,418	80.22%	45,693	78.97%	49,280	85.17%	48,043	83.03%	49,012	84.71%
着眼	40,826	100.00%	23,556	57.70%	15,942	39.05%	18,494	45.30%	17,973	44.02%	21,226	51.99%
小計	98,687	100.00%	69,974	70.90%	61,635	62.46%	67,774	68.68%	66,016	66.89%	70,238	71.17%
簡易な調査	675,520	100.00%	612,073	90.61%	837,142	123.93%	672,394	99.54%	584,415	86.51%	576,906	85.40%
合計	774,207	100.00%	682,047	88.10%	898,777	116.09%	740,168	95.60%	650,431	84.01%	647,144	83.59%
申告人数(千人)	21,853	100.00%	21,494	98.36%	21,402	97.94%	21,367	97.78%	21,489	98.33%	21,664	99.14%

＊1 事務年度はその年7月～翌年6月。
＊2 特別・一般調査は実地に臨場する調査，着眼は短期間の実地臨場調査をいう。簡易は自宅等に臨場しないで電話，来署面接によるもの。
＊3 改正法適用は平成25年1月からである。

⑵ 法人税　【単位：千件】

種類/年度	平成 23 事務年度		平成 24 事務年度＊3		平成 25 事務年度		平成 26 事務年度		平成 27 事務年度		平成 28 事務年度	
特別・一般	129	100.00%	93	72.09%	91	70.54%	95	73.64%	94	72.87%	97	75.19%
申告法人数(千件)	2,763	100.00%	2,711	98.12%	2,721	98.48%	2,742	99.24%	2,771	100.29%	2,805	101.52%

＊3 改正法適用は平成 25 年 1 月からである。

⑶ 相続税・贈与税　【単位：件】

種類/年度	平成 23 事務年度		平成 24 事務年度＊3		平成 25 事務年度		平成 26 事務年度		平成 27 事務年度＊4		平成 28 事務年度	
相続税調査件数	13,787	100.00%	12,210	88.56%	11,909	86.38%	12,406	89.98%	11,935	86.57%	12,116	87.88%
申告被相続人数	51,559	100.00%	52,572	101.96%	54,421	105.55%	56,239	109.08%	133,176	258.30%	136,891	265.50%
贈与税調査件数	5,671	100.00%	4,599	81.10%	3,786	66.76%	3,949	69.63%	3,612	63.69%	3,722	65.63%
贈与税申告件数	340,243	100.00%	355,924	104.61%	401,716	118.07%	437,217	128.50%	549,059	161.37%	519,417	152.66%

＊3 改正通則法の適用は平成 25 年 1 月からである。

＊4 相続税の基礎控除額などの見直しによる増税は平成 27 年分からである。

Ⅲ　質問応答記録書の問題点

1　質問応答記録書等の作成

⑴　質問応答記録書の性格等

質問応答記録書について，「調査関係事務において必要がある場合に，質問検査等の一環として，調査担当者が納税義務者等に対し質問し，それに対し納税義務者等から回答を受けた事項のうち，課税要件の充足性を確認する上で重要と認められる事項について，その事実関係の正確性を期するため，その要旨を調査担当者と納税義務者等の質問応答形式等で作成する行政文書である。」としている。

そしてその必要性について，「課税処分のみならず，これに関わる不服申立て等においても証拠資料として用いるために，質問応答記録書を活用して，納税義務者等から聴取した事項を記録していく必要がある。」と述べている。

これらから，明らかなように質問応答記録書は，課税処分，その後の争訟における課税庁側の証拠資料としての重要な意味があるものである。

⑵　質問応答記録書の作成には応ずるべきか

質問応答記録書の作成の性格が，上記⑴のようなものだとすると，納税者等にとっては，課税処分の証拠を課税庁に与えることになるものであることから，その作成に積極的に協力し，応ずべきものかの疑問が生ずる。

この点については，一律に応ずべきものであるとか，そうでないとかはいえない。

現行の調査システムの中では，質問応答記録書の内容に同意ができるならば，素直に応じた方が全体的にスムーズに調査の終了に進展することが考えられるからである。特に納税者等の側が非違事項を認めていて，調査指摘事項については修正申告に応ずる用意があるケースでは，その指摘事項に係る質問応答記録書の作成に応じた方がスムーズに調査が進行するものと考えられる。

一方，税務署の指摘事項について，納税者側が十分に納得してしない場合は，安易に質問応答記録書の作成に応ずべきではない。なぜならば，質問応答記録書は，課税庁にとって，納税者側が納得していない課税庁側の主張を根拠付ける証拠資料としての性格を有しているからである。

⑶　質問応答記録書作成に応じない場合の対応について

調査官より質問応答記録書を作成したいという申し出があった場合に，納税者等サイドとしてこれに応じない場合の対応としては，次のような対応が考えられる。

課税庁側が質問応答記録書で証拠付けようとしている指摘事項等の争点そ

のものについて，納税者サイドが納得していない場合は，その事項について質問応答記録書を作成すること自体に納税者側としては意義を見いだせないことになる。このようなケースでは，質問応答記録書の作成そのものに賛成，同意できないことになる。国税庁の内部向けに作成された「質問応答記録書作成の手引（平成25年6月）」のFAQ（以下「FAQ」という。）問1では，「質問応答記録書は，納税義務者等の理解と協力を得て行う調査の一環として作成するものであることから，納税義務者等から調査の協力が得られない等の理由で質問応答記録書の作成が困難な場合などには，帰署後，『調査報告書』に納税義務者等から聴取した事項の要旨を記録することになる。」としている。

このような場合には，納税者等としては，応じられない理由，すなわち，指摘事項そのものについて争点にすること自体が納得できない調査の現段階では，納税者等の主張も十分に検討されていない段階で軽々に質問応答記録書の作成に応ずることができないなど理由を明確に述べるべきである。

また，質問応答記録書作成に応じない場合としては，次のようなケースも考えられる。すなわち，質問応答記録書は，調査官からの質問に対する納税者の回答そのものが，課税処分の重要な証拠資料になり，かつそれ以外に証拠資料が収集し難いケースなどが考えられる。したがって，「証拠書類等の客観的な証拠により課税要件の充足性を確認できる事案については，原則として，質問応答記録書等の作成は要しないことに留意する。」とFAQが述べているように，他の証拠資料で十分に課税処分が可能なものについては，改めて質問応答記録書の作成を行う必要がない旨を納税者も主張し，余計な質問応答記録書の作成には応ずる必要はないといえる。

2　質問応答記録書の作成が必要となる場合

質問応答記録書を作成する場合の具体例としてFAQ問2では次のようなものをあげている。

⑴　具体例

① 外注費としていた役務提供が架空である，あるいは実際に役務提供の事実がないとの納税者又は反面調査の取引先よりの回答があった場合

② 期末棚卸資産の金額について改ざんをした旨の納税者等の回答があった場合

③ 勤務実態不明の役員について，勤務実態がないこと，役員給与として支給処理した金員が実際は納税者等側が個人的に費消していた旨の回答があった場合

④ 分掌変更による役員退職による役員退職金について，引き続き経営上主要な地位を占めていることなどの回答があった場合

⑤ 調査対象者と取引先とで取引等に関する回答に齟齬が認められる場合

⑥ 相続税調査において，自宅現金が被相続人名義の口座から出金した現金であったとの回答があった場合

⑦ 法人税等の調査において発見された簿外の現金について，売上金処理から除外し，プールしたものである旨の回答があった場合

⑧ 無申告者の調査において，申告すべき所得があり確定申告すべきことを承知していながら，申告を免れるために帳簿，伝票等の破棄を行っていた旨の回答があった場合など

FAQ問2であげられている具体例は，いずれも，いわゆる重加算税対象となるような事案であり，重加算税事案は質問応答記録書の対象になると考えるべきである。仮装，隠ぺいがあった場合は，納税者のその行為について，仮装隠ぺいを認める回答は重加算税賦課の重要な課税要件であることから質問応答記録書を作成することには理由があるといえる。

⑵　危惧すべきこと

上記にあげられている具体例を見て感じること，危惧することに次の2点がある。

一つは，質問応答記録書を作成するケースが上記の具体例の範囲に限られず，範囲の拡大が生じはしないかということである。課税要件を示す証拠資

料は，まずは質問応答記録書以外の客観的な資料によって作成されるのがベターなのであって，質問応答記録書の作成による場合はその範囲をできるだけ限定すべきである。

二つは，一つ目の危惧と関係することであるが，質問応答記録書依存の危険性である。上記具体例の場合などには，質問応答記録書を作成する合理性は一応認められると考えられるが，質問応答記録書に偏重して依拠することは危険である。刑事事件における自白中心主義の危険性はよく問題点として指摘されるところである。上記具体例のようなケースでも質問応答記録書の回答を証拠資料として全面的に依拠するのでなく，その他の客観的証拠，状況証拠資料をできるだけ収集することが課税庁にとっても重要であるといえる。

3　質問応答記録書の作成趣旨の説明の問題点

納税者等への質問応答記録書の作成趣旨の説明として，「質問応答記録書は，調査において聴取した事項を，事実関係の正確性を期するために作成するものである」としている。しかし，この説明は不十分であり，納税者において誤解を生じさせる恐れがあると考えられる。課税庁自身が述べているように，課税処分のための証拠資料として作成することが重要な目的となっているのであるから，そのことをはっきりと説明すべきである。どのような課税処分が考えられ，その要件に該当すると考えられる事実を確認するために質問応答記録書の作成を行うことをいわないで，耳触りのよい言葉，「事実関係の正確性を期する」という趣旨説明は納得できないといわざるを得ない。課税要件との関係を正面からはっきり述べて，納税者の理解を得るのでなければならない。指摘されている非違事項の内容に納得できるかどうかが，質問応答記録書の作成に納税者として協力できるか否かの一番のポイントである。

4　質問応答記録書の記載内容等

⑴　閲読

質問応答記録書作成後は，記載内容について読み上げ，内容に誤りがないか確認しなければならないとしている。さらに，「一層の回答内容の信用性確保のため，回答者に対し読み上げた後，提示し，閲読させることが望ましい」としている。閲読とは，「書類などの内容を調べながら読むこと」であるから，納税者はしっかりと内容を確認しながら時間をかけて読むことができる。

⑵　記載内容の追加，削除，変更の申立

質問応答記録書の読み上げ，提示後に納税者から記載内容の追加，削除，変更の申立ができる。この場合の調査員の対応は，直接に削除箇所を削除するのでなく，追加，削除，変更の申立の内容を追加記載する方法により対処することとされている。したがって，削除といっても，もともとの記載そのものが削除されるわけではない。

⑶　自署，押印

納税者等の署名押印は，自署押印であり，記名印などによるものは認められない。なお，実印である必要はなく，納税者等本人が使用しているものであれば認印でよい。印鑑を所持していない場合には指印（原則として，左手の人差指）で差支えないとされている。

回答者である納税者等の署名押印は，納税者等の任意で行うべきものである。前記のFAQには，「署名押印は回答者の任意で行うべきものであり，これを強要していると受け止められないよう留意する。したがって，回答者が署名押印を拒否した場合には，署名押印欄を予定していた箇所は空欄のまま置いておき，奥書で，回答者が署名押印を拒否した旨（本人が拒否理由を述べる場合にはそれも附記する）を記載し，また，回答者が署名押印を拒否したものの，記載内容に誤りがないことを認めた場合にはその旨を記載する。この場合でも，調査担当者（質問者及び記録者）が署名押印し，契印を施すなどして書類として完成させる」としている。

したがって，納税者等は読み上げ，提示後に閲読し，その内容に納得できない場合や，書かれていることよりも署名押印すること自体に抵抗がある場合は，その旨及び署名押印できない理由をしっかりと述べるべきである。特に，後から落ち着いてよく考えると，そもそも質問応答記録書の作成に応ずるべきでなかったと考えられる場合もあると思われる。そのようなケースでは，納税者等としては，その理由もよく述べて署名押印をすべきではない。

⑷　税理士等の署名押印

調査に立ち会った税理士，弁護士等は作成された質問応答記録書に署名押印することにはなっていない。税理士等は，納税者等に対して落ち着いて質問応答記録書の内容について閲読すること，納得できない場合は署名押印する必要がないこと，署名押印しない場合はできるだけその理由を述べることなどを助言する必要がある。もちろん，質問応答記録書は争訟等の場合に証拠資料とされる可能性も知らせる必要がある。

5　質問応答記録書の写しの不交付

納税者等から質問応答記録書の写しの交付を求められた場合には交付しないものとされている。その理由については次のように述べている。「質問応答記録書は，調査担当者と納税義務者等の応答内容を記録し，調査関係書類とするために調査担当者が作成した行政文書であり，納税義務者等に交付することを目的とした行政文書ではないことから，調査時に写しを交付しない。また，作成途中の質問応答記録書（署名押印前のもの等）についても，写しを交付してはならない。」としている。

なお，行政文書であるから個人情報保護法に基づき，納税者等自らが「質問応答記録書」の開示請求を行った場合には，原則として，開示されることとなるとしている。

質問応答記録書のコピーを納税者等に交付しないというのは納得し難いことである。納税者等が作成に応じ，両者で協力して課税要件に係る事実を確認したものである。単に調査官の都合のために作成された書類ではないはずである。したがって，作成の当事者である納税者等にコピーを交付できない積極的理由は存在しない。情報開示請求しなければ控が得られないという取扱いは変更すべきである。

6　納税者等の協力を得るために必要なこと

調査において納税者等の協力を得てスムーズに遂行するために何が重要であるかについて述べる必要がある。質問応答記録書の作成が整備されているのは，調査手続における争点整理表の作成の一般化などと軌を一にしたもので，平成23年改正に伴い，税務当局として調査手続を整備したものであると考えられる。

しかし，課税庁は，課税するための証拠資料の収集にのみ終始するのではなく，納税者との対話が成立し，スムーズに調査の執行ができるようにすることが何よりも重要であることに留意すべきである。課税するための証拠資料固めばかりに重きを置いているようでは，納税者側の協力を得るのは困難になるばかりである。納税者の主張にもよく耳を傾け，納税者との対話が成立するようにしなければ調査手続のスムーズな執行は困難になる。

平成23年度12月改正は，税務調査手続について，現行の運用上の取扱いを法律上明確化し，調査手続の透明性，納税者の予見可能性を高め，調査結果に対する税務当局の説明責任を強化する観点から，行われたものであるとされている。説明責任の強化とは，単に証拠資料固めの強化を意味するものではないはずである。

消費税の増税など全体としてより納税者に一層の税負担を求めることになってくると，税務行政に対しても，より一層の納税者等の信頼が重要になってくると考えられる。そのような観点からすると，納税者等の理解と協力が得られるような行政サービスの改革が必要になってくるものと考えられる。

Ⅳ　通則法改正後の調査手続の評価

1　通則法改正の趣旨

平成 23 年通則法の改正の趣旨は，次のようにまとめられる(3)。

①　改正により，調査手続の透明性，予測可能性を高めること

②　そのことにより，納税者の協力を促すこと

③　円滑かつ効果的な調査の実施に資すること

④　これにより申告納税制度の一層の充実・発展に資すること

⑤　調査結果に対する税務当局の説明責任を強化する観点から，調査手続のうち基本的事項について通則法において横断的に法令整備を図ること

2　通則法改正後の調査手続の改善効果

⑴　説明責任の強化

調査結果の内容説明が法的に定められたことから，調査手続において必ず調査結果の説明が行われるようになった。これにより，改正前においては，極端な場合は，調査そのものが終了したかどうかも曖昧なような事案もなくはなかったが，そのようなことはなくなったと考えられる。同様に，改正前は，調査結果の説明が結論的で不十分な場合があったが，その点はかなり改善されたものと考えられる。調査結果に対する税務当局の説明責任を強化する観点から，改善された点である。

⑵　更正処分等の慎重化

争点整理表，調査結果説明書の作成などの署内手続の定型化は，更正処分，決定処分に至る税務署内部のチェック機能が強化され，更正処分等に慎重になり，誤った更正処分等が行われ難くなったものと考えられる。

---

(3)　前掲注（2）参照。

3　通則法改正後の調査手続の問題点

(1)　効率性の著しい低下と調査件数の減少

通則法改正後の調査手続の実施により，上記Ⅱ4で見たように，税務当局における調査件数は，税目により異なるが，通則法の改正前に比して，おおむね20%～30%程度減少し，回復の見込みは立っていない。このような調査件数の著しい減少は，申告納税制度の一層の充実・発展に資するとは言い難く，課税の公平性の確保の観点からも好ましいことではない。効率性をアップさせることは重要な課題である。この点については，申告書のチェックシステムの開発や簡易な調査，行政指導等で納税者との接触を増やすことにより対応しているように思われる。

(2)　調査手続等の硬直化

平成23年12月改正による税務調査手続の法定化がもたらした税務署内の事務手続の整備で重要なものは，争点整理表の作成及び調査結果説明書の作成の一般化である。

いずれも，調査の結果において，①更正決定等をすべきと認められる場合には，その調査結果の内容を納税義務者に対して説明することが法定化されたこと（通則法74の11②），②白色申告も含めて，原則としてすべての更正処分等について理由附記が義務付けられたこと（通則法74の14）から，これらの法定事項が適法に行われることを担保する内部事務処理として設けられたものである。

争点整理表の作成，決裁のプロセスは既に上記Ⅱで述べたとおりである（図表2参照）。

〈調査担当者〉→〈担当統括官〉→〈審理担当者〉→事案に応じて〈筆頭統括官〉の内部決裁を受けた争点整理表に基づき納税者に指摘事項を提示，説明し，納税者の意見，主張を踏まえて「調査結果説明書」を作成する。

調査結果説明書についても，〈調査担当者〉→〈統括官〉→〈審理担当者（事案に応じて筆頭統括官，副署長，署長）〉の確認，決済を受ける。

改正後の税務調査手続においては，実地の調査の過程及びその終了段階で争点整理表，「調査結果説明書」と2段階の署内書類の検討，決済が行われる。

さらに不服申立，審査請求，訴訟などの争訟に発展する可能性のある事案，重加算税事案については，質問応答記録書の作成が定型化されている。平成23年12月改正前においては，調査結果説明書，争点整理表の作成，決済は署内手続として定型化されていたわけではなかった。

このように署内手続が整備され，定型化されることになると調査担当者の判断による納税者への対応の範囲は狭められ，対応に柔軟性が失われ，硬直化してくる可能性があるといえる。

特に中小企業や個人における通則法改正前の従前の調査においては，少額のものや，悪質でない単純ミスのようなものについては，指導事項にとどめたり，事実認定や解釈に幅があるような事項などについては，詳細，厳格に事実関係などを詰めるよりは当事者間の一定の調整・合意で解決していることもあったと思われる。もちろん，個人プレイ的で基準のない安易な調整・合意が認められてよいものではないが，実態を踏まえて，効率性を考慮した一定の調整・合意は認められてしかるべきである。

しかし，通則法改正後の調査手続においては，上記のように調査後の説明責任，更正処分，争訟に備えての証拠固めを中心に考えて，調査手続が整備されている傾向は否定できない。その結果，署内手続が形式的に整備され，厳格化されたことにより，従来であれば認められてもよいような柔軟性が欠落してくる可能性は否定できないところである。

明確にそのことを示す客観的なデータはないが，審査請求件数の推移をみると平成24事務年度から26事務年度にかけて急激に減少した件数が，平成27事務年度以降相当の比率で増加に転じ平成29事務年度は，減少前の水準に近いところまで回復していることがうかがえる（図表4参照）。調査件数そのものは28事務年度でみるとそれほどは減少前に比して回復しているとは言い難い(4)ことから推測すると，調査件数のうち審査請求に至る件数の割合は増えているのではないかと推測することもできる。

図表4　審査請求件数推移表

（単位上段：件数，下段：前年対比）

税目	平成23	平成24	平成25	平成26	平成27	平成28	平成29
所得税	806	521	321	499	514	558	910
	−	64.6%	61.6%	155.5%	103.0%	108.6%	163.1%
法人税	453	362	349	314	334	504	465
	−	79.9%	96.4%	90.0%	106.4%	150.9%	92.3%
相続税・贈与税	307	149	128	172	180	172	216
	−	48.5%	85.9%	134.4%	104.7%	95.6%	125.6%
消費税	1,555	2,254	1,825	754	721	937	1,108
	−	145.0%	81.0%	41.3%	95.6%	130.0%	118.2%

そうすると，相対的には，調査件数に占める決定，更正処分の件数は増加しているのではないかとの推測もできる。

V　税務調査における柔軟性の必要性

1　税務調査における交渉，調整・合意を必要とする事情

少なくとも通則法改正前における税務調査は，納税者等と調査担当官との調整・合意の場ともいえる側面があったといえる[5]。その結果，ホームページにおいて「税務調査」で検索をかけると次のようなものが数多くヒットする。

「税務調査に強い税理士事務所」，「税務調査における交渉力」，「税務署とコミュニケーションを取り円満に追徴税額を減額」……。

もちろん，このような謳い文句をもって，税務調査の結果が交渉によって，単純に左右されていると考えることは間違いである。

しかし，税務署，納税者のおかれている各事情や制約を考慮すると，次に

(4)　本稿Ⅱ 4の図表3参照。

(5)　税務調査の場面におけるネゴシエーション（和解，交渉，調整）の状況については，前掲注（1）拙稿209頁以下を参照されたい。

あげるような税務調査における一定の交渉，調整・合意が必要とされる事情が存するものと考えられる。

⑴ 行政庁側の事情

① 行政庁としては，納税者が行政庁の指摘事項に納得せず，修正申告に応じない場合には更正処分等を行うことになる。更正処分を行うことを想定すると，行政庁側では更正決定等通知書の作成，理由附記など事務処理上の煩雑さが増大すること。

② 納税者からの修正申告の提出が行われずに更正処分を行う場合には，再調査の請求，審査請求，税務訴訟に発展する場合を想定する必要があり，課税要件事実を充足することの立証責任が原則として行政庁側に存することを考慮する必要が生ずる(6)。その結果，事実関係を証する書類，資料等の作成，収集により，事実認定等を確実にすることが必要になること。

③ 行政庁側においては，通常の任意調査は１件当りにかけられる調査日数，時間的制約があり，調査の効率性が必要であること。

⑵ 納税者側の事情

① 納税者側は，納税の義務があることはもちろんであるが，その納税の義務は「法律の定めるところにより」，負うものである（憲法30）。したがって，租税法律主義の下，法の定める以上の税を納付する必要はなく，行政庁の税務調査における指摘事項に対しても，納税者として納得できるものでなければ，修正申告の勧奨に応ずる必要がないことから，行政庁による更正処分を受けることになる。そうすると再調査の請求，審査請求，税務訴訟に発展する場合を想定することになると，そのための時間と費用がかかることを覚悟することが必要である。

---

(6) 行政庁が確定処分を行うためには，課税要件事実の認定が必要であるから，原理的には民事訴訟の通説である法律要件説に基づいて立証責任を検討する必要があるから，……課税要件事実の存否及び課税標準については，原則として租税行政庁が立証責任を負う，と解すべきである。（金子宏『租税法第22版』弘文堂，2017年・1043頁参照）

② 再調査の請求→審査請求→裁決までの平均処理期間は1年2ヶ月程度であるとされ，税務訴訟の第一審にかかる期間は平均1年5ヶ月程度とされている(7)。

③ この間の費用負担は，再調査の請求，審査請求そのものには特に直接的な費用はかからないが，税務訴訟には民事訴訟費用がかかる。そして，本人訴訟も可能ではあるがほとんどの場合は代理人に手続等を依頼するためその費用が多額にかかる(8)。

④ 上記のように時間と多額の費用をかけても，納税者の主張が通る確率が下図のように低いことがある。

図表5　争訟の認容率，勝訴率

（単位・件）

区分		平成28	比率	平成29	比率
審査請求	全部認容	49	2.5%	54	2.2%
	一部認容	192	9.8%	148	6.0%
	合計	241	12.3%	202	8.2%
	全体件数	1,959	100.0%	2,475	100.0%
訴訟	全部認容	6	2.4%	11	5.2%
	一部認容	5	2.0%	10	4.8%
	合計	11	4.5%	21	10.0%
	全体件数	245	100.0%	210	100.0%

2　税務調査における調整・合意の実態

税務調査における調整・合意はどのようなケースで発生し得るかを整理すると次のようなことが考えられる(9)。

⑴ 相続税の調査における支出金の使途の認定等に顕著なように，法の解

(7) やや古い資料であるが平23.9.7行政救済制度検討WG（第5回）配布資料による。

(8) 行政救済制度検討WG（第5回）配布資料によると審査請求の80%，税務訴訟の85%が税理士，弁護士を代理人として依頼しており，現在はもっと多くの割合であると推測される。

釈適用の前提又はこれと密接に関係する取引等の事実認定に困難さが伴う場合が数多く存する。このようなケースでは，相当の時間，労力及びコストをかけ，さらには裁判官のような専門家の判断を経れば，それに応じてより正確な事実認定に近づくであろうが，それだけのコストを費やすよりは，行政庁と納税者との間で，お互いが譲れるところで合意した方が効率的である。

(2) 資産の評価や取引の時価ように，合理的と考えられる評価方法が複数考えられ，評価額，時価に一定の幅が考えられるようなケースである。このようなケースでは，一定の幅の中で行政庁と納税者が譲れる価額で合意した方が妥当である。

(3) 不相当に高額，著しく低下などのようないわゆる不確定概念が課税要件となっているケースである。不確定概念の具体的事実への適用，当てはめに際しては，個別事情の捉え方や社会通念の内容について行政庁と納税者の立場の相違により，相違が生じてくる。このような場合には，金額等の決定について行政庁と納税者で歩み寄る余地が生ずる場合もあると考えられる。

(4) 更正の予知とか隠ぺい・仮装とかの要件には，内面の意志の認定が関係する場合がある。このようなケースでは，この要件の認定にあたって，困難さが伴う場合や見方によって異なる判断ができる場合が生ずると考えられる。

(5) 過去の裁判例や見解で判断が分かれているようなケースである。このようなケースでは，立場によって引用する裁判例等が異なり，結論がわかれることになるが，行政庁と納税者がお互いの主張を尊重して歩み寄ることも考えられる。

(6) いわゆる期ズレ等，間違いの性質が終局的な税負担に大きな影響を及ぼさない，あるいは金額的重要性に乏しい等のケースである。このよう

---

(9) 税務調査におけるネゴシエーションの「現象」の例については，前掲注 (1) 210 頁以下を参照されたい。

なケースではいわゆる指導的事項に行政庁がとどめることも考えられる。

実際に，調査件数に占める審査請求件数などの割合を見ると，ほとんどの税目で1%程度かそれ以下である。したがって，調査したものの99%は，審査請求などの争いになっていないのである。

税務調査において調査を行う税務当局側が指摘した事項に，初めから調査を受ける納税者側がすんなりと納得して調査が終了していることは数少なく，実際においては，両者が調査の指摘項目をめぐってお互いの主張を行い，その結果において調査の終了に至っているものである。調査において争点となった指摘項目のすべてが，法の解釈や事実認定において100%どちらかの主張が認められ，白黒が明確について終了に至っているとは考え難いことは明らかである。調査の結論に至る過程においては，納税者側と税務当局側との間で一定の調整・合意がなされているのが実態であると考えるのが正しいといえる。

3　税務調査における柔軟性の必要性と公平性の確保

わが国における税務をめぐる争訟においては，和解の制度は存在しない。合法性の原則を前提とする限りは，法律の根拠に基づくことなしに，租税の減免や徴収猶予を行うことは許されないとされている[10]。法律的，制度的に和解の道がない現状では，特に行政庁としては合法性の原則が優先し，和解はあり得ないとならざるを得ないことになる。諸外国の例を見るならば，和解による解決方法を制度的に争訟の各段階で定めることも必要ではないかと考える[11]。

ところで，税務調査の場面では，特に法的に和解を整備しなければ，両者間の調整・合意が実行できないというものではない。これまでの税務調査に

(10)　前掲注（6）82頁。
(11)　ドイツの裁判所における和解制度や米国における不服審査部門での調整制度などの諸外国の和解制度については，「税務行政におけるネゴシエーション」（日税研論集 Vol. 65）が参考になる。

おいて行われてきたように，調査担当者と納税者側とが主張を出し合い，両者の調整・合意による解決方法が取られてきているのが実情であった。このような現状をどのように評価し，通則法改正後の執行段階でどのように位置付けていくかが今後の問題であると考えられる。

筆者は，これまでの税務調査における両者間の調整・合意による解決は今後も必要であるし，それなくしては，わが国の税務行政は，執行実務上において成り立たないのではないかと考える。そして，平成23年通則法改正後の実態を踏まえるならば，税務当局側は，争点整理表，調査結果説明書の作成や審理課によるチェックシステムなどの調査事務手続の形式的な整備のみに腐心してはならないということである。

平成23年通則法改正の趣旨は，「調査手続の透明性，予測可能性を高めることにより，納税者の協力を促すことで，円滑かつ効果的な調査の実施に資することとし，これにより申告納税制度の一層の充実・発展に資すること」にある。また，同時に調査結果に対する税務当局の説明責任を強化することも改正の趣旨である。

これらの改正趣旨を踏まえるならば，税務当局が税務調査手続の形式的な整備を行うことは，税務調査の透明性，予測可能性を高めて納税者の信頼，協力を得ることの前提に過ぎないのである。このような観点からすれば，税務調査においては，納税者の主張によく耳を傾け，納税者のおかれている状況や各取引の事情を把握し，実態に応じた対応を取ることが必要である。特に，問題点の提示から調査結果の説明の過程において税務当局と納税者はお互いの主張を十分に行ない，かつ相手の主張を尊重し，調整・合意の解決ルートを制度的にも位置づけるべきである。税務調査における両者の調整・合意における基準は，適法かどうかが重要な判断基準であるとしても，同時に社会通念上どうであるか，そして不当かどうかを重要な判断基準とすべきであると考える。

また，納税者の側も自らの正当性について十分に主張しなければならない。取引を行った当事者である者の十分かつ詳細な主張なくしては，社会通念に基づく判断や不当かどうかを判断基準にすることができないからである。

Ⅵ　その他の調査における問題点

1 「必要があるとき」と課税要件明確主義

「調査について必要があるとき」という概念は，平成23年通則法改正後の条文においても改正前と同様に規定されている。「調査について必要があるとき」という概念は，その抽象性，多義性から，いわゆる不確定概念といわれるものである。この不確定概念が，明確性に欠けて，課税要件明確主義に違反しているかどうかが問題になる。この点について，昭和48年最高裁決定は，合理的な解釈ができるので「右規定の文言の意義は……なんら明確を欠くものとはいえない」としている。すなわち，「国税庁，国税局または税務署の調査権限を有する職員において，当該調査の目的，調査すべき事項，申請，申告の体裁内容，帳簿等の記入保存状況，相手方の事業の形態等諸般の具体的事情にかんがみ，客観的な必要性があると判断される場合」と解釈でき，解釈によってその意義を明らかにすることができることから，明確性に欠けるものとはいえず，課税要件明確主義に反しないと判示した（同旨最判昭47.11.22刑集26巻9号554頁，最判昭58.7.14訟月30巻1号151頁）。

2 「必要があるとき」の意義の諸説

「調査について必要があるとき」という概念の解釈については次のような諸説がある。

(1)　個別的具体的根拠を必要とする説（個別具体的必要説）

「この必要性は一般的必要性だけでなく，当該被調査者について特に調査しなければならないだけのいわば個別的必要性でなければならないと解される。」[12]。なお，昭和47年2月9日静岡地裁判決（判時659号36頁）も同様

---

(12)　北野弘久『質問検査権の法理』成文堂，1974年・19頁。

な判示をしている。

⑵　客観的疑問を必要とする説（客観的必要説）

前記昭和48年7月10日最高裁決定は，「諸般の具体的事情にかんがみ，客観的な必要性があると判断される場合に」調査を行うことができるとしている。また，「『必要があるとき』というのは，客観的な必要性が認められるときという意味であって，必要性の認定は，租税職員の自由な裁量に委ねられているわけではない」という見解[13]もある。

⑶　申告内容の正否を一般的に確認するためにできるという説（一般的確認説）

この見解は，課税庁がとる見解で「過少申告であると認める相当な理由がある場合に限って行使できるというものではなく，正しい課税標準はいくらか，申告が正しいかどうかを確認する必要がある場合等広くその行使が認められている」というものである。判決では，「税務調査の必要性の具体的内容については，……過少申告の疑いが存在する場合のみならず，そのような疑いが当初から明らかでない場合でも，申告の真実性，正確性を確かめるために質問検査等の調査を行いうると解すべきである」（大阪地判昭49.10.29訟月20巻13号138頁）などがある。

3　「必要があるとき」の諸説の検討

「必要があるとき」の意義については，前記昭和48年7月10日最高裁決定を前提とすると，以下のように個別具体的必要説や一般的確認説は採用することができず，申告内容に真実性・正確性を疑わせるような客観的・合理的な根拠がある場合と解すべきであり，客観的必要説によるべきであると考えられる。

⑴　個別具体的必要説の不採用

昭和48年7月10日最高裁決定において，上告した納税者は，「調査につ

---

(13)　前掲注（6）金子宏前掲書907頁。

いて必要があるとき」の「必要性」についてその上告理由において次のように述べて，個別具体的必要説を主張した。

「質問検査の前提としては『これに対する質問検査の行使以外の税務行政機関で収集した資料によるいわゆる部内諮問などによる探知をもって個別的具体的に納税義務があることが当該職員によって確信されている場合をさすものと理解されなければならない』，（新井隆一，税務調査権の法的限界，税法学232号）と云うことになるであろう。個別的具体的に納税義務があることが当該職員によって確信される程度の明白な蓋然性が存在しなければならない。これは内部的に明白な質問検査の必要性である。次にその調査理由及び調査の範囲即ち調査の必要性は質問検査の対象者に明示されなければならない。内部的に明白な必要性の有無は質問検査を受けるものにとって示されなければならない。」

しかし前記最高裁決定は，このような上告人の主張に対して直接には言及してはいないが，「諸般の具体的事情にかんがみ，客観的な必要性があると判断される場合に」調査を行うことができると「必要性」の意義を解したものと考えられ，個別具体的必要説を採用しなかったといえる。

⑵　一般的確認説の不採用

①　上記2⑶の一般的確認説のように解すると，「一般的に申告が正しいか否かを調査する」とか「しばらく調査をしていない」などの理由も成り立つことになり，その現実的に意味することは，嫌がらせなど恣意的に調査対象を設定することは許されないという当然のことを規定しているにしか過ぎないことになり，本条文に特にこのような文言を書き込んだ意味が理解できないことになる。この点について前記最高裁決定は，「所得税法234条1項の規定は，国税庁，国税局または税務署の調査権限を有する職員において，当該調査の目的，調査すべき事項，申請，申告の体裁内容，帳簿等の記入保存状況，相手方の事業の形態等諸般の具体的事情にかんがみ，客観的な必要性があると判断される場合には，前記職権調査の一方法として，同条1項各号規定の者に対し質問し，また

はその事業に関する帳簿，書類その他当該調査事項に関連性を有する物件の検査を行なう権限を認めた趣旨であって」と判示しており，「具体的事情にかんがみ，客観的必要性があると判断される場合」としているから，一般的確認説を採用していないと考えられる。また，最高裁決定で触れているわけではないが，以下の②から④の諸点も考慮すべきである。

② 通則法16条は，申告納税制度の下においては納税者の申告により税額が確定することを前提とし，税務署長の調査したところと異なる場合に限り，その申告等を更正することとしている。納税者の申告を前提としていることからすると，納税者の行った申告に対しての一定の評価を前提として調査が行われると考えるのが自然である。そうすると，調査に当って何らかの客観的，合理的な根拠が必要であると考えられる。

③ 本条文の調査は，任意調査といわれているが，通則法127条2号，3号の罰則規定（1年以下の懲役又は50万円以下の罰金）により担保されており，間接的に強制されているともいえる。したがってその要件もできる限り明確，かつ客観性を有するべきである。

④ 国税庁が採る一般的確認説について，国税庁は，申告納税制度をとる米国でも内国歳入法7602条で一般的な「申告書の正確さを確認するため（For the purpose of ascertaining the correctness of any return）」の調査が認められていると紹介している（国税庁「税務調査の法律的知識（昭和50年3月改訂版）問2」）。しかし，米国の場合の税務調査対象の抽出は，コンピューター処理により申告内容に疑問のあるもの，一定方法によるサンプル抽出によって選定されるもので，わが国の一般的な税務職員による調査の選定と同一視することはできない。さらに，事前通知された調査に不服があり，任意調査に応じないときIRS（米国歳入庁）は裁判所にサモンズ（行政召喚状）を請求し，事前に裁判所の判断に委ねられる制度になっており，いずれにしてもわが国の調査制度と同様に考えるわけにはいかない[14]。

4　調査理由開示の必要性

調査理由の開示の必要性について，前記最高裁決定（昭48.7.10）は，「調査の理由及び必要性の個別的，具体的な告知のごときも，質問検査を行う上の法律上一律の要件とされているものではない。」とし，否定している。そしてこの点については，平成23年通則法改正後においても変わりがない。例えば「税務調査手続に関するFAQ・（一般納税者向け・平成28年12月一部改訂後のもの）問18」では，「法令上，調査の目的（例えば，提出された申告書の記載内容を確認するため）については事前通知すべきこととされていますが，実地の調査を行う理由については，法令上事前通知すべき事項とはされていませんので，これを説明することはありません。」と回答している。また，「税務調査手続に関するFAQ・（職員用・平24.11）共通問1－19」では，「『調査の理由』については，法令上の通知事項ではないことを説明した上で，改正通則法施行令第30条の4第2項において，『調査の目的』については『納税申告書の記載内容の確認又は納税申告書の提出がない場合における納税義務の有無の確認その他これらに類する調査の目的』を通知することとされていること，また，判例上も，実定法上特段の定めのない調査の実施の細目については，質問検査の必要があり，かつ，これと相手方の私的利益との衡量において社会通念上相当な範囲にとどまる限り，権限ある税務職員の合理的な選択に委ねられている旨を納税義務者に丁寧に説明の上，調査への理解と協力を求めることとします。」と回答している。

要するに，この点については，昭和48年最高裁決定の判示のままであるということである。しかし，次の諸点からすれば，むしろ調査理由は原則として開示すべきであるといえる。

(1)　申告納税制度においては，第1次的に確定した納税者の申告内容を尊重すべきであり，かかる観点からすれば，調査理由の開示は必要である。

(2)　調査理由を開示することにより，調査の客観的・合理的必要性が検証

(14)　アメリカ調査制度の概要については，やや古い資料であるが，金子宏『所得概念の研究』有斐閣，1995年・355頁以下が参考になる。

されることになり，それを担保することになる。上記3で述べたように，「必要があるとき」について客観的必要説を採りながら，その必要性の内容を調査段階で開示する必要がないということは，実際上は訴訟にでもならなければ，「客観的必要性」は検証されないことになる。

(3) 調査が誰に対して，どのような方法でどの程度行われるべきかは，調査の必要性と密接に関係しており，行われる調査が「(納税者等の) 私的利益との衡量において社会通念上相当な限度にとどまる」ものか否かの判断に重要不可欠な情報である。

(4) 租税法律主義の内容を形成する手続的保障原則からすれば，公権力の行使は適正な手続で行わなければならない。

明文をもって法定されていないということをもって，理由開示が一律に必要ないとはいえず，法趣旨との関係等で個別に解釈・適用すべきであり，開示して特に調査遂行上，支障がなければ調査の開始前でなくても調査の一定の段階で開示すべきである。

5　反面調査に際しての事前通知の必要性

税務当局では，取引先など納税者以外の者に対する調査を実施しなければ，納税者の申告内容に関する正確な事実の把握が困難と認められる場合には，その取引先等に対し，いわゆる反面調査を実施することがあるとし，いわゆる反面調査の場合には，事前通知に関する法令上の規定はないが，運用上，原則として，あらかじめその対象者へ連絡を行うこととしている（税務調査手続に関するFAQ・(一般納税者向け・平成28年12月一部改訂後のもの) 問23)。しかし，当の調査対象者に対しては事前通知はしないこととしている。確かに事前に反面調査を調査対象者に通知すると支障が生ずる可能性はある。しかし，反面調査により，取引先にいらぬ疑念を抱かせてしまうことはよくあることである。事後においてでも速やかに反面調査をした旨を通知すべきである。

6　行政指導と調査の区分

調査件数の減少をカバーするために簡易な調査，行政指導等による納税者との接触が活用されている。特に行政指導は，税務調査手続の対象にならないため利用しやすいことによる。

税務職員の行っている行為が行政指導か税務調査かの区分が重要である。その行為がいずれであるかによって，そもそも通則法の調査手続規定の適用の有無に相違が生ずる。例えば，無申告に関する行政指導について「税務調査手続に関するFAQ・（職員用・平24.11）共通問2-1」では，「行政指導については，全ての調査手続規定が適用されない。したがって，無申告行政指導（実地）を行う場合の事前通知は不要であるが，効率的に事務を実施する等の観点から，特段の支障がない限り，納税義務者への連絡が可能な場合には，事前に連絡した上で臨場する。」としている。

また，行政指導は，税務調査に該当しないことから「更正若しくは決定又は納税の告知があるべきことを予知してなされたものには当たらないこと」になり，過少申告加算税の賦課が原則として行われないことになる。

7　電磁的記録の調査

最近の調査においては，会社のコンピューター等に保存されている電磁的記録の提示・提出が問題になることが多い。調査で収集された役員間の電子メールの記録が重要な証拠書類として税務訴訟に提出されている(15)。

「税務調査手続に関するFAQ・（職員用・平24.11）共通問1-19」では，「『帳簿書類その他の物件』には，国税に関する法令の規定により備付け，記帳又は保存をしなければならないこととされている帳簿書類のほか，……その他の物件も含まれます（手続通達1－5）ので，……電子計算機，プログラム，……は，改正通則法第74条の2から法第74条の6までに規定する「その他の物件」に含まれます。」としている。したがって，合理的理由もなく

(15)　例えば東京地判平26.3.18（ヤフー事件）判時2236号25頁などの判決文中で散見される。

提示・提出を拒むことは困難であるといえる。電磁的記録の提示・提出の基本はディスプレイによる提示，紙ベースでプリントアウトしたものの提出である（「税務調査手続に関するFAQ・（一般納税者向け・平26.4改訂）問5」)。コンピューターそのものの操作を調査官に委ねることを調査官が求めてきた場合にその要請に応じる必要があるかは疑問であり，電磁的記録の提示・提出の基本はディスプレイによる提示，紙ベースでプリントアウトしたものの提出でよいものと考えられる。

8　修正申告等か更正の請求か

平成23年通則法改正により，税務調査終了の際の手続について次のように定められた。

「税務署長等は，国税に関する実地の調査を行った結果，更正決定等（略）をすべきと認められない場合には，納税義務者（略）であって当該調査において質問検査等の相手方となった者に対し，その時点において更正決定等をすべきと認められない旨を書面により通知するものとする。」

「国税に関する調査の結果，更正決定等をすべきと認める場合には，当該職員は，当該納税義務者に対し，その調査結果の内容（更正決定等をすべきと認めた額及びその理由を含む。）を説明するものとする。」

この説明をする場合において，「当該職員は，当該納税義務者に対し修正申告又は期限後申告を勧奨することができる。この場合において，当該調査の結果に関し当該納税義務者が納税申告書を提出した場合には不服申立てをすることはできないが更正の請求をすることはできる旨を説明するとともに，その旨を記載した書面を交付しなければならない（通法74の11③)。」。

この「不服申立てをすることはできないが更正の請求をすることはできる」ことになったのは，前提として，更正の請求期間が1年から5年に延長されたことによる。

このことにより，実務的には，修正申告，期限後申告を行わずに更正又は決定処分を受けるか，又は，修正申告に一旦は，応じた上で，更正の請求を行うかの選択肢があるが，一旦，修正申告等を行い，その後に更正の請求を行う場合には，立証責任の問題に考慮する必要がある。次のような平成23年通則法改正により，更正の請求に係る証明書類の添付義務が納税者側に課せられたからである（通例6②）。

「更正の請求をしようとする者は，その更正の請求をする理由が課税標準たる所得が過大であることその他その理由の基礎となる事実が一定期間の取引に関するものであるときは，その取引の記録等に基づいてその理由の基礎となる事実を証明する書類を法第23条第3項の更正請求書に添付しなければならない。その更正の請求をする理由の基礎となる事実が一定期間の取引に関するもの以外のものである場合において，その事実を証明する書類があるときも，また同様とする。」

この改正の趣旨は，事実を証明する書類の添付を納税者側に義務付けることを，条文上，明確化することにより，立証責任の比重が納税者側に重たいことを明確化したものであると考えられる。

Ⅶ　納税者支援調整官制度の活用と問題点

1　納税者支援調整官制度

納税者支援調整官制度とは，平成13年7月に設置された制度で，納税者から税務当局に寄せられた苦情について処理し，円滑な税務行政を運営するための制度である。

（注）この制度は，米国の納税者擁護官制度を参考にして設置されたとしている。米国の納税者擁護官は，就任前2年，辞めたあと5年間はIRSに採用されないものとされており，かつIRSに作為。不作為の要求をすることができる。この点日本の納税者支援調整官は税務職員であり，かつ権限がほとんどない(16)。

(16)　前掲注（1）一高龍司前掲書84～87頁。

2 納税者支援調整官の任務

税務行政の運営に当たっては，申告納税制度が円滑に機能するよう，適正かつ公平な課税の実現に努め，納税者の理解と信頼を得ることが基本である。納税者支援調整官は，このような税務行政運営の基本的な考え方を踏まえ，納税者から寄せられた苦情及び困りごとについて，事務運営指針に則り，納税者の立場に立って迅速かつ的確に対応し，もって税務行政に対する納税者の理解と信頼を確保することを任務とする。

3 納税者支援調整官の職務

納税者支援調整官は，財務省組織規則（平成13年財務省令第1号）第466条の2第2項の規定に基づき，次の各号に掲げる事務を処理するものとされている。

⑴ 納税者支援調整官の職務

納税者支援調整官は，次に掲げる事務（税務相談官の処理するものを除く。）を処理する。

① 納税者から申出のあった苦情について，当該納税者が適正かつ円滑に納税義務を履行するために必要な助言を行うこと。

② 国税に関する法律に基づく処分に不満を持つ納税者に対し，不服申立てその他の国税に関する法令等に定める権利救済手続の教示を行うこと。

③ 担当者が不明な苦情及び困りごとの窓口となること。

④ その他①から③までに掲げる事務に関し，必要な調整を行うこと。

⑵ 納税者支援調整官の具体的な苦情関係事務

① 納税者支援調整官は，納税者から苦情の申出を受けた場合には，納税者の視点に立った適切な助言及び教示に心掛け，当該苦情について次の要領により処理することを基本とする。

イ 納税者から苦情の内容を懇切かつ丁寧に聴取する。

ロ イの聴取内容に基づき，速やかに担当者及びその上司である管理者（以下「管理者等」という。）から事情を聴取するなど事実関係を確認する。

ハ　ロにより確認した結果を納税者へ迅速かつ正確に説明し，円満な解決に努める。

ニ　ハによっても当該苦情の処理が完結しない場合には，管理者等との面会の機会の措置，派遣先税務署の幹部による対応の調整など必要な措置を講ずる。

ホ　イからニまでに掲げる事務処理に関し，局納税者支援調整官及び派遣先税務署の総務課長と綿密な調整を行う。なお，苦情事案については，その処理が完結するまで常にフォローアップすることに努める。

②　納税者支援調整官は，納税者から苦情の申出がなされた日から原則として３日以内に当該苦情を処理するよう努める。

③　納税者支援調整官は，苦情処理の経緯及びてん末について，処理の進展の都度，その内容を局納税者支援調整官を経由して国税局総務部総務課長に報告する。

④　納税者支援調整官は，派遣先税務署の苦情処理に関連し，派遣先税務署長に対し随時意見を具申することができる。

⑤　税務署派遣納税者支援調整官は，必要に応じて，苦情の未然防止等のための職員研修を派遣先税務署の職員に対して実施する。

4　納税者支援調整官制度の現状と課題

過大役員退職金の損金不算入制度について争われたいわゆる残波事件（東京地判平28.4.22）の代理人弁護士の言によれば，一度打ち切られた調査について納税者支援調整官に苦情を申し立てた結果，税務調査が再開されて，そこで得られた類似法人の最高値データをもって，過大役員退職給与に係る更正処分の取消判決につながったことが述べられている。このようにこの納税者支援調整官制度は，一定程度の効用を果たしているといえるが，制度としては不十分であるといえる。

上記の職務及び苦情処理事務の範囲は，納税者からの苦情を聴取して，税務署の担当者にその旨を伝えて調整し，意見を述べることに限定されている。税務署の担当者に，謝罪等の一定の行動をとらせる権限は何も有していないのである。苦情処理係の域を脱していないといえる。

平成23年改正以後の調査手続の整備により，争点整理表や質問応答記録書のように厳格な対応が一般化されてくることにより，納税者との軋轢も増加し，いわゆる苦情も増加する可能性がある。諸外国の納税者保護制度などを参考に納税者支援調整官の組織的な位置づけ，独立性，権限などについて見直していく必要があると考える(17)。

5　米国の納税者擁護官制度との比較

納税者支援調整官制度は，米国の納税者擁護官制度を参考にしているといわれている。しかし，米国の納税者擁護官制度は，わが国の納税者支援官制度と異なり，IRSとの間で身分的独立性が確保されている。納税者擁護官は，過去2年間IRSの高官又は職員であってはならず，この職を辞めてから5年間はIRSに雇用されないことになっている。また，IRSに対して，一定の作為又は不作為を要求できるものとされている(18)。

このように，米国の納税者擁護官は税務当局であるIRSとの間で独立性が保持されている。それに比して，わが国の納税者支援調整官は，税務署の一部署であり，税務職員が担当しているものである。上記したように単なる苦情処理係以上の権限も身分も有していないのであり，おのずと苦情処理において限界があるといえる。

(17)　諸外国の同様な制度との比較について，長谷川博「『納税者支援調整官』制度の現状と課題」税務事例2007年1月，32頁がある。

(18)　前掲注（14）84頁参照。

Ⅷ　書面添付制度の活用と問題点

1　書面添付制度の趣旨

書面添付制度は，税理士法（以下この項において「法」という。）第33条の2に規定する計算事項等を記載した書面を税理士が作成した場合，当該書面を申告書に添付して提出した者に対する調査において，更正前の意見陳述に加え，納税者に税務調査の日時場所をあらかじめ通知するときには，その通知前に，税務代理を行う税理士又は税理士法人に対して，添付された書面の記載事項について意見を述べる機会を与えなければならない（法第35条第1項）こととされているものであり，税務の専門家である税理士の立場をより尊重し，税務執行の一層の円滑化・簡素化を図るため，平成13年度税理士法改正により従来の制度が拡充されたものである。

また，この制度は，税理士が作成等した申告書について，計算事項等を記載した書面の添付及び事前通知前の意見陳述を通じて，税務の専門家の立場からどのように調製されたかを明らかにすることにより，正確な申告書の作成及び提出に資するという，税務の専門家である税理士に与えられた権利の一つである。

2　書面添付制度の効果

この制度は，税理士が税務の専門家として計算等した事項を記載した書面を作成し，国税当局がその書面を尊重することにより，税務執行の円滑化等を図るという趣旨であること，また，本制度における意見聴取が税理士にのみ与えられた権利であることを考慮すれば，税理士の社会的信用・地位の一層の向上が図られるとともに，ひいては納税者の適正申告の向上や納税者との信頼関係に資するものであると考えられる。

また，書面は，申告書について，税務の専門家の立場からどのように調製されたかを明らかにするものであることから，納税者に対する税理士の責任の範囲が明確化されることにもなる。

書面に記載された事項は，税務の専門家である税理士からの申告書に関する情報であることから，申告審理や調査の要否等の判断において，積極的に活用されるほか，事前通知前の意見聴取の段階で疑義が解消し，結果として調査の必要性がないと認められた場合には，納税者の事務所等に臨場して行う帳簿書類の調査に至らないこともあり得る。

さらに，意見聴取における質疑等は，調査を行うかどうかを判断する前に行うものであり，特定の納税義務者の課税標準等又は税額等を認定する目的で行う行為に至らないものであることから，意見聴取における質疑等のみに基因して修正申告書が提出されたとしても，当該修正申告書の提出は更正があるべきことを予知してされたものには当たらないので，加算税が賦課されることはない。

3　意見聴取の在り方

書面添付制度に基づく事前通知前の意見聴取は，書面を添付した税理士が申告に当たって計算等を行った事項に関することや，実際の意見聴取に当たって生じた疑問点を解明することを目的として，法第 30 条に規定する税務代理権限証書を提出した税理士に対して行われるものである。

また，国税当局においては，意見聴取に当たって，例えば，顕著な増減事項・増減理由や会計処理方法に変更があった事項・変更の理由などについて個別・具体的に質疑を行うなど，意見聴取の機会の積極的な活用に努めることとされている。

したがって，税理士は，事前通知前の意見聴取に当たっては，書面に記載された事項に関することや，生じた疑問点の解明を目的として，与えられた権利が最大限活かされるよう，積極的に意見を陳述する必要がある。

4　書面の記載内容の充実

書面添付制度は，法第 33 条の 2 に規定する計算事項等を記載した書面と法第35条に規定する事前通知前の意見聴取が密接に関係するものであり，法第33条の2の書面の記載内容が不正確又は不十分だと事前通知前の意見聴取の機会が十分活かされず，逆に，事前通知前の意見聴取が不十分だと法第33条の2の書面が活かされないこととなる。

したがって，書面添付制度が有効に機能し，実効性あるものとなるためには，税理士及び国税当局の双方が，書面添付制度の趣旨等を十分踏まえ，趣旨に則った運用を行うことが必要であり，このことは，国税当局及び税理士に課せられた使命を果たす上でも重要なことである。このため，国税当局が積極的な意見聴取に努めることは当然のことであるが，書面を作成する税理士が，税務の専門家として自ら行った業務の内容，つまり，申告書の作成等に当たって，計算，整理又は審査等した事項について，具体的，かつ，正確な記載に努める必要がある。

5　税理士等の守秘義務との関係

書面添付に当り問題となることに，税理士の守秘義務との関係がある。税理士は，書面に記載するにあたり，納税者に不利になる点をどのように処理したらよいかが問題となる。納税者は，代理人である税理士を信頼して申告書の作成を依頼しているものと考えられる。納税者の違法行為あるいは税理士の見解としては税務上は異なる処理になることについて，税理士は，納税者に対しては税理士としての見解を丁寧に述べ，説得すべきであることは言うまでもないことである。しかし，納税者に十分に理解させて処理を変更させるまでに至らなかった場合において，書面にどの程度まで記載すべきかは，悩ましい問題である。この点を考慮するならば，税理士に一定の守秘義務を認めるべきである。

Ⅸ　調査手続の AI 等活用と課題

1　調査手続と AI 等活用

近年，税務行政を取り巻く環境は大きく変化している。ICT や AI が著しく進展するとともに，新たにマイナンバー制度やマイナポータルが導入された。他方，経済取引がグローバル化し，資産運用等が多様化する中で，所得税の申告件数や法人数の増加などもあり，調査・徴収は，改正通則法の対応も含めて，複雑・困難化している。また，消費税軽減税率制度やインボイス制度など新たに実施される制度への対応のために，税務署員の業務量の増加も見込まれている。

そのため，国税庁としては，ICT やマイナンバーなどを積極的に活用していくことにより，課税・徴収の効率化・高度化を進める必要がある。

具体的には，ICT やマイナンバーなどの活用によるデジタル化を推進し，税務相談や申告・納付の手続等をスムーズかつスピーディなものにするなど，納税者の利便性の向上を進めていくことが一つの柱である。ICT 社会への的確な対応という観点から，税務手続を抜本的にデジタル化することにより，納税者が税務署に出向かなくても，申告等の手続が簡便に完了する環境を構築することが課題とされている[19]。

また，課税・徴収事務を効率化・高度化（インテリジェント化）するとともに，税務署の内部事務や行政指導事務の集中処理などの業務改革を推進することにより，事務運営の最適化を進めていくことが重要であるとされている。

税務調査の将来的な在り方を考えた場合には，次のような諸点が課題として考えられている。

(1)　申告内容の自動チェック

申告内容を，マイナンバーや法人番号をキーとして，国税当局が保有する

(19)　ICT や AI を活用した税務行政の将来像については，国税庁「税務行政の将来像」（平 29. 6. 23）で概要が述べられている。

資料情報データ等とシステム上でチェックすることにより，申告漏れの所得・資産の有無や税法の適用誤りの有無等を効率的に把握することができるようにするとともに，把握された内容に応じて，納税者への適切な接触方法がシステム上に具体的に提示されるようになることが望ましいとされている。

例えば，所得税では様々な取引等に関する情報と申告内容を，相続税等では財産所有情報等と申告内容をシステム上で自動的にマッチングさせることで，申告漏れ所得・財産をより迅速かつ効率的に把握することが可能になると考えられる。

⑵　納税者への自動的対応

システムの自動チェック機能により把握された申告内容の疑問点については，マイナポータルのお知らせ機能やe-Taxのメッセージボックスを通じて，個々の納税者に自動的に照会する（申告内容についてのお尋ね）ことで，疑問点の解明を迅速かつ効率的にすることが考えられている。

AIを活用し，インターネット上の土地データなどの各種情報の自動収集や土地利用状況の自動分析等を行うとともに，国税当局が取得・保有する各種情報に基づき，路線価・倍率・株価等を自動的に評定することにより，相続税，贈与税の財産に係る評定事務を効率的にすることが考えられる。

⑶　軽微な誤りのオフサイト[20]処理

システムを活用した申告内容の審理の結果，軽微な誤り事項等が把握された場合（コンプライアンスリスクが低いと考えられるケース）は，電子的な手段により，個々の納税者へ自動的に是正の依頼（行政指導）を行うことで，可能な限りオフサイトによる接触を図っていくことが望ましいと考えられている。これにより，効率的かつ幅広い接触を図ることが可能となり，税務コンプライアンスの向上に繋がるものと考えられる。

そして申告の是正依頼に対して，納税者から応答がない場合などは，別途，行政指導を担当するコールセンターから，オペレータが電話等により直接，

---

(20)　オフサイトとは，現場から離れた場所の意味で，オフサイト処理とは，納税者等に手紙・電子メール等による接触を図ることをいう。

是正依頼等を集中的に実施することとし，その場合，AIを活用することで応答事績を自動作成するとともに，申告の是正が必要な事項や納税者との過去の接触状況等と併せて分析して，より接触効率の高い電話等の接触リストが自動的に作成されるようになることが考えられている。

源泉所得税の未納付や滞納処理についても，接触効率の高い電話等の接触リストを自動的に作成するようなことが考えられている。

⑷ 調査等におけるAIの活用

調査の必要性が高い大口・悪質な不正計算が想定される事案を的確に選定する観点から，過去の接触事績や資料情報のシステム的なチェックに加え，統計分析の手法を活用することにより，納税者ごとの調査必要度の判定を精緻化するとともに，最適な接触方法や調査が必要な項目についても，システム上に的確に提示されるようになることが想定されている。それにより，これまで以上に，大口・悪質な事案に対して重点的かつ深度ある調査を行うことが考えられている。

調査等の結果，納税者に送付される更正決定通知書等についても，AIを活用して書類を作成した上で，e-Taxのメッセージボックス等を通じて電子的に納税者へ通知することが考えられている。

⑸ 平成23年通則法改正後の税務調査手続との関係

国税庁の「税務行政の将来像」では，おおよそこれから10年後の税務行政の将来像を描いているので，平成23年通則法改正がもたらした事務処理との関係は特に触れられていない。

主に上記Ⅳ，Ⅴで触れた平成23年通則法改正後の税務調査の問題点等との関係で，今後の税務当局のシステム構築上考慮すべき点について次に掲げてみたい。

① 調査対象の選定システムの構築

税務調査を受けている納税者の代理人である税理士の感覚からすると，なぜ調査対象に選定されたかが疑問であるケースは少なくない。上記の調査の将来像でも課題とされていたように，国税当局が保有する資料情報データ等と申告内容とをシステム上でチェックすることにより，申告漏れの所得・資産の有無や税法の適用誤りの有無等を効率的に把握することが調査先選定に役立つものと考えられる。

②　事前通知システムの構築

税務調査の事前通知は，現在電話で行われているが，すべての項目を電話で連絡するのは非効率である。事前通知書の作成をシステム化し，マイナポータルやメール等で連絡できるようにすべきである(21)。

③　税務調査業務処理システムの構築

争点整理表，調査結果説明書の作成が行いやすくなるようにシステム化する。さらに各部署，各段階の税務署内部の決済手続をICT化，システム化して作成しやすく，かつ決済手続もスムーズにいくようにする必要がある。

これらの調査手続のシステム化を行うことにより，これらの作成や決済手続に要する業務を省力化し，納税者の意見を聴取することに注力し，納税者の信頼，協力を得ることに傾注する必要がある。そのことが平成23年通則法改正の趣旨であるといえる。

④　納税者との信頼関係，協力関係の重要性

税務行政においても上記のようにICT，AIを活用し納税者に対するサービスを向上するとともに，税務当局自体の業務にもICT，AIを活用していくことは上記のように重要である。しかし，根底にあるのは納税者と税務署員との人と人の関係があることを忘れてはならない。ICT，AIを活用することにより，より便利にかつスムーズに申告等ができるようになり，税務調査手続もスムーズに行われるようになろうとも，根底には納税者と税務当局との信頼，協力関係がなければ申告納税制度の充実，発展はない。極端に言えば，申告納税制度の発展がなければ，納税者はICT，AIを悪用して課税逃れに腐心することも生じかねないことになる。

---

(21)　この点について前掲注（6）金子宏・913頁は電子メールによる通知を推奨する。

2　新たな取引形態と税務調査

⑴　シェアリングエコノミーの拡大

最近新しい形態のビジネスが増えている。ギグエコノミーやシェアリングエコノミーといわれるものである。シェアリングエコノミー業界の類型には次のようなものがある。

いずれも，窓口となるネット業者（プラットフォーム事業者）を経由して行われることが多い。

①　スペースに関するもの

民泊，シェアオフィス，駐車場のレンタルなど

②　移動に関するもの

ライドシェア（個人が行う旅客サービス），自動車等の乗り物のシェア，タクシーのマッチング，法人等が所有する車のレンタカーなど

③　モノ

服飾品，雑貨などのレンタル，中古品販売，個人のハンドメイド品の売買

④　スキル，時間など

家事サービス，家政婦，ベビーシッターなどのマッチング，ソフト開発，映像作成などのマッチング

⑤　カネ（プラットフォーム事業者を通じて）

寄付募集，商品開発等の資金集め，投資，融資など

これらのビジネスを行う者は雇用関係に基づく給与所得者ではなく，単独の事業者である。本業である給与所得者が副業として行う場合も少なくない。

このような類型の業務を行う者については，ある程度の所得を得る者も少なからず存在する。しかし，現行の制度の下では，適正に税務申告が行われているかは全く個人に委ねられており，必ずしも適正な申告が行われていない場合もあると考えられる。

しかも，これらのビジネスの広まりが進行しており，シェアリングエコノミー全体の生産額は2016年の試算によれば4,700億円～5,250億円に上るといわれており，さらに拡大する見込みである。

⑵　仮想通貨をめぐる問題

仮想通貨については，異常なスピードでの高騰や約500億円相当もの仮想通貨がハッキングにより何者かに奪われたコインチェック事件直後の急落など様々の問題が話題となっているが，仮想通貨による所得については所得税の申告が必要である。国税庁の発表（平成30年5月）によれば平成29年分の所得税申告の内，仮想通貨により1億円以上の所得があるとして申告された者は331人であったとされている。おそらく，仮想通貨をめぐっては申告すべき者のうち適正に申告していない者が少なからずいると想定される。

⑶　新たな取引形態に係る税務調査の課題

シェアリングエコノミーにしても仮想通貨にしても適正な申告を確保していくことが今後の課題である。税務当局による適正申告に関する情報の提供は当然のことであるが，関係業界による所得者本人の適正申告の環境整備が重要であることはいうまでもない。

しかし，これまでにない新しい形態のビジネスであることから，業界等の呼びかけによる適正申告の環境整備だけでは不十分であると考えられる。

これらの新しい形態のビジネスに関する所得情報を税務当局が入手できるようにすることも重要であると考えられる。

この点について税務調査の観点からは，仮想通貨取引やシェアリングエコノミーについては，基本的に現行の法定調書の対象になっていない。また，税務調査における質問検査権では，調査の対象者が特定されていることが前提とされていることから，業者に一般的に情報提供を求めることはできない。

この点は，現在でも問題となっていることである。特にシェアリングエコノミーのプラットフォーム事業者に限らず，数多くの顧客に係る所得情報に繋がるデータを保有している事業者に無差別的に情報提供を求める権限を税務当局は有していない。

この点について平成31年度税制改正では，法定調書の提出や税務当局に一定の広範囲な質問検査権を与えることが検討されている。

現行では，事業者に対する情報の紹介は，実務上，税務当局が任意の協力を求める形で行われている。この場合に，事業者が求めに応じて顧客データを提出し，そのことにより課税処分に繋がった場合には，情報提供した事業者と顧客のトラブルに発展することも考えられる。そこで，情報提供について法的根拠を制度化しようということである。

確かに，所得の補足が困難であることを奇貨として課税を免れるのは容認されることではない。しかし，わが国の所得税等は申告納税制度を前提としている(22)。

平成 23 年通則法の改正の趣旨もそのことを前提とし，「調査手続の透明性，予測可能性を高めることにより，納税者の協力を促すことで，円滑かつ効果的な調査の実施に資することとし，これにより申告納税制度の一層の充実・発展に資すること」にあった。

所得情報が集積する事業者から直接に情報を得て適正申告につなげるという発想は，申告納税制度を充実・発展させようとする考え方からすれば安易であるといえる。

申告納税制度を前提とするのであれば，税務当局は，まず納税者が適正な申告を行うことができる環境を整備すべきであり，それでも適正な申告をしない者に対して，申告納税制度を維持するために税務調査に基づき課税するのである。所得情報が集積する事業者から直接に情報を得て課税しようというのでは，安易なのであって，極端に言えば賦課課税制度と実質的には変わりがなくなってしまう。したがって，情報の提供を求める制度の創設については，一律に否定するものではないが，慎重でなければならない。

おわりに

平成 23 年通則法の改正，そして平成 25 年の改正通則法の施行から 5 年が経過した。この時点で，改正通則法の実務への影響がどのようなものであり，

(22)　申告納税方式の民主性については前掲注(6)金子宏・857 頁。

どのように評価すべきかを検討した。事前通知制度や調査の終了にあたっての説明制度などについては，法定化により税務当局の説明責任が強化されて改善された。また，更正処分等については審理課等の複数の部署のチェックや決済手続が定式化されて慎重になってきたということが出来る。

一方，税務署内部の税務調査手続は，争点整理表，調査結果説明書の作成及び審理課等の複数部署にわたる決済手続，さらには質問応答記録書の作成など手続の形式的整備が図られた。このことにより，いかに更正処分等や訴訟に耐え得る書類を作成するかという形式的な整備に多くの労力が注力される結果，納税者への対応に対して柔軟性が欠如し，硬直化する懸念を指摘した。平成23年通則法改正の趣旨を踏まえるならば，平成23年通則法改正は，「調査手続の透明性，予測可能性を高めることにより，納税者の協力を促すことで，円滑かつ効果的な調査の実施に資する」ためのものであったはずである。納税者の信頼，協力を得て申告納税制度を充実・発展させるためには，税務調査での対立点について納税者の主張に十分に耳を傾け，納税者の行った取引の事情を斟酌し，社会通念に従い，不当でないかどうかの観点も含めて，調整・合意の解決ルートを明確に位置づけて検討すべきであることを述べた。そして納税者側も自己の主張を丁寧かつ十分に述べる必要性を指摘した。

また，最近の税務行政におけるICT，AIの活用についても，根底に人と人との関係があり納税者と税務当局との間で信頼関係と協力がなければ，納税者にICT，AIの悪用を惹起し，申告納税制度の充実・発展はないことを指摘した。

第4章　不服審査制度改正の租税実務への影響

税理士　山元　俊一

I　行政不服審査法の改正の経緯

平成26年6月13日，「行政不服審査法」（以下，「行審法」という）の抜本的見直しを行い，「行政不服審査法の施行に伴う関係法律の整備等に関する法律」（平成26年法律第69号，以下，「整備法」という。）及び「行政手続法」の一部を改正する法律が公布された。この行審法の改正と併せて，同日に国税通則法（以下，「通則法」という。）も改正されている。そこで，本稿では，行審法の改正の経緯や内容と，それに伴う通則法改正について述べた上で，租税実務にどのように影響してくるのかを考察し，国税不服審判制度に対する若干の意見を述べさせていただきたいと思う。

平成26年の行審法の改正は，公正性の向上，使いやすさの向上，国民の救済手段の充実・拡大の観点から抜本的な見直しを行うとともに，整備法及び「行政手続法」の一部を改正する法律が公布された。行審法は昭和37年の制定以来，実に52年ぶりの全面改正である。これに併せて，国税に関する不服申立制度についても見直しが行われた。

もともとは，平成20年に行審法は，自民党により，関連する三法案（以下，「20年法案」という。）として国会に提出されたものの，衆議院の解散によって審議未了・廃案となった経緯がある。その後，平成21年9月に民主党に政権交代となり，「行政救済制度検討チーム」を発足させて，先に廃案となった「20年法案」とは異なる発想により検討がなされた。そして，同チームにより，平成23年12月に「行政救済制度検討チームとりまとめ」として報告書が作成された。このように，行審法の改正の必要性は議論されていたものの，政権交代の狭間で，翻弄されて，法案成立には至らなかった。その後，再度，自民党が，平成24年12月に政権の主導権を握り，この度の平成26年6月の行審法の改正となった。この改正点について，櫻井敬子教授によると，「この改正行審法は，かつて廃案となった20年法案が単純に復活したものかと思いきや，実質的に見るとそうでもなく，賢明なことに前政権の構想をかなり取り込んだハイブリットな内容となっている」と述べられている[(1)]。そこで，改正行審法の内容について確認していくこととする。

Ⅱ　行政不服審査法改正の概要

行審法の見直しは，行政庁の処分又は不作為に対する不服申立ての制度について，公正性及び利便性の向上等を図る観点から，不服申立ての種類の一元化，審理員による審理手続，行政不服審査会等への諮問手続の導入等，その抜本的な見直し（全部改正）を行うものである。なお，国税に関する法律に基づく処分（課税処分，徴収処分等）に対する不服申立てについては，通則法にその手続規定が設けられているところであるが，行政庁の不作為及び事実行為についての不服申立て，酒税法第2章（酒類の製造免許及び酒類の販売業免許等）及び税理士法等に基づくものについては，従来どおり，改正行審法の適用を受けるほか，国税庁長官の処分に対する審査請求（今回の改正により，異議申立てから審査請求に変更）についても，改正行審法の適用を受けることになる。以下，改正行審法は大きく。①公正性の向上と，②使いやすさ

(1)　櫻井敬子「行政不服審査法の改正　～その経緯と概要」税理，Vol. 57　No. 15，2014年，15頁。

の向上という観点から改正が行われている，そこで，この改正行審法の概要について整理する。

1　公正性の向上

公正性向上の観点から，次の制度が導入された。

(1)　審理員制度（審理員による審査手続）の導入

審査請求をされた行政庁（以下「審査庁」という。）は，所属する職員のうちから審理手続を行う者を審理員として指名するとともに，その旨を審査請求人及び処分庁等に通知しなければならないものとすることとされた（行審法9①）。なお，審理員は，職員のうち処分に関与しない一定の者でなければならないこととされた（行審法9②）。不服申立ては，審査請求人と処分庁の主張を審理した上で，審査庁（大臣等）が裁決を行う手続であるが，改正前は，この審査請求の審理を行う者について法律に規定がなく，処分関係者が審理を行うことも排除されていなかった。このため，今回，審理手続を行う責任者を明確にし，審理対象となる処分に関与しない者である審理員が審理手続を行うことを法律上明確にすることによって，手続の公正性・透明性を高めることとされた。

(2)　第三者機関（行政不服審査会等）への諮問手続の導入

審査庁は，審理員意見書の提出を受けたときは，審査請求に係る処分の際に審議会等（地方公共団体の議会等）の議を経た場合，裁決の際に審議会等の議を経て裁決しようとする場合，審査請求人が諮問を希望しない場合又は行政不服審査会等（行政不服審査会又は地方公共団体に置かれる機関（行審法81①②））によって諮問を要しないものと認められたものである場合を除き，行政不服審査会等に諮問しなければならないこととされた（行審法43①）。改正前は，個別法において，国民の権利利益の保護の観点から，第三者機関（関税等不服審査会，社会保険審査会等）が審理に関与しているものがあった。ただし，全ての行政分野において，このような手続が設けられているわけではなかった。このため，今回，上記(1)の審理員制度の導入に加え，さらに客観性・公正性を高めるため，既存の第三者機関（国税審議会も含まれる。）が，処分や審査請求の裁決に関与している場合などを除き，優れた識見を有する委員で構成される第三者機関（行政不服審査会等）によって審理に関与することが制度化された。

⑶　審理手続における審査請求人の権利の拡充

審理における口頭意見陳述に際し，申立人は，審査請求に係る事件に関し，処分庁等に対して質問を発することができるものとすること（行審法31⑤），審査請求人又は参加人は，審理手続が終結するまでの間，この法律の規定により提出された書類その他の物件の閲覧又は写し等の交付を求めることができること（行審法38①）など，審理手続の整備が行われた。

2　使いやすさの向上（国民の利便性）

使いやすさの向上の観点から，次の措置が講じられた。

⑴　不服申立てをすることができる期間を60日から3か月に延長

処分についての審査請求は，正当な理由があるときを除き，処分があったことを知った日の翌日から起算して3か月（改正前60日）（当該処分について再調査の請求をしたときは，当該再調査の請求についての決定があったことを知った日の翌日から起算して1か月）を経過したときは，請求することができないこととされた（旧行審法14①，行審法18①）。

⑵　不服申立ての手続を審査請求に一元化

①　改正前の不服申立制度の概要

改正前の不服申立ては，「審査請求」，「異議申立て」及び「再審査請求」であり，行政庁の処分又は不作為について行う不服申立てが「審査請求」又は「異議申立て」，審査請求の裁決を経た後さらに行う不服申立てが「再審査請求」であった（旧行審法3①）。「審査請求」は，処分をした行政庁（以下「処分庁」という。）又は不作為に係る行政庁（以下「不作為庁」という。）以外の行政庁に対して行うものであり，「異議申立て」は，処分庁又は不作為庁に対して行うものである（旧行審法3②，5②，7本文）。

処分についての不服申立てについては，できるだけ処分庁以外の行政庁に対する不服申立てをするような立法政策（審査請求中心主義）が採られており，原則として，異議申立てができるのは，処分庁に上級行政庁がないとき（処分庁が外局の長等であるときを含む。以下同じ。）に限られ，処分庁に上級行政庁があるときは，審査請求をすることとされている（旧行審法5①，6一・二）。ただし，法律に特別の定めがある場合に限り，異議申立て及び審査請求の両方をすることができる（旧行審法6ただし書・三），この場合は，原則として，異議申立てについての決定を経た後でなければ，審査請求をすることができないこととされている（旧行審法20）。なお，不作為についての不服申立てについては，不服申立人の選択により，異議申立て又は審査請求のいずれかをすることができる（旧行審法7本文）。一方，再審査請求は，法律（条例に基づく処分については，条例を含む。）に特別の定めがある場合（旧行審法8①一・②）及び審査請求又は再審査請求をすることができる処分につきその処分権限を委任した場合（旧行審法8①二・②③）に，処分についての審査請求等の裁決に不服がある者がすることができることとされている。

② 改正後の不服申立ての内容

〈1〉 原則として審査請求に一元化し，改正前における審査請求と択一的な関係にある異議申立て及び処分権限を委任した場合の再審査請求は廃止することとされた。具体的には，次のとおりである。

イ 行政庁の処分に不服がある者は，審査請求をすることができるものとされた（行審法2）。

ロ また，法令に基づき行政庁に対して処分についての申請をした者は，当該申請から相当の期間が経過したにもかかわらず，行政庁の不作為（法令に基づく申請に対して何らの処分をもしないことをいう。）がある場合には，当該不作為についての審査請求をすることができるものとされた（行審法3）。

ハ 審査請求は，法律（条例に基づく処分については，条例）に特別の定めがある場合を除くほか，原則として，処分庁等（処分庁又は不作為庁をいう。）に上級行政庁がない場合には当該処分庁等に，処分庁等に上級行政庁がある場合には当該処分庁等の最上級行政庁に対してするものとされた（行審法4）。

改正前の異議申立ては，審査請求に比し，審理手続において客観的かつ公正な審理手続が不十分になっているため，上級行政庁があるか否かという不服申立人からすると偶然の差異により（例えば，処分庁に上級行政庁がない場合には当該処分庁に異議申立てをすることとなる）不服申立手続の権利保護のレベルが異なるのは不合理であるといった理由から，「異議申立て」を廃止し「審査請求」に一元化することとされたものある。

〈2〉　改正前の審査請求に前置される異議申立てにほぼ対応するものとして，他の法律に特別の定めがある場合に，不服申立人の選択により，処分についての審査請求の前段階で改めて処分を見直して決定する「再調査の請求」を規定することとされた（行審法5）。これは，不服申立てが大量にあるもの（国税，関税など）について，例外的に，「再調査の請求」手続を設けることとされたものである。

この趣旨は，要件事実の認定に係る処分が多くなされ，その認定の当否に係る不服申立てが大量にある場合のように，審査請求手続をとる前に，その処分の事案・内容等を把握している（できる）原処分庁が，審査請求より簡略な手続により改めて処分を見直す意義が特に認められる特別な類型について，不服申立人の選択により国民の権利利益の救済をより迅速に図るとともに，審査庁の負担の軽減を図ることにあるとされていた。

〈3〉　改正前の再審査請求に相当するものとして，他の法律に特別の定めがある場合に，処分についての審査請求の裁決に不服がある者がすることができる「再審査請求」を規定することとされた（行審法6）。

これは，専門技術性を有する第三者機関が審理・裁決を行う場合等，改正法における審査請求を経た後の救済手続として意義がある場合（社会保険，労働保険など）には，例外的に，再審査請求ができることとされたものである。

〈4〉　不作為についての審査請求

従来の事務処理の促進を求める審査請求及び異議申立てを廃止し，不作為があるか否か，不作為がある場合にそれが違法又は不当であるか否かにとどまらず，違法又は不当な不作為が認められる場合において，審査庁が申請に対して一定の処分をすべきものと認めるときは，争訟の一回的解決を図る観点から，法令に基づく申請を認容するか拒否するかを判断することを可能とする制度とされた（行審法49③）。

③　標準審理期間の設定，審理手続の計画的遂行の導入

標準審理期間の設定，審理手続の計画的遂行の導入などにより，迅速な審理を確保するため，審査庁となるべき行政庁は，審査請求が，その事務所に到達してから，当該審査請求に対する裁決をするまでに通常要すべき標準的な期間を定めるよう努めるとともに，これを定めたときは，公にしておかなければならないものとすること（行審法16），また，審理員は，審査請求に係る事件について，審理すべき事項が多数であり又は錯綜しているなど事件が複雑であることその他の事情により，迅速かつ公正な審理を行うため，口頭意見陳述等一定の審理手続を計画的に遂行する必要があると認める場合には，あらかじめ，これらの審理手続の申立てに関する意見の聴取を行うことができるものとすること（行審法37①）等の迅速な審理を確保するための規定が設けられた。

④　不服申立前置の見直し

行政の処分に不服がある場合に，不服申立てをするか，直ちに裁判所に出訴するかは，国民が自由に選択できることが原則であるが（行政事件訴訟法（以下，「行訴法」とする）8①本文），同時に，法律に審査請求に対する裁決を経た後でなければ訴えを提起することができない旨の定め（不服申立前置）があるときは，この限りでない（行訴法8①ただし書）こととされており，不服申立前置を定める個別法がある。

今回，この不服申立前置について，国民の裁判を受ける権利を不当に制限

しているとの批判もあり，使いやすさの向上を図る観点から，裁判所の負担等も勘案しつつ，行政不服審査制度見直しの一環として見直すこととされた。

具体的には，二重前置については，国民の手続的負担や権利利益の保護レベルを考慮して全て見直しを行うとともに，以下の場合以外は，不服申立前置を廃止し，国民が自由に選択できるようにすることとされた。

イ　不服申立ての手続に一審代替性（高裁提訴）があり，国民の手続負担の軽減が図られている場合（電波法，特許法など）。

ロ　大量の不服申立てがあり，直ちに出訴されると裁判所の負担が大きくなると考えられる場合（通則法，国民年金法，労働者災害補償保険法など）。

ハ　第三者的機関が高度に専門技術的な判断を行う等により，裁判所の負担が低減されると考えられる場合等（公害健康被害補償法，国家公務員法など）。

以上が，行審法改正の概要である。

Ⅲ　国税通則法の改正

1　改正内容

平成26年の行審法の改正により，同時に350余にも及ぶ個別法が改正され，一括して整備法に取りまとめられた。各種の行政上の不服申立てに適用される一般法たる行審法は，国民の権利利益の救済を図るとともに，行政の適正な運営を確保することを目的とするものであり，この行審法の一般的な考え方は，国税の不服申立手続についても，基本的には適用される。

しかしながら，現行，国税の不服申立手続については，処分の大量性，争いの特殊性といった税務の特質に鑑み，異議申立て及び審査請求の手続を設け，原則としてこの二段階の不服申立手続を経た後でなければ原処分の取消訴訟を提起することができないこととされ，納税者に対する簡易・迅速な救済と，争訟の合理化を図ることとされている（不服申立前置）。また，国税における審査請求については，特に審理の客観性・公正性を高める観点から，執行機関とは分離された，国税庁の特別の機関である「国税不服審判所」がこれを行うこととされている。こうしたことから，国税に関する不服申立手続については，行審法と同一の規定を含め，通則法に網羅的に規定されている。

そこで，今回，上記の行審法の見直しに合わせ，通則法においても，同様の趣旨から，下記のように見直すこととされた(2)。

(1)　不服申立前置の見直し

税務署長が行った処分に不服がある場合には，納税者の選択により，税務署長などに対する「異議申立て」を行わずに，直接，国税不服審判所長に対する「審査請求」を行うことができることとされた(3)（通則法75条1項ロ）。なお，「異議申立て」について，その名称が「再調査の請求」と変わった（通則法75条）。青木丈教授によると，「要件事実の認定が争点となる事案については「再調査の請求」を選択し，もっぱら法令解釈が争点となる事案については直接審査請求を選択するべきであろう」と述べている(4)。なお，「再調査の請求」を行って，その結果に不服がある場合には1か月以内に

---

(2)　財務省「行政不服審査法の改正に伴う国税通則法等の改正（平成26年6月改正）」，1109-1110頁。https://www.mof.go.jp/tax_policy/tax_reform/outline/fy2014/explanation/pdf/p1107_1150.pdf

(3)　税務署長等から例えば次のような処分を受けそれに不服がある場合には，不服申立てをすることができるとされている。(1)納付税額を増加させる更正処分，(2)申告のない場合に納付税額を決定する決定処分，(3)更正の請求に対して行われた更正をすべき理由がない旨の通知処分，(4)加算税の賦課決定処分，(5)青色申告の承認の取消処分，(6)差押え等の滞納処分，(7)納税告知処分。もっとも，次のような場合には，不服申立てをすることができないこととされている。(1)納付税額を減少又は還付金額を増加させる処分。その理由は，その処分によって自己の権利又は法律上の利益が侵害されていないからである。(2)誤って納付税額を過大に申告した場合。その理由は，処分を受けていないことによるからである。この場合に申告した納付税額を正しい税額に是正するためには，「更正の請求」の手続によることとなる。https://www.nta.go.jp/taxes/shiraberu/taxanswer/fufuku/7210.htm

(4)　青木丈「異議申立の廃止と「再調査の請求」の創設」，税理，Vol.57　No.15，2014年，40頁。

「審査請求」を起こすことも可能である（通則法77条2項）。

⑵　不服申立期間の延長

不服申立てをできる期間が，処分があったことを知った日の翌日から「3か月以内」に延長された（通則法77条1項）。

⑶　審査請求における証拠物件の閲覧・謄写

審理関係人（審査請求人，参加人及び税務署長など）は，税務署長などが任意で提出した物件のほか，担当審判官が職権で収集した物件についても，閲覧及び謄写を請求できることとなった（通則法97条の3）。

ただし，改正前の通則法97条による証拠提出がなされた場合には，請求人は閲覧請求ができなかった。今般の改正により，この税務署長などが任意で提出した物件についても閲覧及び謄写ができるようになった。場合によっては，税務署長などから，任意で提出された証拠が，今後は証拠開示がなされない可能性も生じて来ることも考えられる⑸。そうすると，審判所の裁決にも影響を及ぼしてくることもありうることから，今後の成り行きを見守る必要があると思われる。

⑷　標準審理期間の設定及び審査請求における審理手続の計画的な遂行

標準審理期間を定めるよう努める旨の規定や，口頭意見陳述等の審理手続を計画的に遂行するための規定が新たに整備された（通則法77条の2，95条の2）。

2　改正後の審査請求等の流れ

続いて，審査請求書が提出された後の一般的な審理の流れについて確認を行う。審理の過程は，次のような過程となっている。まず，①審査請求人は，

---

(5)　坂田真吾弁護士によると「法改正により，請求人が原処分庁提出証拠を閲覧，謄写することができるということは，その裏腹として，原処分庁が，審判所に対する証拠提出に慎重になるということを意味する」と述べられている。坂田真吾「審査請求における証拠の閲覧対象の拡大と今後の調査審理について」，第38回日税研究賞入選論文，2015年，88-92頁。坂田真吾『税務弁護の手引き』，清文社，2018年，503-504頁。

書面にて審査請求書を提出する（通則法87条）。その後，②原処分庁から答弁書が提出される（通則法93条）。そして，③原処分庁の答弁書に対する反論を記載した反論書が提出される（通則法95条）。その際に自らの主張を裏付ける証拠書類等を提出することができる。この場合，担当審判官が提出すべき期間を指定したときは，その期間内にこれらを提出しなければならないこととされている。また，④原処分庁も処分の理由となった証拠書類等や審査請求人の反論書に対する意見を記載した意見書を提出することができる。①審査請求書……＞②答弁書……＞③反論書……＞④意見書……＞⑤反論書――＞⑥意見書――＞⑦反論書…………という順序で主張・反論が繰り返される。

この過程で，審査請求人は口頭で意見を述べることが可能である（通則法95条の2）。担当審判官は，審査請求人から口頭意見陳述の申立てがあった場合には，原則として，その機会を与えなければならないこととされているからである。担当審判官は，口頭意見陳述の機会を設ける場合には，期日，場所を指定して審査請求人に通知するとともに，原処分庁の担当者にも原則として出席を求める。

また，審査請求人は，担当審判官の許可を得て，補佐人とともに出頭することができる。この補佐人とは，審査請求人に付き添って口頭意見陳述の期日に出頭し，その陳述を補佐する者をいう。審査請求人は，口頭意見陳述の際には，口頭で意見を述べることができるとともに，担当審判官の許可を得た上で，原処分庁の担当者に質問をすることがでる。このように，口頭意見陳述の際には，原処分庁の担当者に質問ができる機会があることが特徴である（通則法97条）。したがって，審査事項の確認や疑問点の解決につながる可能性がより高くなると考えられる。ただし，その質問が，審査請求に関係がない事項や既にされた質問の繰り返しにすぎない場合などには，担当審判官から質問が許可されないことがある。

さらに，審査請求人は，原処分庁から担当審判官に提出された処分の理由となった証拠書類等や，担当審判官が原処分庁等から調査により提出を受けた資料等の閲覧を求めることができる（通則法 97 条の 3）。それればかりでなく，それらの謄写の交付を求めることもできることとされた。また，原処分庁も，審査請求人が提出した証拠書類等や，担当審判官が調査により収集した資料等の閲覧・写しの交付を求めることができる（同条）。担当審判官は，第三者の利益を害するおそれがあると認めるとき，その他正当な理由があるときでなければ，その閲覧・写しの交付の請求を拒否できないことになっている（同条）。なお，担当審判官が閲覧を実施する場合には日時，場所について，書面で審査請求人等に通知することとされている（同条）。

審査の過程での調査及び審理にあたっては，審査請求人及び原処分庁から証拠書類等が積極的に提出される必要があるが，提出された証拠書類等のみでは事実解明に不十分な場合もあり，また，当事者から提出された証拠書類等の中には確認のための調査を必要とするものもある。ただし，この調査は税務調査と違って，審査事項の確認のために行われる調査である。そこでこのように審理を行うため必要があるときは，担当審判官は，審査請求人・原処分庁の申立てにより又は職権で質問，検査等を行うことができる（通則法 97 条）。具体的には，次に掲げる行為をすることができる。

① 審査請求人若しくは原処分庁又は関係人その他の参考人に質問すること。

② 上記①者の帳簿書類その他の物件について，その所有者，所持者若しくは保管者に対し，その物件の提出を求めること又はこれらの者が提出した物件を留め置くこと。

③ 上記①の者の帳簿書類その他の物件を検査すること。

④ 鑑定人に鑑定させること。

なお，担当審判官以外の国税不服審判所の職員は，担当審判官の嘱託，又はその命を受けて上記①及び③の行為をすることができることとされている。

担当審判官は，必要な審理を終えたと認めるときは，審理手続を終結し，審査請求人及び原処分庁にその旨を文書で通知する（通則法 97 条の 4）。担当審判官が，審理手続を終結すると，審査請求人及び原処分庁は，例えば次の行為をすることができなくなる（同条）。

① 答弁書の提出

② 反論書の提出

③ 口頭意見陳述の申立て

④ 証拠書類等の提出

⑤ 担当審判官に対する質問，検査の申立て

⑥ 閲覧・写しの交付の請求

⑦ 主張の追加，変更又は撤回

調査及び審理が終了すると，担当審判官と参加審判官との合議により議決が行われる。合議において構成員は，それぞれ独立した立場で十分意見を述べ合い，公正妥当な結論に到達するよう議論を尽くし，最終的には，その構成員の過半数の意見により議決を行う。議決がされると，国税不服審判所長は，合議体の議決に基づいて裁決を行う（通則法 98 条）。

また，原処分以上に審査請求人に不利益となるような裁決はできないことになっている。

裁決の内容は，「裁決書謄本」により審査請求人と原処分庁の双方に通知される。なお，裁決の種類は次のとおりである（同条）。

① 全部取消し

審査請求人が原処分の全部の取消しを求める場合において，その主張の全部を認めたときにする裁決

② 一部取消し

審査請求人が原処分の全部の取消しを求める場合において，その主張の一部を認めたとき，又は，審査請求人が原処分の一部の取消しを求める場合において，その主張の全部又は一部を認めたときにする裁決

③ 変更

審査請求人が原処分の変更を求める場合において，その主張の全部又は一部を認めたときにする裁決

例えば，次に掲げる処分についての変更がこれに当たる。

⑴　耐用年数の短縮に関する処分

⑵　特別修繕準備金に関する処分

⑶　相続税額及び贈与税額の延納条件に関する処分

⑷　納税の猶予に関する処分

④　棄却

審査請求人が原処分の取消し又は変更を求める場合において，その主張を認めなかったときにする裁決[(6)]

裁決は，関係行政庁を拘束するので，原処分庁は，裁決に不服があっても訴えを提起することができない（通則法102）。

審査請求人は，裁決の結果，なお不服がある場合には，裁決があったことを知った日の翌日から6か月以内に裁判所に訴えを提起することができる。また，審査請求がされた日の翌日から起算して3か月を経過しても裁決がされないときは，裁決を経ないで訴えを提起することができる。この場合，訴訟とは別に，引き続き国税不服審判所長の裁決を求めることもできる。

Ⅳ　審査請求の状況

国税庁は，平成29年度における再調査の請求ならびに訴訟の概要を公表した[(7)]。不服申立制度が平成28年4月1日から改正され，「異議申立て」が「再調査の請求」に改められたが，平成29年度における再調査の発生件数は，前年度より8.4％増加の1,814件。税目別にみると，消費税等が最も多く633件。次いで，申告所得税等が598件，法人税等が297件，相続税・贈与税が98件，源泉所得税等が24件だった。このように，再調査の件数は前年に比して増加している。

再調査の処理件数は，前年度より4.4％減少の1,726件である。処理件数

⑹　裁決には，これらの他，審査請求が法定の不服申立期間経過後にされたものである場合やその他不適法であるときにされる「却下」がある。

⑺　http://www.kfs.go.jp/introduction/demand.html

のうち，納税者の主張が一部でも認められた件数は213件で，一部認容は173件，全部認容が40件となっている。認容割合は一部認容が10.0%であり，全部認容が2.3%で合計12.3%だった。依然として認容率は12.3%であり，全部認容はわずかに2.3%であった。

ちなみに，同年度における訴訟の発生件数は，前年度と比べ13.5%減少の199件である。これで6年連続の減少となり，平成に入ってから最少の件数となった。訴訟の終結件数は210件で，このうち国側が敗訴したのは，一部敗訴10件と全部敗訴11件の合計21件で，その割合は一部敗訴4.8%と全部敗訴5.2%で合計10.0%となっている。

国税不服審判所も，平成29年度における審査請求の概要を公表したが，それによると，審査請求の件数は2,953件で前年度より18.7%増加した。このうち，異議申立てまたは再調査の請求を経ないで直接審査請求のあった件数は前年度より547件増加の2,020件，異議申立てまたは再調査の請求を経た審査請求は933件であった。

また，平成29年度の審査請求の処理件数は，2,475件で前年度と比べ26.3%の増加となっている。処理件数のうち，納税者の主張が何らかの形で受け入れられた件数は202件（一部認容148件，全部認容54件）で，その割合は8.2%（一部認容6.0%，全部認容2.2%）であり，前年度と比べ4.1ポイントの減少となっている。

審査請求は，原則1年以内に裁決するよう努めているようであり，審査請求の1年以内の処理件数割合は99.2%となっている。このように，1年以内が99.2%というのは，標準審理期間が1年と定められたことが，大きく影響していると考えられる。

簡易迅速な手続により納税者の権利利益の救済を図るため，再調査の請求については，迅速な処理に努めており，標準審理期間は3か月と定められている。なお，処理件数のうち，3か月以内の処理件数割合は96.6%となっている（割合は，相互協議事案，公訴関連事案及び国際課税事案を除いて算出している。）。

V　租税実務への影響

1　再調査の請求と審査請求の選択制について

今回の国税不服申立制度の改正により，請求人は，国税に関する法律に基づき税務署長等が行った更正・決定などの課税処分，差押えなどの滞納処分等に不服があるときは，国税不服審判所長に対する「審査請求」と，処分を行った税務署長等に対する「再調査の請求」のいずれかを選択して行うことができることとなった。つまり，請求人は，簡易で迅速な審理手続きである税務署長に対する「再調査の請求」をなすか，あるいは，第三者機関である国税不服審判所に「審査請求」をして判断を仰ぐかの選択ができることとされた。なお，再調査の請求を選択した場合であっても，再調査の請求についての決定後の処分になお不服があるときには，国税不服審判所長に審査請求をすることができることとされている。

改正前は，原則として，異議申立てを経ないと審査請求ができないこととされていた。ただし，青色申告をしている場合は，異議申立てをせずに，直接審査請求ができることとされていた。ところが，例えば，法人税は青色申告であり，消費税の申告も行っている場合に，同じ内容について不服がある場合も，法人税は審査請求，消費税は異議申立てから入るということがあった。消費税には，青色申告制度がないため，異議申立てを行うことから始めなければならないことによる。しかし，今回の改正で，白色・青色に関係なく，再調査の請求か審査請求を選択ができることとなり，この点については解消した[8]。

そこで，再調査の法的性格についてであるが，この点については，議論のあるところである。品川芳宣名誉教授によると「再調査の請求は，処分を行った者に対する不服申立であるから，当該処分の見直しを求めるものに他な

(8)　この点については，木山泰嗣，三木義一，藤曲武美「国税不服審判制度はこう変わる」税務弘報，Vol.62　No.6，6月，72頁。

らない」と述べられている(9)。そして，「それは，国税庁の一組織としての「税務署長」等として原処分の是非を見直すことに他ならない。したがって，当該見直しにあたっては，徴税機関の見地において，行政庁の命令手段である「国税庁長官通達」に全面的に従った上での見直しに限られることになる」との見解を示されている(10)。また，品川芳宣名誉教授によると，審査請求の法的性格について，通則法99条の存在は，「本来，国税不服審判所長が，国税庁長官の命令（通達）に従う立場にあるからこそ，国税不服審判所長が，所定の手続きを取らない限り，通達を無視して自由に裁決を行うことができないことを意味している」との見解を述べられている(11)。例えば，国税庁長官の法令解釈と異なる解釈等による裁決をするときは，国税不服審判所長は，あらかじめ，その意見を国税庁長官に通知しなければならないこととされていることから，品川芳宣名誉教授の見解を支持する立場もある(12)。さらに，品川芳宣名誉教授によると，通則法102条では「裁決は，行政官庁を拘束する」と定めていることからも，「国税不服審判所長が，当該処分を行った税務署長の上司として機能していることに他ならない」との見解を示されている(13)。このようなことから，品川芳宣名誉教授によると「国税不服審判所は国税庁という徴税機関たる行政組織における最終的な「原処分の見直し」としてどうあるべきかという観点からなされるべきである。そこには，より公平性が求められるにしても，完全な第三者としての判断が求められているわけではない」と述べられている(14)。

一方で，この度の不服申立制度の改正は，野一色直人教授によると「従前の国税組織内部のみで審理・判断されていた国税の処分に関する不服申立て

---

(9)　品川芳宣著『現代税制の現状と課題　租税手続編』新日本法規出版，2017年11月，297頁。
(10)　前掲注（9）297頁。
(11)　前掲注（9）297頁。
(12)　川内劭著「国税不服審査制度改正についての一考察」修道法学，31巻2号，2010年，79頁。
(13)　前掲注（9）298頁。
(14)　前掲注（9）298頁。なお同様の意見として，前掲注（12）683頁。

の枠組みと同じものとは直ちに言い難いのではないか」との意見もある(15)。また，三木義一教授によると，国税不服審判所の裁決について，「そもそも行政救済において通達に拘束されなければならないのか」という問題を提議されている(16)。また，岸田貞夫教授も「この改正は国税不服審判所長の権限と独立性を高めることを期待しているといえる」と述べられている(17)。このように，国税不服審判所の法的位置付けについては見解が分かれている。

たとえ再調査請求の結果が請求人にとって芳しくなかったとしても，さらに「審査請求」をすることができる（この場合の，審査請求書の提出期限は，再調査決定書謄本の送達があった日の翌日から1か月以内）こととされている。

なお，「再調査の請求」については，第186回国会閣法第70号衆議院における附帯決議において，「「再調査の請求」が，処分庁が簡易に処分を見直す事後救済手続であることを国民に十分説明すること」とされた(18)。これは，「再調査の請求」のニュアンスが再び調査を請求するという意味でとらえられ，いわゆる「現況調査」を再度行うような誤解を与える可能性が強いことも踏まえて決議されたものであることも一因と考えられる(19)。

再調査の請求は，要件事実の認定が争点となるような事案の場合には選択する余地があると考えられる(20)。したがって，例えば，税務調査時に，納税者が税務調査官を警戒するあまり十分に事実関係が伝わっていなかった場合や，時間の関係で証拠の提出が不十分であったが，その後に新たな証拠が準備できた場合。あるいは，事実認定の際に，調査官の一方的な思い込みに

---

(15) 野一色直人稿「国税通則法上の再調査の請求の意義と課題」立命館経済学，第63巻　第3・4号，2014年11月，265頁。

(16) 前掲注（8）79頁。

(17) 岸田貞夫稿「行政不服審査法の改正と不服申立制度への影響」税理，Vol.57 No.11，2014年9月，104-110頁。なお，国税通則法第99条に基づく意見申出事案の状況であるが現在までに9件が具申され，いずれも国税庁長官は当該意見を相当と認めている。余郷太一著『国税不服申立制度活用の教科書』日本法令，2018年4月，30-31頁。

(18) 次の文献では，実質的に「異議申し立て」と基本的変更はないと指摘されている。原木規江「再調査の請求，審査請求への見直しと不服申立てへの活かし方」税理，Vol.51　No.10，2008年，39頁。

より調査が進行して，調査官にとって都合のいい証拠だけが収集され，課税処分がなされてしまった場合などにおいては，再調査の請求時に改めて審理がなされることにより，争点が整理されて明確化することになり，課税庁の主張や処分の理由などが明確になることも考えられる。

つまり，処分による事実認定の内容が実際の事実関係と合致していないとか，事実関係を歪曲・誤解していると思われるような場合には，再調査の請求を行うことにより，その後に事実認定をめぐる審理が尽くされることによって，要件事実認定の方向性が，より明らかになると考えられる(21)。仮に，再調査の請求が棄却されたとしても，再調査の請求を経て審査請求を行う場合の重要な参考となることも十分に考えられる。

なお，調査の請求を経て，決定があった場合の審査請求書の提出期限は，前述のように再調査決定書謄本の送達があった日の翌日から1か月以内であるため注意が必要である。

また，再調査の請求をした日（再調査の請求書について不備を補正すべきことを求められた場合には，その不備を補正した日）の翌日から起算して3か月を経過してもその再調査の請求についての決定がない場合には，決定を経ないで，国税不服審判所長に対して審査請求をすることができる。この場合，再調査の請求は取り下げられたものとみなされるので注意が必要である。

---

(19)　この付帯決議では，次のような事項も踏まえて決議されている。
　政府は，本法施行に当たり，次の事項についてその実現に努めるべきである。
　一　今回導入される第三者機関及び審理員制度の運用に当たっては，権利救済の実効性を担保できるようにするため，適切な人材の選任に配意すること。特に，地方公共団体においては，各団体の実情を踏まえ，申立ての分野に応じた高い専門性を有する人材の選任に配意すること。
　二　今回の制度改正の周知の過程において，地方公共団体が行った処分について審査請求すべき行政庁を住民に十分説明すること。
　三　今回の改正によって新たに設けられた「再調査の請求」が，処分庁が簡易に処分を見直す事後救済手続であることを国民に十分説明すること。
　四　審理手続における審理関係人又は参考人の陳述の内容が記載された文書の閲覧・謄写について，審理の簡易迅速性の要請も踏まえつつ検討を行うこと。

(20)　前掲注（4）40頁。

(21)　前掲注（8）69-70頁。

2　証拠資料の閲覧及び謄写について

審査請求人及び参加人から原処分庁を含む審査関係人全員は，原処分庁から担当審判官に提出された処分の理由となった証拠書類等や，審査関係人から提出された物件等ないし担当審判官が質問検査権を行使して収集した物件等について，閲覧を求めることができることに加え，それらの写しの交付を求めることもできることとされた（通則法 97 条の 3）。担当審判官は，第三者の利益を害するおそれがあると認めるとき，その他正当な理由があるときでなければ，その閲覧・写しの交付の請求を拒否できないことになっている。担当審判官は閲覧を実施する場合には日時，場所について，書面で審査請求人等に通知することとされている。

今回，このように，処分の理由となった証拠書類等や資料等につき，審査請求人は閲覧が可能なだけでなく，その写しの交付請求もできることとなった。謄写ができるということは，閲覧よりも正確に，しかも時間を短縮することができるので，大きなメリットであるといえよう(22)。また，閲覧・謄写できる範囲も，原処分庁が提出したもののみに限られず職権収集によって集められたものに拡大されたことは大きな意味がある。

ただし，職権収集資料については，担当審判官が面談をした際に作成する質問調書などは，条文上，閲覧・謄写対象に含まれていないとも読めるため，運用により積極開示すべきでないという考え方も提示されている(23)。

3　標準審理期間について

平成 28 年 3 月 24 日の事務運営指針（国管管 2－7）で標準審理期間が公表された。平成 26 年 6 月に，行審法について抜本的な改正が行われるとともに，これに併せて通則法における国税不服申立制度についても所要の改正が

(22)　同様の意見として，前掲注（8）73-74 頁。

(23)　木山泰嗣稿「審査請求手続きの見直し」税理，Vol.57　No.15，2014 年，56 頁。他にも，マスキングにより，「黒塗り」されて開示される可能性もあることは懸念材料である。前掲注（8）75-76 頁。

行われた。この改正において，国税不服審判所長は，審査請求が，その事務所に到達してから，当該審査請求についての裁決をするまでに通常要すべき標準的な期間（以下「標準審理期間」という。）を定めるよう努めるとともに，これを定めたときは，その事務所における備付けその他の適当な方法により公にしておかなければならないこととされた（通則法（平成26年法律第69号による改正後のもの。）第77条の2（標準審理期間））[24]。

これにより，国税不服審判所長に対する審査請求の標準審理期間は1年とされている。ただし，例えば，相互協議（租税条約の規定に基づく，我が国の権限ある当局と相手国等の権限ある当局との協議をいう。）の申立てがなされた事件や，国税の犯則事件に関する事件などのように，標準審理期間内に裁決をすることが困難であることが見込まれる事件については，個々の事情に応じて審査請求を処理することが認められている。

また，標準審理期間は公表される。その公表方法は，国税不服審判所ホームページへの掲載，パンフレットへの掲載，国税不服審判所本部，支部及び支所における備付け等の方法により行うこととするとされた。これらの指針は，平成28年4月1日以後にされた国税に関する法律に基づく処分に係る審査請求について適用される。ただし，標準審理期間を経過した事件については，その期間が経過したからといって，不作為の違法又は裁決の手続上の瑕疵には当たらないこととされている（通則法通達77の2）。

4　民間人の登用と救済率

国税不服審判所では，独立性を確保しようということで，民間人である者の登用を進めている。職務としては，国税不服審判所長に対してされた審査請求に係る事件の調査・審理等を行う国税審判官として活動することである。具体的には，次の3点が掲げられる。

(1)　国税不服審判所長に対してされた審査請求に係る事件の調査・審理を

---

(24)　標準審理期間ではなく，救済率を目標としてはどうかという意見もある。前掲注（8）78頁。

行うため，個別事件ごとに合議体の担当審判官又は参加審判官として，質問・検査・証拠書類の収集等を行うこと。

(2) 審査請求事件の進行管理を的確に行うとともに，適正かつ迅速に事実の認定及び税法等の解釈を行うこと。

(3) 調査・審理の結果に基づき，合議体を構成する他の国税審判官等と公正妥当な結論に達するよう議論を尽くし，その議論の結果を踏まえ，適正かつ迅速に議決書を作成すること。

当然のことながら，採用前に勤務又は関与していた者に関連する審査請求事件は担当できないこととされている。

この登用は，一般職の任期付職員の採用及び給与の特例に関する法律（平成12年法律第125号：以下「任期付職員法」という。）に基づいて，常勤職員の国家公務員として採用されることとなる。その際には，国家公務員法に基づく守秘義務（第100条），兼業制限（第103・104条）及び再就職規制（第106条の2から第106条の4）等が適用される[25]。

なお，応募条件としては，弁護士，税理士，公認会計士，大学の教授又は准教授の職にあった経歴を有する者で，国税に関する学識経験を有すること，ないし十分な民間実務経験や大学における教育・研究実績を有していることが掲げられている。

しかし，弁護士，税理士などの専門実務業務を10年程度行っていると，顧問先との継続案件が多くなり，現在行っている業務を断ち切って，国税不服審判所に勤務することは，想像以上に難儀なことである。特に，従業員を抱えている場合などには，その者の生活も考慮していかなければならないことなど，本人以外の状況も複雑であることが多い。

ところで，民間登用に関しては，下記の表のとおり，一定の成果を上げているようである。しかし，特定任期付きであるので，任期が終わると，その職を解かれることとなる。その任用期間も2−3年間として，更新の可能性

(25) また，任用期間が満了した離職後も，弁護士法第25条，公認会計士法第24条第3項及び税理士法第42条等の制限が適用される。

もあるとされている。しかし，国税不服審判所に任用された者の話によると，任用期間が2年間では，業務に慣れたころに任期を終えてしまうという意見もある。

我が国は，現在少子高齢化社会を迎えており，これから，十分な実務経験者を採用することは困難になってくると考えられる。そこで，たとえば，国税不服審判所の経験者のうち，一定の条件を満たして名簿等に登載された者を再任用することや，非常勤の国家公務員として勤務し，限定された事件会議等に加わり，意見を述べてもらうということも，視野に入れる必要が出てくるのではないかと考えられる。たとえば，事案の詳細を明らかにすることなく，法的解釈のみ審議に加わることなどが考えられる。

安田博延前東京国税不服審判所長によると「審査請求の対象となる課税処分等は，法律専門家である筆者から見ても，難解である租税関係法規及び租税実務にも精通していなければ，到底，的確に理解，判断し得ない分野である」ことからベテランを配置しており，「むしろそうした税務に精通した職員を配置することが適正・妥当な採決につながり，国民の利益となると考える」と述べられている[26]。国税不服審判実務に精通してきた専門家を有効活用することが，国民の利益につながると考えられる。この点については，守秘義務の関係などから問題があるのではないかという意見も考えられる。しかし，もともと，弁護士法（23条）や税理士法（38条）では，守秘義務が規定されているため，国税不服審判所の守秘義務運営の仕方次第で，いかようにも対応が可能であると考えられる[27]。特に，過去に国税不服審判官として勤務した経験は貴重であることから，これらの経験を生かす必要も，少子高齢化の観点から生じてくるであろう。

---

(26)　安田博延「東京国税不服審判所における審判所事務運営について」国税不服審判所編『国税不服審判所の現状と展望』判例タイムズ社，2006年3月，35頁。

(27)　弁護士法（23条）や税理士法（38条）の規定が，そのまま，本稿に当てはまるとは，考えていない。法整備が必要であることは言うまでもない。

特定任期付職員の採用状況　　単位：人

採用年度(平成)	19	20	21	22	23	24	25	26	27	28	29	30
応募者数	39	17	17	51	93	101	76	74	95	96	86	93
採用者数	4	1	3	13	15	16	17	14	13	17	15	16
新規採用後の在籍者数	4	5	8	18	31	44	50	50	50	49	50	50

※在職者数は，各年度の7月10日現在の人数である。

出典：国税不服審査所ホームページ

5　地方税に関する不服申立てについて

地方税についての不服申立てについて，櫻井敬子教授によると，地方税の分野については，「地方税法には行審法に対する特別規定が相対的に少なく，固定資産の登録価格に関する不服審査に関する特例規定を除くと，行審法が適用される場面が非常に多くなっている」と述べられている(28)。この場合の，行審法と通則法との決定的な違いは，行審法による行政不服審査会は諮問機関に過ぎないが，通則法による国税不服審判所は一定の独立性を有する裁決機関であるということである(29)。

つまり，通則法の国税不服審判所のほうが，行審法による行政不服審査会による救済措置よりも，一段進んだものとなっていると考えられる。地方税については，行政不服審査会は，国税不服審判所よりも手薄であるといわざるを得ない。というのも，地方税法に携わる職員は，配置転換等により，必ずしも，税法の専門的な知識を持ち合わせていない者が配属されることがよくある。特に，人口の少ない地方などは，その傾向が顕著である。そうすると，行政の不作為はむしろ，国税の分野よりも，地方税の分野でより発生する可能性が高い(30)。このように，地方税の現場では，人手不足と職員の経

(28)　前掲注（1）16頁。
(29)　前掲注（1）16頁。
(30)　実務の現場でも，地方税の場合は，国税の場合と異なり，手続が遵守されていないケースも散見されるようである。

験不足や研修不足，あるいは配置転換によるモラルの低下など，深刻な問題が起きているが，これらはなかなか表面化しにくいことにも問題がある。国税の現場よりも，むしろ地方税の救済手段を検討する必要があろう。そうすると，勿論，法整備は必要であるが，地方税についても国税不服審判所のような組織を作るか，国税不服審判所に併合するなどして租税不服審判所を創設し，国民の利便性の向上に資するように配慮することが，優先して考えられるべきことであると考えられる。

6　事前照会制度の導入

国税不服審判所の使命は，「税務行政部内における公正な第三者機関として，適正かつ迅速な事件処理を通じて，納税者の正当な権利利益の救済を図るとともに，税務行政の適正な運営の確保に資すること[31]」である。納税者の正当な権利利益の救済を図るためには，事後的な救済措置だけではなく，事前の救済措置も検討していく必要があると思われる。たとえば，現在，事前照会制度は，原則として税務署に対して行うこととされている。ところが，納税者の立場からすると，税務署への事前照会は，関係書類を税務署に提出することなどから，ハードルが高いのが現状である。

そこで，法令の解釈が必要な場合など一定のケースには，国税不服審判所に対して，事前照会が行えるようにして，法令の解釈を求めることも考えられる。もちろん，いろいろな制約要因があることは事実である。しかし，国税不服審判所は，国税庁の特別の機関であり，執行機関である国税局や税務署から分離された別個の機関として設置されているので，納税者から見て，事前照会を行いやすく，透明性が確保されるのではないかと考える。このことから，事前照会制度を導入しやすい環境にあると思われる。

この点については，スウェーデンにおける事前照会機関である「事前照会委員会（リッツ・ネムンデン）」が参考になると思われる[32]。スウェーデンで

(31)　国税不服審判所ホームページより抜粋。

は，1991年に事前照会制度に関する事前照会委員会を設置した。国税庁とは独立した組織として，財務省の管轄下として位置付けられている。委員会は常設の機関である。この事前照会委員会は，重要性の高い未解決の税務問題について判例を形成できる要件を法定化したことである。事前照会制度ができる以前は，法的解釈が不明確な場合には，課税庁が行政上の措置により課税庁独自の解釈によって対応してしまうという批判があった。この批判によると，たとえば事前照会が適用されるような解釈や管轄権のボーダーラインについて，課税庁の独自の解釈によって適用範囲が決められてしまうということが問題であるとされていた。

そこで，スウェーデンでは，このような論争に対するリスクを回避するために特定の納税者に対応する唯一の対応手段として設けられたのが，事前照会制度である。事前照会制度は，租税の法規が，いつも同じように解釈されて適用されていくことを目的として創設されている。事前照会制度は，単に特定の事案に対するガイドラインというよりは，租税法の統一的解釈を得て判例を形成する役割を果たすことから，スウェーデンの財政制度の重要な一翼を担っている。スウェーデンの事前照会制度は，事前照会が行われる条件を規定し，事前照会の回答が出た後の取扱を指示するなど，明確な法定上の枠組みに基づいて行われている。事前照会の一つの目的は，事前照会の結果が，課税庁と裁判所の判断を拘束するということである。

ただし，我が国の場合は，国税不服審判所の枠組みで利用するとした場合には，裁判所の判断を拘束することは難しいかもしれない。そこで，スウェーデンの事前照会制度のような方法も考えられる余地があるのではなかろうかと思われる。

---

(32) 筆者は，2012年に東京税理士会国際部の一員として，スウェーデンの事前照会委員会を視察した。なお，本稿は，東京税理士会ホームページを参考とした。http://www.tokyozeirishikai.or.jp/tax_accuntant/international/

第５章　納税者情報の提供義務をめぐる制度改革と課題

常葉大学教授　柴　由花

はじめに

納税申告とは，申告納税の租税について，納税者が租税法規の定めるところに従って納税申告書を租税行政庁に提出することをいう。しかしながら，納税者の意思表示である申告行為は，実体上の課税要件を充足しないこともあり得るため，課税庁が更正，決定を行うためには，課税要件事実に関する資料の入手が必要となる。もっとも，課税庁による任意の資料収集には限界があるため，納税義務者及びその者と一定の関係がある者に対し資料の収集について協力義務を課している。すなわち，納税義務者に対する質問検査の受忍義務と納税義務者と一定の関係がある者に対する法定された資料の提出義務である[(1)]。申告納税制度の定着と課税要件事実の的確な把握のために，種々の資料情報を収集する制度が採用されている[(2)]。平成25年５月に導入された社会保障・税番号制度[(3)]により，資料情報収集制度が効率的に運営されはじめている[(4)]。さらに，今後は，デジタル化により複数の行政手続のワンストップ化や，本格的な電子申告の実現を視野にいれた制度改革が行われ

(1)　谷口勢津夫『税法基本講義　第６版』【138】【130】（弘文堂，2018）。
(2)　金子宏『租税法　第22版』（弘文堂，2017）858頁以下。

る見込みである[5]。

他方，近時，シェアリングエコノミーが著しい発展を見せており，個人等が保有する資産等を，インターネット上のマッチングプラットフォームを介して，他の個人等が簡単に利用することができるようになっている。こうした取引は，個人間の相対取引（C to C 取引）である点，インターネットによって，海外から国境を超えて個人が取引を行うことが容易である点において，従来の事業者を中心とした取引（B t C，B to B 取引）とは異なる。シェアリングエコノミーの当事者は，サービス提供者，消費者，そしてオンラインプラットフォームを介してユーザーとの接続及びそれらの間の取引を促進する仲介者（以下，プラットフォーム事業者という。）である。プラットフォーム事業者は，プラットフォームという「場」の提供を行うのみであり，取引の当事者ではない。また，決済手段が仮想通貨といったプラットフォーム型の仮想通貨取引も出現している。このようなプラットフォームを介した個人間取引の所得はあまり大きくないとも想定されるが，件数が膨大であるがゆえに所得税の無申告や課税漏れが増えることが懸念される。課税庁は従来の手法で納税者情報を捕捉できるかどうか，プラットフォーム事業者に対して納税者情報の提供義務を求めることができるかが問題となる[6]。

そこで，本稿は，主として所得税の納税者情報の提供義務をめぐる制度の

---

(3)　2013 年に「行政手続における特定の個人を識別するための番号の利用等に関する法律」（以下，「番号法」という。）と「行政手続における特定の個人を識別するため番号の利用等に関する法律の施行に伴う関係法律の整備等に関する法律」（以下，「整備法」という。）が公布された。2016 年 1 月 1 日から税，社会保障等の分野で広く利用される番号制度（共通番号制度・マイナンバー制度）が導入された。2015 年 10 月に番号の通知が開始され，個人番号カードの交付や，税・災害対策の分野における個人番号の利用が始まっている。マイナンバー制度は，現段階（2018 年 11 月時点）では税（税務署に提出する確定申告書や各種届出書などに記載）の分野で利用されている。しかし，人口に対するマイナンバー交付枚数率は全国で 12.2% である（2018 年 12 月 1 日現在）。

(4)　渕圭吾「日本の納税者番号制度」日税研論集 67 号 33-65 頁（2016）。

(5)　税務行政のコンピュータ化については，水野忠恒『租税行政の制度と理論』275-288 頁（有斐閣，2011）。

課題について，プラットフォーム事業者に対する質問検査権の行使や事業者の協力義務を中心に考察を行うこととした(7)。近時，納税者情報の提供義務の対象となる人，モノ，空間は拡大されてきた(8)。法定された資料の提出義務制度の下で，支払義務者である雇用主や金融機関等といった資料提供義務者は，情報を収集して，その情報を「確認」する義務を負う。また，非居住者に係る金融口座情報の自動的交換のための報告制度の下で，金融機関等は顧客の居住地国を「特定」する義務を負う。このような確認義務や特定義務に基づくマイナンバーを活用した所得情報の提供をプラットフォーム企業に負わせることができるかどうかを検討する。

Ⅰでは，シェアリングエコノミー取引におけるプラットフォーム事業者の性質を検討する。Ⅱでは，納税義務者以外の者の質問検査の受忍義務に基づく調査には限界があり，問題も少なくないことから，サービス提供者への税務調査とプラットフォーム事業者への反面調査について考察する。Ⅲでは，プラットフォーム事業者に対する法定資料提出義務の可能性を検討する。Ⅳでは，税務行政の効率化の流れと新たな取引形態の拡大に対応して，所得税の納税義務者の自発的な申告は一層，重要となる。収入よりも経費の情報提供による申告の必要性を検討する(9)。

---

(6)　髙橋祐介「技術革新による税務行政の課題」租税法学会編『イノベーションと税制』租税法研究46号64-80頁（2018）。佐藤良「シェアリング・エコノミーの問題点－課税上の観点から－」調査と情報985号2頁（2017）。

(7)　Airbnbはサンフランシスコやポートランドで一時滞在税を徴収している。Stephen R. Miller, “First Principles for Regulating the Sharing Economy”, *Harvard Journal on Legislation*, Vol. 53（2016）: 189-190, http://harvardjol.com/wp-content/uploads/2016/02/HLL107_crop.pdf（最終閲覧日2018年11月20日）。

(8)　伊藤公哉「シェアリングエコノミーの拡大に伴うタックス・ギャップへの制度対応（前）－テクノロジーの発展と申告納税制度の下での資料情報制度の再検討」税務弘報65（12）77頁（2017）。倉見智亮「課税情報の収集と利用を通じた租税回避規制の課題」税法学577号301-325頁（2017）。

Ⅰ　シェアリングエコノミー取引と プラットフォーム事業者

1　EU におけるシェアリングエコノミー

欧州委員会は，シェアリングエコノミーを，「個人によって提供される財・サービスの一時的な利用のため，オープンな市場を提供する共通プラットフォームによって取引を手助けするビジネスモデル」(10)と定義している。シェアリングによって「モノ」，「空間」，「スキル」，「移動」，「お金」など，スキルや時間等の無形のものも資産化される(11)。そして，インターネット上のプラットフォームにおいて，ある主体によって提供される時間・空間・物・能力などを他の主体が利用することを内容とする取引が行われる(12)。シェアリングエコノミーは，「個人等が保有する活用可能な資産等（スキルや時間等の無形のものを含む。）を，インターネット上のマッチングプラットフォ

---

(9)　米国財務省の「タックス・ギャップの縮減と自発的コンプライアンス改善のアップデート（Update on Reducing the Federal Tax Gap and Improving Voluntary Compliance)」によると，納税者が申告書を提出する前に納税者をアシストし，明瞭かつ正確な情報を与えることは，申告後の不必要な納税者への接触を減らすことになり，意図的に納税義務を逃れている納税者に，IRS が調査リソースを集中させることを可能にするとしている。居波邦泰「米国及び英国におけるタックス・ギャップの推計の実情について」税大論叢 76 号 155 頁 (2013)。

(10)　欧州委員会では，sharing economy ではなく collaborative economy と表記している。European Commission, A European Agenda for the Collaborative Economy, COM (2016) 356 final, https://ec.europa.eu/transparency/regdoc/rep/1/2016/EN/1-2016-356-EN-F1-1.PDF（最終閲覧日 2018 年 11 月 20 日）。内閣官房 IT 総合戦略室「シェアリングエコノミーに向けた欧州アジェンダ（概要）」(2016)［https://www.kantei.go.jp/jp/singi/it2/senmon_bunka/shiearingu1/dai1/siryou1_5.pdf（最終閲覧日 2018 年 11 月 20 日）］。

(11)　総務省『情報通信白書　平成 29 年版』［http://www.soumu.go.jp/johotsusintokei/whitepaper/ja/h29/html/nc112220.html（最終閲覧日 2018 年 11 月 20 日）］。

(12)　宮澤俊昭「シェアリングエコノミーをめぐる法的課題－取引当事者間の私法的関係を中心に－」国民生活 2018 年 1 月号 8 頁 (2018)。

ームを介して他の個人等も利用可能とする経済活性化活動」(13)ともいわれる。

シェアリングエコノミーは，一般に所有権の変更を伴わず，営利目的又は非営利目的で行うことが可能である。

2　シェアリングエコノミーに対する規制

シェアリングの内容によっては，規制の対象とされるため，その情報を課税情報として用いることは可能かもしれない。しかし，単に「場の提供者」に過ぎないプラットフォーム事業者は，民泊を除き，原則として規制の対象とされていない。

不動産については，住宅宿泊事業者の届出を行った個人が自宅を貸し出す民泊がある。平成29年6月に住宅宿泊事業法（以下，「民泊法」という。）が成立し，都道府県知事等への届出制が導入された。宿泊者と住宅宿泊事業者との間の宿泊契約の締結のマッチングをする事業を営もうとする場合は観光庁への登録が必要である(14)。

自動車については，自家用自動車を複数人で使用するカー・シェアリングが行われている(15)。ライドシェアリングについては，「旅客自動車運送事業」（道路運送法2条3項）に該当しないかが問題となり，該当する場合は国土交通大臣の許可が必要となる。「旅客自動車運送事業」に該当しない場合でも，自家用自動車は有償で運送の用に供することはできないため（道路運送法78条1項），わが国では，自家用車を用いた運送サービスをシェアリングの対象とすることは難しいといわれている。自家用自動車自体の貸し借りについても，国土交通大臣の許可がない限り，自家用車を反復継続して有償

(13)　シェアリングエコノミー促進室HP［https://cio.go.jp/share-eco-center/（最終閲覧日2018年11月20日）］。

(14)　住宅宿泊仲介業者は登録を受けて住宅宿泊仲介業を営む者をいう（民泊法2条10項）。民泊仲介サイトのAirbnbは，メンバー間の契約関係の当事者又はその他の参加者ではない。

(15)　Anyca（エニカ），カフォレ，グリーンポットなどのカーシェアリング仲介サービス企業に，所有者は貸し手として会員登録をする。

で貸し渡すことはできない（道路運送法80条1項）。

オンラインフリーマーケットサービスを通じた個人間の生活用動産の取引については，古物営業法の適用を受ける可能性もある。古物を売買，交換，委託を受けて売買，もしくは交換する営業（古物営業法2条2項1号）や，古物商間でこれらを売買交換するための古物市場を経営する営業（古物営業法2条2項2号），古物の売買をしようとするもののあっせんを競りの方法により行う営業（古物営業法2条2項3号）は規制の対象となる（古物営業法3条1項）。

ほかには，余剰電力の買取りやソーラーシェアリング(16)といった取引も行われている。

仲立人とは「他人間ノ商行為ノ媒介ヲ為スヲ業トスル者ヲ謂フ」（商法543条）のであって，「媒介」とは，他人の間に立って，両者を当事者とする「法律行為の成立に尽力する事実行為」を意味する。「媒介」を行う業者として規制対象とされているのは，金融商品取引業者（金融商品取引法2条8項2号）と不動産仲介業者（宅建業者）（宅地建物取引業法2条2号）のみである。プラットフォーム事業者に関する規制が，「仲介」という用語のもとに，わが国の法制上の仲立ビジネスに関する規制と混同して検討されるという誤謬がある，と指摘されている(17)。

3　ゲートキーパーとしての取引時本人確認義務

インターネット取引では，個人が実名もしくは匿名で売買することが可能

(16)　ブロックチェーン技術を活用した個人間で電力の取引が行えるプラットフォームが開発され始めている。みんな電力（東京都世田谷区）は Aerial Lab Industries（東京都港区）と共同で，プラットフォームの開発を行っている［http://corp.minden.co.jp/wp-content/uploads/2018/02/20180228_release.pdf（最終閲覧日 2018年11月20日）］。太陽光発電設備を持つ家庭から余った電力を他の家庭が仮想通貨を使って買う例が想定されている。関西電力はオーストラリア企業のシステムを使い，巽実験センター（大阪市）の建物内に同様の仕組みを構築した（日本経済新聞　2018/4/24）。

(17)　増島雅和「『仲介』の概念について」2頁［https://www.kantei.go.jp/jp/singi/it2/senmon_bunka/shiearingu/dai2/sankou2_2.pdf（2018年11月20日最終閲覧）］。

である[18][19]。そこで，プラットフォーム事業者に対する犯罪収益移転防止法の義務付けや業界内のガイドラインを作成することが考えられる。プラットフォーム事業者は，後から債務不履行の問題が生じたときのために出品者や購入者の正確な住所，氏名，電話番号を収集しておく必要がある。また，ネット上での商品売買での詐欺等の問題もある。最近は，自主規制によって本人確認を厳格化し，本人確認書類が承認されるまで無期限で利用を制限するプラットフォーム事業者も見られる。

平成20年に「犯罪による収益の移転防止に関する法律」(以下，「犯罪収益移転防止法」という。)が施行された。同法では，47の業種・事業者が「特定事業者」と位置付けられ（犯罪収益移転防止法2条2項），この特定事業者に，一定の取引を行う際，本人確認等を実施すべきことを義務付けている。犯罪収益移転防止法は，犯罪による収益が組織的な犯罪を助長するために使用されるとともに，犯罪による収益が移転して事業活動に用いられることにより健全な経済活動に重大な悪影響を与え，さらには犯罪による収益の移転が，その剥奪や被害の回復に充てることを困難にするものであることから，犯罪による収益の移転の防止を図り，国民生活の安全と平穏を確保するとともに，金融機関等がテロ資金供与やマネー・ローンダリング等に利用されることを防止することを目的としている[20]。

金融機関等は，従来から，金融機関等本人確認法及び組織的犯罪処罰法に基づき，本人確認や疑わしい取引の届出等の義務を負っていたが，犯罪収益移転防止法は，金融機関等，ファイナンスリース事業者，クレジットカード事業者，宅地建物取引業者，宝石・貴金属等取扱事業者，郵便物受取サービス業者（いわゆる私設私書箱），電話受付代行業者（いわゆる電話秘書），電話転

(18)　新堀修己「匿名による売買の自由」総務省情報通信政策研究所『インターネットと匿名性』45-69頁（2008）。大谷卓史「インターネットにおける匿名性はいかに正当化されるか?」吉備国際大学政策マネジメント学部研究紀要3号43-58頁（2007）。

(19)　林秀弥「二面市場とプラットフォーム：その法的課題」法とコンピュータ33号7-19頁（2015）。

送サービス事業者，司法書士又は司法書士法人，行政書士又は行政書士法人，公認会計士又は監査法人，税理士又は税理士法人，弁護士又は弁護士法人を特定事業者としている。平成28年には，資金決済に関する仮想通貨交換業者（資金決済に関する法律2条8項）が特定事業者に含まれた（犯罪収益移転防止法2条2項31号）。

特定事業者は，個人の顧客等との間で取引を行うに際して，顧客等について，①本人特定事項（自然人にあっては氏名，住居（本邦内に住居を有しない外国人で政令で定めるものにあっては，主務省令で定める事項）及び生年月日），②取引を行う目的，③当該顧客等が自然人である場合にあっては職業の事項の確認を行わなければならない（犯罪収益移転防止法4条）。

特定事業者は，顧客が個人の場合，氏名・住所・生年月日を，公的証明書，すなわち，運転免許証，各種健康保険証・国民年金手帳等，パスポート（旅券），マイナンバーカード（個人番号カード），取引に実印を使う場合の印鑑登録証明書等の公的証明書の提示又は送付により確認する。

犯罪収益移転防止法による取引時確認義務は本人確認よりも厳格である。現在，プラットフォーム事業者には法的な本人確認が義務付けられていない[21]。

---

(20)　わが国は，2001年10月に金融機関による顧客の本人確認等の措置が要請される「テロリズムに対する資金供与の防止に関する国際条約」に署名した。また，麻薬や銃器等犯罪の増加により，マネー・ローンダリング対策が国際的な課題となっていたため，2003年1月に「金融機関等による顧客等の本人確認等に関する法律」（本人確認法）が施行され，さらに，2004年，本人確認法は「金融機関等による顧客等の本人確認等及び預金口座等の不正な利用の防止に関する法律」に改められ預金口座等の不正利用を防止するための改正が行なわれた。本人確認法は，金融機関の顧客管理体制の整備を促進することで，捜査機関によるテロ資金や犯罪収益等の追跡のための情報を確保し，金融機関がテロ資金供与やマネー・ローンダリング等に利用されることを防ぐこと等を目的としていた。2008年3月，「犯罪による収益の移転防止に関する法律」が施行されたことで，本人確認法は廃止された。

4 「欠陥のないシステム」を構築する義務

「第三者に何らかの『場』を提供する業態」[22]であるプラットフォームビジネスにおいては，プラットフォームという「場」を通じて，消費者は，事業者はもちろん事業者以外の個人でも商品やサービス提供者（出品者）と直接，売買が可能となる。購入者と出品者間で商品を実名にて郵送すれば，相手方の氏名，住所が判明するが，匿名で商品を郵送することも可能であるから，購入者と出品者間は匿名で取引されることも少なくない。そこでの取引は出品者と購入者が二者間で直接行うものであり，トラブルが発生しても，基本的には二者間の問題であり，プラットフォーム事業者は一切「免責」との利用規約を定めていることも少なくない。

プラットフォーム事業者の多くは，自らの事業を「場の提供者」として位置づけたうえで事業を構築しており，契約の成立に向けた尽力は行っていないものとして，事業運営を行っている[23]。

オークションサイトで詐欺にあった被害者が，「場の提供者」であるオークション事業者に損害賠償を求めた裁判例において，名古屋地判平成20年3月28日裁判所ウェブサイトは，オークション事業者は，仲立人，すなわち，「利用者間の取引に積極的に介入してその取引成立に尽力するとまで認めるに足りる証拠はなく，本件利用契約が仲立ちとしての性質を有するとはいえない」とした。もっとも，オークション事業者が利用者に対して「欠陥のないシステム」を構築してサービスを提供すべき民事上の義務を負っているとし，その具体的義務の内容は，「そのサービス提供当時におけるインターネットオークションを巡る社会情勢，関連法規，システムの技術水準，シ

(21)　インターネット取引における製品安全の確保に関する検討会『インターネット取引における製品安全の確保に関する検討会報告書』(2017)［http://www.meti.go.jp/product_safety/consumer/system/i_kentoukai.pdf（2018年11月20日最終閲覧)］。

(22)　経済産業省『通商白書2016』127頁［http://www.meti.go.jp/report/tsuhaku2016/pdf/2016_01-03-02.pdf（2018年11月20日最終閲覧)］。

(23)　増島・前掲注（17）。

ステムの構築及び維持管理に要する費用，システム導入による効果，システム利用者の利便性等を総合考慮して判断されるべきである」とされた(24)。

シェアリングエコノミーでは，すべての取引がデジタル的に登録され，プラットフォーム事業者の仲介者としての役割は，トレーサビリティを確保し，プラットフォーム上の収入のデジタルフットプリントを維持することである(25)(26)。プラットフォーム事業者の民事上の義務は，「欠陥のないシステム」を構築してサービスを提供すべき義務にとどまるものの，プラットフォーム事業者には，「欠陥のないシステム」によって係る取引を記録する義務があると考えられる。

II　サービス提供者への税務調査とプラットフォーム事業者への反面調査

1　サービス提供者への税務調査

国税庁は，インターネット取引を行っている個人に対しては，あらゆる資料情報を収集・分析するなどして調査を実施している(27)。平成28事務年度におけるインターネット取引を行っている個人に対する実地調査（特別・一般）の調査件数は1,956件（平成27事務年度2,013件）で，1件当たりの申告

---

(24)　評釈については，久保田隆「オークションにおける『場の提供者』の法的責任（名古屋地判平成20.3.28)」判例時報2045号152-157頁（2009)。

(25)　Cécile Remeur, “The collaborative economy and taxation Taxing the value created in the collaborative economy”, *European Parliamentary Research Service* (2018): 11, http://www.europarl.europa.eu/RegData/etudes/IDAN/2018/614718/EPRS_IDA(2018)614718_EN.pdf（2018年11月20日最終閲覧)。

(26)　European Commission, *Study to Monitor the Economic Development of the Collaborative Economy in the EU Final Report (2018)*, http://www.technopolis-group.com/wp-content/uploads/2018/08/CE_Final-report_PartA_Final_230218.pdf（2018年11月20日最終閲覧)。

(27)　国税庁「インターネット取引を行っている個人の調査状況」[https://www.nta.go.jp/information/release/kokuzeicho/2017/shotoku_shohi/sanko04_04.htm（2018年11月20日最終閲覧)]。

漏れ所得金額は，1,197万円（平成27事務年度1,164万円）であった。

国税庁はインターネット取引に関する調査を以下の６つの取引区分に分類している。

① ネット通販……事業主が商品を販売するためのホームページを開設し，消費者から直接受注する販売方法（オンラインショッピング）による取引
② コンテンツ配信……インターネットを利用して行われる電子化された音楽，静止画，動画，書籍，情報等のダウンロード取引又は配信提供に係る取引
③ ネットオークション……インターネットを利用して行われるオークション取引
④ ネット広告……ホームページ，電子メール，検索エンジンの検索結果画面等を利用して行われる広告関連取引
⑤ ネットトレード……インターネットを利用して行われる株，商品先物又は外国為替等の取引
⑥ その他のネット取引……出会い系サイトの運営など，１から５に該当しない取引

今後は，サービス提供者である個人の所得課税が問題となると考えられる。インターネットのオークションサイトやフリーマーケットアプリなどを利用した個人の衣服・雑貨・家電などの資産の売却による所得，自家用車などの資産の貸付けによる所得，ベビーシッターや家庭教師などの人的役務の提供による所得，民泊による所得に対する調査が必要となると考えられる。しかし，こうしたサービス提供者の個々の取引数は少なく，所得としては少額なケースが多いと想定される。例えば，民泊のプラットフォームであるAirbnbでサービスを提供した個人・法人の宿泊情報，自動車のライドシェアリングのプラットフォームであるウーバーで働く運転手がいくら支払いを受けたかという情報は，サービス提供者自身で申告するのが本来の姿であるが，シェアリングエコノミーが拡大してくると，申告の内容を正確に追跡しようとすると，莫大な徴税コストがかかると指摘されている(28)。

2　プラットフォーム事業者＝「場の提供者」への反面調査

更正・決定及び賦課決定を行うためには，課税要件事実に関する資料ないし情報の入手が必要である。しかし，資料の入手について納税者の任意の協力が得られるとは限らないため，各個別税法は，租税職員に質問検査権を認めてきた(29)。

平成23年，国税通則法が改正され，それまで各税法に定められていた質問検査権に係る規定が国税通則法に集約され，税務調査手続に関する運用上の取扱いが法令上明確化された。平成24年には，「調査」の意義及び「行政指導」（「調査」に該当しない行為）が例示された。「調査」とは，国税（国税通則法74条の2から法74条の6までに掲げる税目に限る。）に関する法律の規定に基づき，特定の納税義務者の課税標準等又は税額等を認定する目的その他国税に関する法律に基づく処分を行う目的で当該職員が行う一連の行為（証拠資料の収集，要件事実の認定，法令の解釈適用など）をいう(30)。国税通則法24条の「調査」は，課税標準又は税額等を認定するに至る一連の判断過程の一切を意味し，国税通則法74条の2以下の質問検査権は，その中の対外的な権限である。

行政機関が，行政目的を達成するために必要な情報を収集する活動は，行政調査と呼ばれている。いかなる行政決定も何らかの調査・情報収集を行うことなしにはできないはずであり，その意味で行政調査は，行政決定を行うための前提行為として普遍的な性格を有している(31)。行政調査には，強制調査と相手方の承諾を前提とする任意調査とがある。前者は，調査拒否や虚偽報告について罰則が設けられており，刑罰の存在によって間接的に行政調

---

(28)　森信茂樹「シェアリングエコノミーの税逃れ，社会保障漏れに誰が責任を負うべきか」Diamond Online（2017年5月）[http://www.japantax.jp/iken/file/20170601_1.pdf（2018年11月20日最終閲覧）]。

(29)　金子・前掲注（2），905頁。

(30)　平成24年9月12日付課総5-9ほか9課共同「国税通則法第7章の2（国税の調査）関連通達」（法令解釈通達）1-1。

(31)　櫻井敬子，橋本博之『行政法　第5版』156頁（弘文堂，2017）。

査が強制される。質問検査に関する規定は，いわゆる行政調査を認めるものであるが，強制調査を認めるものではない(32)。

質問検査権の法的性質について，最決昭和48年７月10日刑集27巻７号1205頁は，「質問検査に対しては相手方はこれを受忍すべき義務を一般的に負い，その履行を間接的心理的に強制されているものであって，ただ，相手方においてあえて質問検査を受忍しない場合にはそれ以上直接的物理的に右義務の履行を強制しえないという関係を称して一般に『任意調査』と表現されている」と判示している(33)。

質問検査権の行使については，いかなる場合に行使が可能であるかが，問題となる。国税通則法74条の２以下は，各税に関する「調査について必要があるとき」にのみ質問検査ができるとしている。この必要性は一般的必要性だけではなく，当該被調査者について特に調査しなければならないだけのいわば個別的必要性でなければならないとされる。過少申告についていえば，前年度との比較，同業者との比較，景気の動向等々からいって（部内調査のほか，国税通則法74条の12の業者団体への諮問権等を活用して判断する），当該納税者について過少申告を疑うことについて相当の理由がなければならない，と解され，その根拠として，①申告納税制度のもとでは，納税者は第１次的に納税義務確定権を有し，課税庁の課税処分は第２次的・補完的であること，②質問検査権の行使は純粋に行政目的のものであるが，それはそれ自体として優れて権力的作用であり，事実において被調査者に様々な影響を与えること，③質問検査権の行使は罰則（国税通則法127条２号，３号等）によって担保されていることが考えられる(34)。

質問検査について直接の強制力はないが，質問・検査の相手方には，それ

---

(32)　税務調査権の種類を納税義務確定のための資料収集を目的とする調査権，滞納処分のための調査権，犯則事件のための調査権に分けるものとして，北野弘久・黒川功『税法学原論　第７版』292頁（勁草書房，2016年）。

(33)　志場喜徳郎ほか『平成28年改訂　国税通則法精解』871頁（大蔵財務協会，2016）。

(34)　北野・黒川・前掲注（32），302-303頁。

が適法な質問・検査である限り，質問に答え検査を受忍する義務がある。納税義務者に対する質問検査の受忍義務は，調査対象者に対して直接的・個別的に課税要件に関する証拠資料を収集するために不可欠なものである。職員の質問検査権に基づく質問に対する不答弁，もしくは偽りの答弁をし，検査等の実施の拒否・妨害等をした者は，1年以下の懲役又は5万円以下の刑罰が科されることから（国税通則法127条2号），納税義務者には質問検査の受忍義務がある。

質問検査の相手方には納税義務者本人のほか取引先等納税者以外の者も含まれるが（国税通則法74条の2第1項1号・2号等），質問検査に伴う自由の制約は第1次的には納税者自身が負うべきものであるから，納税者以外の者に対する質問検査（いわゆる反面調査）は，納税義務者本人に対する質問検査（いわゆる本人調査）によって十分な資料を入手することができないときに初めて許容されると解されている[35]。

プラットフォーム事業者を介した取引については，納税義務者本人のみならず，納税義務者の直接の取引の相手方について質問検査権の行使が難しいことから，課税庁は，プラットフォーム事業者への反面調査によって納税者情報を収集せざるを得ない。しかしながら，反面調査はあくまでも任意調査であることから，調査を強制することはできず，限界がある。プラットフォーム事業者が税務調査に協力することを，サービス提供者や消費者に対してプライバシーポリシー等で明言しておくということも，任意である。民泊仲介サイトのプラットフォーム事業者 Airbnb は，サービスの提供者であるホストに対して，「税法上の規則により，ホストから適切な税務情報を収集すること，若しくはホストに対する支払額から税金を源泉徴収すること，又はその両方を行うことを要求される場合があります。ホストが，Airbnb に対し，Airbnb がお客様への納付額から税金を源泉徴収する義務（もしあれば）を履行するために十分と判断する文書を提出しない場合，Airbnb は，問題

(35)　谷口・前掲注（1）【138】。

の解決まですべての支払いを凍結すること，法令により要求される金額を源泉徴収すること，又はその両方を行う権利を留保します。」と定めている。

3　プラットフォーム事業者＝「場の提供者」への反面調査の課題

(1)　他人名義のアカウントの調査

プラットフォーム事業者への反面調査に際して，他のサービス提供者のアカウントの調査が可能かどうか問題となる。

金融機関への反面調査における他人名義の銀行口座の調査について，学説は，限定的に解釈している。すなわち，他人名義であっても本人のものであることが客観的に明らかな場合には調査の対象となし得るが，銀行調査の場合，他人名義のものについては，原則として調査の対象となりえないと解するべきとする(36)。より限定的に解釈する説は，銀行に対する預金者の利子所得についての所得税の源泉徴収に関する調査（質問検査）について，「利子の支払調書を提出する義務がある者としての銀行に対するものであるから，その調査の範囲は，その利子所得についての所得税の源泉徴収に関する事項ないし利子の支払調書に関する事項に限定されるべきものである。……したがって，預金の利子所得を調査するについて，必要があるつど，個別的に，特定的に，限定的に，行われるべきものであって，包括的に，一般的に，不特定的に，行われてはならない，はずのものである。」(37)とする。

質問検査について直接の強制力が認められていないことから，プラットフォーム事業者への反面調査に際して，他のサービス提供者のアカウントの調査についても，無制限に質問検査権を行使することはできないと解するべきであろう。

(2)　反面調査とサービス提供者の承諾

さらに，反面調査において，サービス提供者の承諾が問題となる。預金者本人の承諾を要するか否かが問題となった名古屋地判昭和43年6月15日税

---

(36)　北野・黒川・前掲注（32），315頁。
(37)　新井隆一『グリーン・カードはグリーンか』65頁（成文堂，1981）。

資53号23頁は，「税務署職員がなした銀行預金等の調査は，所得税法234条の質問検査権に基づくものであって適法かつ必要な調査であり，預金者本人の同意を必要とするものではない。また，銀行支店長が税務職員に預金原簿を閲覧させたのは，所得税法234条1項3号による質問検査権行使に対する責任義務に基づくもので，この場合預金者本人の承諾を必要としない。」とする(38)。

山口地判平成20年10月1日税務訴訟資料第258号－186（順号11044）は，関係会社の役員及びその親族である納税者らの利用する金融機関等に対する反面調査の必要性及び違法な調査であるかが問題となった裁判例であるが，同判決は「法人税法153条1項（当該職員の質問検査権）の質問調査権は，税務調査担当職員において，当該調査の目的，調査すべき事項，申請・申告の体裁・内容，帳簿等の記入保存状況，相手方の事業の形態等諸般の具体的事情にかんがみ，客観的な必要性があると認めた場合に行使しうるものであって，その質問検査の範囲，程度，時期，場所等実定法上特段の定めのない実施細目については，上記質問検査の必要があり，かつ，相手方の私的利益との衡量において社会通念上相当な限度にとどまる限り当該職員の合理的な選択に委ねられているというべきである。そして，質問検査を行う際に実施の日時・場所の事前通知，調査の理由及び必要性を個別的具体的に告知することは必ずしも必要とされるものではないと解される（所得税法234条1項の定める質問検査権につき最高裁昭和48年7月10日第三小法廷決定・刑集27巻7号1205頁参照）。」と判示し，反面調査に対する一定の裁量を認めている。

源泉徴収義務者（銀行）のみならず，プラットフォーム事業者は，顧客やサービス提供者に対する守秘義務があることから，質問検査権行使に対する責任義務が，サービス提供者の承諾なしに過度に強制されることには問題があろう。

---

(38)　志場・前掲注（33），879-880頁。

⑶　違法な調査に該当するか否か

税務職員によって収集された資料が犯罪捜査に流用されることについては納税者の権利保護との関係で問題がある。

脱税が発覚した経緯につき，査察官の査察調査の際にいわゆる横目調査あるいは悉皆調査といった，プライバシー等を侵害する重大な違法調査があったとして争われた裁判例について，大阪地判平成30年５月９日裁判所ウェブサイトは，一連の調査については，違法である疑いが残るとしながらも，「本件支店に対する金融機関調査は，別件犯則事件の調査の一環として，銀行側の協力の下で行われた任意調査であり，確認すべき口座情報の範囲についても銀行側の了解を得ていると認められること，前記のとおり，本件口座の入出金情報を覚知してからは，被告人に対する所得税法違反の犯則調査としてこれに対処することが可能であり，その場合は，銀行側も任意調査に応じたと考えられることなどの事情に照らすと，査察官の行った調査における違法の程度は重大とまではいえない。そうすると，本件調査によって得られた銀行口座の情報を基に作成された各査察官調査書の証拠能力を否定しなければならないほどの重大な違法は認められない。」(39)と判示した。

しかし，悉皆調査，横目調査による情報収集が犯則調査に使用されることについては問題があり，プラットフォーム事業者の許諾を得ていても，違法になると考えられる。

⑷　反面調査による損害

サービス提供者に脱税の疑いが認められるような場合はもとより，申告の真実性，正確性を確認する必要がない場合には，プラットフォーム事業者に対する反面調査は違法になると解される。

反面調査が通知や承諾もない探索的調査であるとして，国賠法上違法かどうかが問題となった山口地裁周南支部平成20年10月１日税務訴訟資料258

(39)　むしろ税務職員がかかる情報を犯則事件の証拠として利用することを主たる目的としていたとするものに，伊藤秀明「いわゆる『横目調査』で得た資料の逋脱事件における証拠能力」新・判例解説 Watch Web 版（2018）。

号順号 11044 は，「反面調査の際には，当該法人の取引先が当該法人について税務調査がなされていることを知ったことにより当該法人の信用が損なわれる可能性があることから，これとは別異に解する余地がないではない（なお，前掲最高裁昭和 48 年 7 月 10 日決定は，納税義務者が質問調査を拒否した事案に関するものであり，現行所得税法 234 条 1 項 3 号や法人税法 154 条の反面調査について当然に射程が及ぶものではない。）。しかし，税務調査担当職員が反面調査の前に，当該法人に対し，調査の理由や必要性を個別具体的に明らかにすると，取引先との通謀等を行い，あるいは手元の資料の隠匿改ざんなどを行う余地を与えかねないことに照らすと，税務調査担当職員が当該法人に対し，反面調査の前に反面調査を行う旨や反面調査の理由及び必要性を個別具体的に説明することが必要であると解することは困難である。」として，反面調査の合理性を認めた。

また，同判決は，税務調査担当職員の反面調査が国賠法上違法となるのは，「〔1〕具体的事情にかんがみ反面調査を行う必要性に欠ける場合か，〔2〕当該反面調査が，当該法人ないし反面調査における質問先の私的利益との衡量の観点において，社会通念上相当な限度を逸脱した場合というべきである。そして，反面調査を認めた法の趣旨に照らすと，〔1〕の必要性については，脱税の疑いが認められるような場合はもとより，申告の真実性，正確性を確認する必要がある場合にも認められると解される。また，〔2〕の判断に当たっては，当該法人に対する反面調査の必要性の程度，当該必要性と反面調査で得られるべき情報との関連性，反面調査の態様，反面調査によって失われた当該法人や当該法人の役員等の私的利益（反面調査による信用失墜やそのおそれ，反面調査によって通常知られたくない情報が国家機関に知られてしまったことなどは，ここにいう私的利益に含まれる。）などを総合的に考慮して決するのが相当である。」として，反面調査が国賠法上，違法となる基準を示した。

(5) 源泉徴収義務者の資料提出義務

プラットフォーム事業者については，現在のところ源泉徴収義務はないが，源泉徴収義務を課すべきとの意見もある[40]。その場合，源泉徴収義務者が国税通則法74条の2第1項1号イに規定する者に含まれるかどうかという問題がある。

「納税義務者」の用語の意義は，国税通則法74条の9第3項1号において定義されているが，源泉徴収に係る所得税の徴収義務者は，源泉徴収義務者と称されることが通例であり，「国税通則法第7章の2（国税調査）関係通達」では，同号の定義に従い，源泉徴収義務者を含めて納税義務者という用語が用いられている。

国税通則法74条の2第1項1号のロは，所得税法第225条第1項（支払調書）に規定する調書を提出する義務がある者を挙げる。資料提出義務について源泉徴収義務者を調査する場合には，同号ロを引用すればよいとされる。また，同号イの「納税義務」のなかには源泉徴収義務者自身の「源泉徴収義務」も含まれることから，同号イを引用できると解する学説がある(41)。

4　プラットフォーム事業者への反面調査の限界

サービス提供者への税務調査については，取引の相手方である消費者に対して行うことが困難である可能性も高く，プラットフォーム事業者への反面

(40)　もっとも，「法改正をしてプラットフォーム企業を源泉徴収義務者にすることは可能であるとしても，当該義務を嫌ってプラットフォーム企業が海外へ逃げてしまうと，日本は，ホストの所得税の徴収に困るだけでなく，当該企業の法人税も失うことになる」として，プラットフォーム企業による納税者の申告支援の必要性を説くものとして，渡辺徹也「シェアリング・エコノミーに携わるプラットフォーム企業と課税：所得課税および執行上の問題を中心に」税経通信74号2巻10頁（2019）。源泉徴収制度は十分に機能しないとして，「申告納税制度の下で納税者が申告をしやすい環境の整備，資料情報制度の整備，国民の納税意識の向上を図ること，の施策を有機的かつ計画的に行うことが必要」とするものに，伊藤公哉「シェアリングエコノミーの拡大に伴うタックス・ギャップへの制度対応（後）－テクノロジーの発展と申告納税制度の下での資料情報制度の再検討」税務弘報65（13）78頁（2017）。そもそも納税義務者以外の者に徴収納付義務を課すことが憲法14条に違反しないかどうかが問題であるとするものに金子・前掲注（2），928頁。

(41)　山下和博『国税通則法（税務調査手続関係）通達逐条解説　平成30年版』24-25頁（大蔵財務協会，2018）。北野・黒川・前掲注（32），309頁。

調査を行うことが考えられる。しかし，反面調査はあくまでも任意調査であることから，調査を強制することはできず，限界がある。また，他のサービス提供者のアカウントの調査について，無制限に質問検査権を行使することはできない。悉皆調査，横目調査による情報収集が犯則調査のために行われた場合，プラットフォーム事業者の許諾を得ていたとしても，違法になると考えられる。プラットフォーム事業者は，サービス提供者に対して守秘義務があることから，質問検査権行使に対するプラットフォーム事業者の責任義務が，過度に強制されることには問題があろう。

Ⅲ　プラットフォーム事業者に対する法定資料提出義務の可能性

1　法定資料提出義務の拡大

申告納税義務の履行担保措置として，資料提出義務は，租税法律主義の下での適正な課税の実現のために，納税者に課された協力義務として位置づけられる[42]。いわゆる法定資料とは，所得税法，相続税法，租税特別措置法及び内国税の適正な課税の確保を図るための国外送金等に係る調書の提出等に関する法律（以下，「国外送金等調書提出法」という。）の規定によりその提出を義務付けられている資料をいう。

平成13年度以降，先物取引に関する調書，新株予約権の行使に関する調書，特定口座年間取引報告書，信託受益権の譲渡の対価の支払調書，有限責任事業組合契約に係る組合員所得に関する計算書，株式無償割当てに関する調書，名義人受領の株式等の譲渡の対価の調書，上場証券投資信託の償還金等の支払調書，金地金等の譲渡の対価の支払調書の提出が義務付けられた。新たに，法定資料制度の対象となった取引として，個人の外国為替証拠金取引（FX取引，店頭デリバティブ取引）がある。無申告や脱税事件が起こったた

(42)　谷口・前掲注（1）【130】。

め，課税庁が把握できる体制を整備することが急務となり(43)，平成20年度税制改正において，適正な課税を確保する観点から，金融商品取引業者等に対し支払調書の提出義務が課せられた。

さらに，国外送金等調書，国外証券移管等調書，国外財産調書，財産債務調書により，国外送金等に関する情報の調書の提出が義務付けられた。国外送金等調書，国外証券移管等調書の提出義務者は，金融機関等であるが，国外財産調書，財産債務調書の提出義務者は，居住者もしくは確定申告の提出義務者である。「所得の間接的な捕捉の観点から，金融資産関係の資料収集を拡充していくべきである。」(44)といった考えの下，近年，国境を越えた資産の移転についても法定資料制度が拡充されている(45)。

法定資料の種類は，平成11年度においては，46種類であったが，平成30年度現在，源泉徴収票や報酬・不動産賃借料の支払調書など，60種類に上っている(46)。そのうち50種類が所得税に関するものである。法定資料の収集状況をみると，社会経済の変化に伴い投資所得の増加，法定資料の種類の増加などを反映して年々著しく増加しており(47)(48)，平成28事務年度では約3億6,269万枚(49)であった。国外財産調書の平成25年分の提出件数は

---

(43)　浅井要「所得税関係のその他の改正」財務省『平成20年度　税制改正の解説』238-239頁（2008）[https://www.mof.go.jp/tax_policy/tax_reform/outline/fy2008/explanation/index.html（2018年11月20日最終閲覧）]。

(44)　税制調査会答申「抜本的な税制改革に向けた基本的考え方（平成19年11月）」。

(45)　占部裕典「資料情報制度－現行制度の法的評価と今後の課題」租税法学会編『情報化と租税行政手続』租税法研究27号48-57頁（1999）。

(46)　国税庁「タックスアンサー」[https://www.nta.go.jp/taxes/shiraberu/taxanswer/hotei/7401.htm（2018年11月20日最終閲覧）]。

(47)　国税庁平成20事務年度（平成20年7月1日～平成21年6月30日）では1億9,439万枚である。「税務行政の変遷」[https://www.nta.go.jp/about/introduction/torikumi/chronicle/index.htm（2018年11月20日最終閲覧）]。

(48)　平成23事務年度の提出枚数は約3億1,000万枚である。配当，剰余金の分配及び基金利息の支払調書　約7,000万枚，特定口座年間取引報告書　約6,000万枚，先物取引に関する支払調書　約4,000万枚，公的年金等の源泉徴収票　約4,000万枚，給与所得の源泉徴収票　約2,000万枚。財務省「法定調書について」[https://www.mof.go.jp/tax_policy/summary/tins/n07.htm（2018年11月20日最終閲覧）]。

5,539件であったが，平成27年分の提出件数は8,893件と1.6倍になっている(50)。

給与所得，公的年金等，報酬・料金等，公社債の利子等，株式等の配当等，投資信託の分配金，公社債・株式・投資信託の譲渡代金，デリバティブの差金等決済，生命保険金の支払いなどについて，マイナンバー入りの支払調書が支払者から税務署に提出され，さらに，国外財産調書及び国外証券移管等調書もマイナンバーを記入して税務署に提出される(51)。

国外財産調書制度には，国外財産調書の適正な提出を確保する目的で，適正な国外財産調書の提出に向けたインセンティブとして加算税の軽減加重措置が設けられている。すなわち，国外財産調書を適正に提出した場合には加算税が軽減（国外送金等調書提出法6条1項）される一方，適正に提出しなかった場合には加算税は加重（国外送金等調書提出法6条2項）される。提出期限後に国外財産調書が提出された場合であっても，その提出が，国外財産に係る所得税又は国外財産に対する相続税につき調査があったことにより更正等があるべきことを予知してされたものでないときは，その国外財産調書を提出期限内に提出されたものとみなして，軽減加重措置が適用される（国外送金等調書提出法6条4項）。これは，提出期限内に国外財産調書の提出がなく，提出期限を経過した場合であっても，自主的な国外財産調書の提出にインセンティブを与えることによりその提出を奨励することにある。

もっとも，修正申告にかかわって提出期限後に提出された国外財産調書が，提出期限内に提出したものとみなされるか否かが問題となる。国税不服審判所平成29年9月1日裁決は，「先に国外財産に係る所得税につき自主修正申

(49) 「国税庁レポート2018」［http://www.nta.go.jp/about/introduction/torikumi/report/report.htm（2018年11月20日最終閲覧）］。

(50) 国税庁「説明資料　税務行政の現状と将来像」(2017)［https://www.mof.go.jp/tax_policy/councils/zeicho/20170926_02.pdf（2018年11月20日最終閲覧）］。

(51) 森信茂樹「情報交換とマイナンバー」月間資本市場350号54-55頁（2014）［http://www.japantax.jp/iken/file/20141101_3.pdf（2018年11月20日最終閲覧）］。

告書の提出があった場合には，その後に提出される国外財産調書（当該自主修正申告書の提出の基因となる国外財産が記載されたもの）は，更正があるべきことを予知してされたものに該当する余地はないこととなるのであるから，国外財産調書の提出時期と修正申告書の提出時期に前後関係はないと解した場合には，国外財産調書の提出に先んじて自主修正申告書の提出がされれば，その後に提出される国外財産調書は，その提出時期にかかわらず，一律に提出期限内に提出されたものとみなされることとなり，加重措置の適用の可否が，自主修正申告書の提出の有無によって決せられることとなる。このように，加重措置の適用の可否が，自主修正申告書の提出の有無によって決せられるとする考え方は，あくまで国外財産調書の提出を基軸としてその適否を決するという軽減加重措置の趣旨に乖離するものと言わざるを得ず」，「国外送金等調書提出法6条4項は，国外財産調書が提出期限後に提出されたことを前提とし，それ以後に修正申告書の提出があった場合（修正申告書の提出があった場合において，国外財産調書が提出されていることを要件とするもの）の取扱いを定めたものと解するのが相当」として，自主修正申告書の提出後に提出された国外財産調書には，国外送金等調書提出法6条4項の規定の適用はないと判示した。

国外財産調書制度は，納税者本人に自発的な提出を促す仕組みが講じられているものの，あくまでも国外財産調書の自発的な提出を奨励する制度であって，修正申告を自主的に提出することとは別異に扱う制度といえよう。

2　プラットフォーム事業者に対する法定調書提出義務の可能性

シェアリングエコノミーの下では，サービスプロバイダー・顧客，及びプラットフォーム間のやりとりはデジタルで行われるため，プラットフォーム事業者が税務当局へ報告することは，技術的には可能である。

納税者情報の提供義務を求める方法として，プラットフォーム事業者と行政との契約によって，情報提供や徴税義務を課す方法がある。例えば，アムステルダム市はプラットフォーム事業者との契約によって情報提供や宿泊税の徴収義務を負わせている。しかし，公的機関への情報提供義務は，とりわけ，個人データを処理するための適切な処置を確保するために，法律によって規制されるべきである。さらに，合意に基づく開示義務は，競争の促進とブラックエコノミーの防止には適さない，といった問題が指摘されている(52)。

現在，わが国では，プラットフォーム事業者に対する法定調書の提出義務はないが，適正な課税を確保する観点から，法定資料の提出を求めることは立法論としては可能であろう。プラットフォーム事業者は，決済インフラを提供する場合が多く，サービス提供者の収入について把握していることが一般的であることから，プラットフォーム事業者が管理している情報を，年1回，確定申告の時期の前に税務当局に報告するとともに，サービス提供者に対しても確定申告が必要である旨の情報を提供するという方法が考えられる(53)。しかしプラットフォーム事業者は，サービス提供者と消費者の取引を仲介するに過ぎず，法定調書の提出義務は，事務負担が大きくなる上，罰則によって担保されることから，単に課税庁の便宜のためだけにプラットフォーム事業者に法定調書提出義務を負わせるべきではないであろう。適正・公平な課税を実現する観点からその必要性が検討されるべきである(54)。

⑴　一定の基準を設けた上での法定調書提出義務

個人が少額の取引を多数回インターネット上で行うことが想定されるため(55)，当該個人のアカウントに取引が記録されれば，サービス提供者が自らの所得税の課税要件事実を確認することはむしろ容易になると考えられる。もっとも，プラットフォーム事業者に法定調書の提出義務を課す場合，個人

---

(52)　Aqib Aslam and Alpa Shah, *Taxation and the Peer-to-Peer Economy IMF Working Paper* (2017), https://www.imf.org/en/Publications/WP/Issues/2017/08/08/Taxation-and-the-Peer-to-Peer-Economy-45157（2018年11月20日最終閲覧）。

(53)　デジタルエコノミーと税制研究会「デジタルエコノミーの発達と税制の課題」(2018)［http://www.japantax.jp/teigen/file/20181101.pdf（2018年11月20日最終閲覧）］。

間の少額の取引に係る情報をすべて収集することは，事業者の負担になるばかりでなく，課税庁も情報の処理が非効率になる可能性もある。法定資料の提出を義務化するのであれば，取引回数や取引金額等，一定の基準を設けるべきであろう。米内国歳入庁（IRS）は，Airbnbを含む米国内決済事業者に対し，年間収入20,000ドル，年間取引件数200件を超過する米国内全利用者の支払調書の届け出を義務付けている[56]。

⑵　既存の事業との競争

競争の観点からは，プラットフォーム事業者には既存の事業者と同様の法定調書提出義務を求めるべきである。

ノルウェーでは，新しいデジタルプレーヤーが従来のプレーヤーと同じ要件で情報提供義務を課されなければ，市場に歪みを生じさせる可能性がある

---

(54)　もっとも、法定調書提出義務が一定の業者に限定されることにより、法定調書を通じた適正・公平な課税の意義が問題となることもある。株式等の譲渡の対価に係る支払調書制度（所得税法225条1項10号）は証券業に関する大蔵大臣の免許を受けた株式会社（平成元年法律第91号による改正前の証券取引法2条9項）及び外国証券業者（平成3年法律第96号による改正前の外国証券業者に関する法律2条2号）等、一定の業者に限定して、上場株式等の譲渡の対価の額等を記載した支払調書の作成義務及び税務署長への提出義務を課している。京都地判平成27年7月3日税務訴訟資料265号順号12689は，（上場株式等の譲渡損失の繰越控除の特例の）「立法目的は，証券市場の活性化を図りつつ，株式等の取引に基づく譲渡所得について適正・公平な課税を実現することにあるものと解され，この立法目的は，正当なものであるといえる。そして，本件特例対象業者は，内閣総理大臣の登録を受けることを要する（金商法29条，33条の2）ものであって，株式等の譲渡の対価の支払を受ける者の氏名，住所，その年中に支払の確定した上場株式等の譲渡の対価の額等を記載した支払調書の作成及び税務署長への提出を義務付けられている（所得税法225条）から，課税庁は，支払調書を通じて上場株式等の譲渡損失を正確に把握することが可能である一方，本件特例対象業者以外の業者は，これらの義務を負わず，課税庁は，これらの業者から納税者の上場株式等の譲渡損失を正確に把握できる保障がない。」として，「繰越控除制度の適用を本件特例対象業者への売委託により行う上場株式等の譲渡等に限定すること（租税特別措置法37条の12の2第2項1号）は，上記立法目的のうち，特に適正・公平な課税を実現することに資する」と判示した。

(55)　Airbnbの日本のホストの標準的な収入は100万4,830円（2016年の1年間）といわれている。

(56)　Form 1099-K. Internal Revenue Code § 6050W.

として，税務行政法において，民泊のプラットフォーム事業者と不動産賃貸業者とに，同様の情報提供義務を課することが提案されている(57)。

スウェーデンでは，2017年から，UBER（自動車の配車システム業者）を含めたすべてのタクシー業者について，各運転手が乗務情報を民間の報告センターに報告し，国税庁は必要に応じて，報告センターに対して情報提供を求めることができる仕組みが導入されている(58)。

⑶ 他の規制との相乗り

インターネット取引ではなりすましによる犯罪も少なくないことから，プラットフォーム事業者にはゲートキーパーとして本人確認が義務付けられている。所得税の納税義務者の確認のためにも，本人確認は重要である。登録制を受けたプラットフォーム事業者について情報提供義務を課すことで，消費者は取引の安全性を確保することができるとも考えられる。

3 プラットフォーム事業者と非居住者の情報

シェアリングエコノミーにおいて，サービス提供者，消費者，プラットフォーム事業者は国内に所在するとは限らないことから，サービス提供者が非居住者であることも考えられる(59)。

そこで，プラットフォーム事業者に，非居住者に関する法定調書提出義務

(57) NOU 2017：4 Delingsøkonomien-muligheter og utfordringer§19.5.1. ノルウェーでは，企業に第三者報告義務（the third party disclosure duty）が法的に課されている。Burcin Bozdoganoglu, Tax Issues Arise From a New Economic Model：Sharing Economy, International Journal of Business and Social Science Vol.8・Number 8 (2017)：126-127, https://ijbssnet.com/journals/Vol_8_No_8_August_2017/13.pdf（2019年1月16日最終閲覧）。

(58) 政府税制調査会「海外調査報告（エストニア，スウェーデン）」(2017)［http://www.cao.go.jp/zei-cho/gijiroku/zeicho/2017/29zen10kai7.pdf（2018年11月20日最終閲覧）］。「プラットフォーマーと課税当局間の協力関係にもとづき，プラットフォーマーが保有している消費税関係の情報が課税当局に正しく伝達されることにより，既存の事業者に対する消費課税との間に齟齬がないようにするべき」とするものに，西山由美「シェアリングエコノミーに対する消費課税」租税研究828号125-137頁（2018）。

(59) デジタルエコノミーと税制研究会・前掲注（53），15頁（2018）。

を負わせ，非居住者の情報を得ることが考えられる。また，現在は金融口座情報が限定されている非居住者に係る自動的交換のための報告制度の義務が，プラットフォーム事業者に適用される可能性もある[60]。EUでは，すでに，税務上の行政協力に関する指令によって，雇用，役員報酬，生命保険商品，年金，不動産からの収入が情報交換の対象とされている[61][62]。

(1)　個人情報の確認義務

平成27年度税制改正において，非居住者に係る金融口座情報の自動的交換のための報告制度が創設された[63]。これにより，平成29年1月1日以後，銀行，証券会社，信託会社，保険会社などの一定の金融機関（報告金融機関）で，預貯金口座の開設，有価証券の口座の開設，信託契約の締結，保険契約の締結などの特定取引を行う者（口座を開設する個人や法人，国内居住者や内国法人も含まれる）は，氏名・名称，住所，生年月日，居住地国，居住地国が外国の場合は当該国の納税者番号などを記載した届出書の提出が義務付けられている。特定対象者は，実特法に基づき，届出書（新規届出書及び異動届出

(60)　OECD, *Communiqué of the 11th Meeting of the OECD Forum on Tax Administration (FTA) Oslo*, Norway, 29 September 2017 (2017)：15, http://www.oecd.org/tax/forum-on-tax-administration/events/forum-on-tax-adminis-tration-communique-2017.pdf（2018年11月20日最終閲覧）。

(61)　Council Directive 2011/16/EU of 15 February 2011 on administrative cooperation in the field of taxation and repealing Directive 77/799/EEC, Art.8, https://eur-lex.europa.eu/legal-content/EN/TXT/PDF/?uri=CELEX:32011L0016&from=en（2018年11月20日最終閲覧）。

(62)　なお，わが国では，現時点で仮想通貨及び仮想通貨交換業者はCRS（共通報告基準）に基づく自動的情報交換のための制度の対象とされていないが，外国の交換所を通じた取引も容易であることから，これを対象とすべきである。安河内誠「仮想通貨の税務上の取扱い－現状と課題－」税大論叢88号435-439頁（2017）。

(63)　金融口座に関する自動的情報交換とは，源泉地国が，納税者の居住国に，収入（例えば，配当，利子，使用料，給与，年金等）や資産情報のさまざまなカテゴリに関する「バルク」の納税者情報を，体系的かつ定期的に，関係国に送信することである。OECD, *Automatic Exchange of Information What It Is, How It Works, Benefits, What Remains To Be Done* (2012)：7, http://www.oecd.org/ctp/exchange-of-tax-information/automatic-exchange-of-information-report.pdf（2018年11月20日最終閲覧）。

書）による届出義務を負い（実特法10条の5第1項前段，同条4項），また，届出書を任意に提出することができる（同条3項）。

係る届出書を受領した報告金融機関等は，当該届出書に記載されている事項が，同じく提出又は提示を受けた他の書類の内容と合致していることなどを確認することを内容とする確認義務を負う（同法10条の5第1項，同条5項及び同条3項）。

金融機関等は，政令で定めるところにより，預貯金者等情報を当該預貯金者等の個人番号又は法人番号により検索することができる状態で管理しなければならない（国税通則法74条の13の2）。当面は任意であるが，2021年から義務化される予定である。公平・公正な社会の実現という観点から，国民の所得や預金総額，個人資産をより正確に把握するため，個人番号，法人番号と銀行口座は紐付けされる。

預貯金口座や証券口座を開設する場合，番号の提示が義務付けられ，金融機関や証券会社に口座開設者の番号付きで支払調書の提出が義務付けられるようになれば，番号によって各納税者の申告書と支払調書等を突合させることによって，納税者の所得を正確に把握するための制度として発展することが期待されている(64)。

⑵　非居住者に関する情報の特定義務

非居住者に係る金融口座情報の自動的交換のための報告制度においては，報告金融機関等は，その年の12月31日において，報告金融機関等の保有する特定対象者に関する情報に基づき，当該特定対象者の住所等所在地国と認められる国又は地域を特定しなければならない。報告金融機関等は，平成28年12月31日以前に行われた特定取引（「既存特定取引」（実特法施行令6条の2第2項））を行った者で，同日において当該特定取引に係る契約を締結しているものにつき，任意届出書の提出を受けた場合を除き，所定の特定手続等を実施して，「住所等所在地国」（実特法10条の5第2項）と認められる国

(64)　金子・前掲注（2），865頁。

を特定する義務を負う（同項本文，実特法施行令6条の3）。

また，非居住者や外国法人から日本国内の土地等を購入して，その売買代金（譲渡対価）を国内で支払う者は，非居住者等に対して対価を支払う際，所得税及び復興特別所得税の源泉徴収義務がある（同法第212条第1項）。非居住者が日本国内にある不動産を売却したときの所得に対しては，日本の所得税が課税され（同法第5条，同法第7条），原則として確定申告が必要であるため，非居住者の申告漏れ等を防止するための制度といえる。しかし，非居住者の住所の特定は困難である(65)。

⑶　報告義務

自動的情報交換とは，「法定調書から把握した非居住者への支払等に関する情報を，当該支払等が行われた一方の締約国又は締約者の税務当局から当該支払等を受ける他方の締約国又は締約者の税務当局へ送付することをいう。」(66)(67)。国内の金融機関は，非居住者の氏名・名称，住所，居住地国，外国の納税者番号等，口座残高及び利子・配当等の年間受取総額等の情報（報告事項）を所轄税務署長に提出することを義務付けられている（実特法10条の6第1項）。報告金融機関は，当該特定取引を行う者が租税条約の実施相

(65)　東京高判平成28年12月1日裁判所ウェブサイト。岩﨑政明「非居住者に対する不動産の譲渡対価・賃料の支払いと源泉徴収義務」木村弘之亮先生古稀記念論文集編集委員会編『公法の理論と体系思考：木村弘之亮先生古稀記念』143-167頁（信山社，2017）。駒宮史博「国際課税における源泉徴収の意義」『租税判例百選第6版』134-145頁（有斐閣，2016）。西山由美「不動産取引における源泉徴収義務と非居住者の確認義務［東京高裁平成28.12.1判決］」ジュリスト1522号140-143頁（2018）。

(66)　国税庁長官「租税条約に基づく相手国との情報交換手続について（事務運営指針）」平成15年4月7日（最終改正）平成28年7月1日官際5-219外。

(67)　通常，情報交換には，租税条約の諸規則がそれに関連して適用される事実関係を確認するための情報交換と締約国の国内税法の運営と施行を助けるための情報交換とがある。前者は，二国間租税条約に基づく情報交換に関連して行われるが，後者は，二国間又は多国間の共助又は情報交換協定に関連して行われる。OECD, *Manual on the Implementation of Exchange of Information Provisions for Tax Purposes: Approved by the OECD Committee on Fiscal Affairs on 23 January 2006* (2006), 4-5, http://www.oecd.org/ctp/exchange-of-tax-information/36647823.pdf（2018年11月20日最終閲覧）。

手の国・地域として省令で定める国・地域の居住者である場合は，12月31日時点の報告対象契約に関する上記の情報及び関連する財産の価額や運用・保有・譲渡による収入金額その他の情報を，翌年の4月30日までに，税務署に提出する(68)。

報告金融機関等は，当該報告金融機関等との間でその営業所等を通じて特定取引を行った者が報告対象となる契約を締結している場合には，その契約ごとに特定対象者の氏名又は名称，住所又は本店もしくは主たる事務所の所在地，居住地国，外国の納税者番号等及び当該契約に係る資産の価額，当該資産の運用，保有又は譲渡による収入金額等を，その年の翌年4月30日までに，当該報告金融機関等の本店等の所在地の所轄税務署長に提供しなければならない（実特法10の6第1項）。

最終的に国税庁に集約された金融口座情報は，租税条約等に基づき，各国税務当局間で交換が行われる。平成29年1月1日より適用され，平成30年から，平成29年分の金融口座情報が外国の税務当局に対して提供されている(69)。

報告金融機関等においては，上記の報告義務に違反した場合，すなわち所定の期限までに報告事項を所轄税務署長に提供せず，又は「偽りの事項」を提供した者につき，6月以下の懲役又は50万円以下の罰金に処することと規定されている（実特法13条4項4号）。

---

(68) 吉井一洋・是枝俊悟「国際租税回避への対応と金融証券取引～金融口座の自動的情報交換とBEPSプロジェクトを中心に～」大和総研調査季報17号78-111頁（2015）[http://www.dir.co.jp/research/report/law-research/financial/20150302_009472.html（2018年11月20日最終閲覧）]。

(69) 2015年末からOECD加盟国間での自動的情報交換がはじまり，日本の当局から外国当局に対して，①日本の「非居住者（個人・法人等）の口座を居住地国ごとに選別し，②口座保有者の氏名・住所，納税者番号，口座残高，利子・配当等の年間受取総額等を年1回まとめて報告することとされている。また，外国の当局からわが国の税制当局に対して，①外国の金融機関に口座を保有する日本居住者（個人・法人等）について，②氏名・住所，個人番号・法人番号（マイナンバー），口座残高，利子・配当等の年間受取総額の情報が年一回報告される。吉井・是枝・前掲注（68）。

実特法においては，報告金融機関等の報告事項の提供に関して，当該報告金融機関等に対する税務職員の質問検査権等が規定されている（実特法10条の8第1項・2項）。この質問検査権は，租税の公平・確実な賦課徴収のために必要な資料の取得収集を目的とするものである(70)(71)。

4　情報の提供義務と納税義務者の保護

法定資料は所定の様式により，提出期限までに税務署長へ提出されるが，法定資料の不提出又は不実記載については，質問検査権違反と同様の罰則が規定されている。財産債務調書の不提出・虚偽記載については，現在のところ，国外財産調書のような特別な罰則規定は設けられていないが，他の法定資料制度については，罰則規定が設けられている。したがって，法定資料制度には，質問検査の受忍義務と同等の重い協力義務が課されていると考えられる(72)。

質問検査の受忍義務については，本人への調査が原則であり，納税義務者以外への者に対しては限定的に解されるところ，法定資料制度は納税義務者以外の者から自動的に情報が収集され，課税庁へ提出されてしまうという問題がある。法定資料制度に基づく情報と申告に関するデータは一元的にKSKシステム（国税総合管理システム）で管理され，指導や税務調査に活用される。例えば，支払者から報酬等支払調書の提出を受けた税務署は，国税庁が法定調書の分類・送交付事務等の事務手続を定めた管理運営事務提要等に基づき，報酬等支払調書を国税局等の各資料センターに送付し，資料センターは，このうち報酬支払調書を支払者の納税地を所轄する税務署の源泉所

(70)　2003年に租税条約の規定に基づく情報交換に対応するための質問検査権が創設された。創設前の議論として，中田弘樹「租税条約の情報交換規定に基づく情報収集と質問検査権」税大論叢33号155-169頁（1999）。永井博「国際化における資料情報制度及び情報交換制度の課題」税大論叢34号443頁（1999）。

(71)　増井良啓「租税条約に基づく情報交換－オフショア銀行口座の課税情報を中心として－」IMES Discussion Paper No. 2111-J-9，34頁（2011）。

(72)　野村昌夫「納税者番号制度をめぐる諸問題－利子・配当所得の課税問題を中心として－」税大論叢13号32-33頁（1979）。

得税等の納付状況の確認等を行う源泉担当部門に，また，対価支払調書を非居住者の納税地を所轄する税務署の申告所得税等の申告審理等を行う個人課税部門に回付することとなっており，活用後に適宜処分することとなっている。会計検査院は，支払者から提出される報酬等支払調書には，報酬等の額が記載されており，これにより消費税の納税義務を有する蓋然性が高い非居住者を推定することができるなど，報酬等支払調書は消費税の申告審理等にも活用することができるとしている(73)。

プラットフォーム事業者が開示要求に基づいて報告されるべき情報は，個人データである。プラットフォーム事業者が顧客から取得した情報の第三者への開示について，法令等に基づき，裁判所，行政機関，監督官庁その他公的機関から取得情報を提供するよう求められた場合，取得情報を第三者に開示することもあり得るため，個人情報保護の問題がある。

EU では，「EU 一般データ保護規則（GDPR）」の抵触が問題となる。税務上の事項を含む EU 又は加盟国の重要な経済的な利益若しくは財政上の利益については，データの管理者若しくは処理者が服する EU 法又は加盟国の国内法は，その制限が基本的な権利及び自由の本質的部分を尊重するものであり，かつ，以下の対象を保護するために民主主義社会において必要かつ比例的な措置である場合，立法措置によって義務及び権利の適用範囲を制限できる（General Data Protection Regulation：GDPR23 条 1 項（e））とされている。わが国でも，個人情報の保護に関する法律（以下，「個人情報保護法」という。）が，個人情報取扱事業者は，あらかじめ本人の同意を得ないで，個人データを第三者に提供してはならないとしているが，国の機関もしくは地方公共団体又はその委託を受けた者が法令の定める事務を遂行することに対して協力する必要がある場合であって，本人の同意を得ることにより当該事務の遂行

(73) 吉田寿康「消費税の申告審理等において国内で人的役務の提供等を行った非居住者に係る報酬等支払調書を活用することなどにより，消費税の納税義務のある非居住者を的確に把握して課税を行うよう改善させたもの」会計と監査 66 (3) 13-17 頁（2015）。

に支障を及ぼすおそれがあるときは例外とされている（個人情報保護法23条1項4号）。

わが国の個人情報保護法は，国境を越えた個人情報の移転に関する条項が含まれていなかったが，外国にある第三者への提供の制限に関する条文が新設された(74)。改正個人情報保護法の下では，個人情報保護委員会は，データ保護機関として認定され，十分性認定への対応が考慮された。

個人情報保護，納税者の保護(75)についても国際的な協調が必要である。とりわけ国境を超える情報交換については，個人情報保護法制による個人情報保護の適用について国，地域による差が小さくなく，EUと米国では情報保護に関して大きな隔たりがある。国別報告書の制度設計にEUの基準が採用されたことから，情報保護についてもEUの厳しい基準を要求されることも想定される。

情報交換に関する規定には，通常，機密性を要求する規定，情報が開示される者に対する制限や情報が使用されるための目的に関する規定が含まれる。他の国と情報交換に関する協定に入る前に，受領国で，情報が指定された目的のために使用され，受信した情報と情報の機密性を確保するための法的枠組み，行政能力，手続きが整備されているのかを確認することが不可欠である(76)。

---

(74)　個人情報保護法24条「個人情報取扱事業者は，外国（本邦の域外にある国又は地域をいう。以下同じ。）（個人の権利利益を保護する上で我が国と同等の水準にあると認められる個人情報の保護に関する制度を有している外国として個人情報保護委員会規則で定めるものを除く。以下この条において同じ。）にある第三者（個人データの取扱いについてこの節の規定により個人情報取扱事業者が講ずべきこととされている措置に相当する措置を継続的に講ずるために必要なものとして個人情報保護委員会規則で定める基準に適合する体制を整備している者を除く。以下この条において同じ。）に個人データを提供する場合には，前条第一項各号に掲げる場合を除くほか，あらかじめ外国にある第三者への提供を認める旨の本人の同意を得なければならない。この場合においては，同条の規定は，適用しない。」

(75)　岡田俊明「『税務行政支援法制』論の批判的検討」青山法学論集51（1・2）251-280頁（2009）。

わが国では，情報交換要請に関してほとんど争われてこなかったが(77)，東京地判平成29年2月17日裁判所ウェブサイトでは，租税条約に基づいてわが国が行う情報要請行為の処分性が問題となった。租税条約に基づいてわが国が行う情報要請行為は，条約の要件を満たす場合に相手国当局に情報提供義務を生じさせるものではあるが，「国民を名宛人とするものではなく……他の行政機関に対する内部的な依頼に類似する行為であるということができ，情報要請行為それ自体により，国民（外国法人を含む。以下同じ。）に対して何らかの作用や法律上の効果を及ぼすもので」はない。「我が国が要請国としてした情報の要請に被要請国が応じるか否かは，本件各租税条約上の要件に適合するか否かについての被要請国の権限ある当局の判断に委ねられており，その適合性の有無について，要請国である我が国の当局が被要請国の当局との間で協議を行う余地があるにしても，最終的には被要請国の当局における本件各租税条約の解釈と適用に委ねられていると解されるから，当然に，被要請国が要請された情報を提供すべきことになるわけではない」。「具体的にいかなる方法で当該情報を入手，提供するかについては，被要請国の国内法令の定めと当局の決定に委ねられて」おり，「情報要請行為がされたからといって，当該要請のされた情報の関係者に対して被要請国において必然的に義務が課されることになると考えるのは早計であって，このように被要請国において義務が課されることが必然であるといえない」。従って「国民の権利義務を形成し又はその範囲を確定することが法律上認められて

(76)　OECDは税務上交換される情報の守秘義務に係るガイダンス（“Keeping It Safe”）を発表し，例えば，守秘義務が侵害された場合の法的制裁措置を講じることを提案しており，当該ガイダンスにもとづく手続きを推奨している。OECD, *A step change in tax transparency Delivering a standardised, secure and cost effective model of bilateral automatic exchange for the multilateral context* (2013)：8, http://www.oecd.org/ctp/exchange-of-tax-information/taxtransparency_G8report.pdf（2018年11月20日最終閲覧）。

(77)　スイスの事例として，川田剛「租税条約に基づく情報交換要請がいわゆる『情報あさり』に該当するとされた事例　スイス行政裁判所2014年10月7日判決（AT1606／2014)」月刊税務事例48巻2号（2016）。

いるものに該当するとはいえ」ないとして，情報提供行為の処分性は否定された(78)。

わが国では，課税当局が国際的な情報交換を行う場合，関係者に対する通知の規定すらないことが指摘されている(79)。金融機関の顧客は，情報交換に際して過誤があった場合，税務当局との関係において，わが国の法令に基づいて何らかの手続的保障を主張できる段階にはない(80)。また，資料収集の要請は個人のプライバシーあるいは財産上の秘密を保護する要請との調整

(78)　本件は，「日本で成功した企業グループの創業者夫婦は，グループ全体の持株会社X1をオランダで設立し，X1社株式をオランダで設立した別の財団（創業者が理事として支配権を有している）に預託し，株式預託証書の交付を受けた。その後この株式預託証書は創業者の子であるX2（シンガポール永住権を取得している）がシンガポールに設立した資産運用会社X3に譲渡されたが，その後X1株式が上記財団に譲渡されたため，同財団がX1の単独株主となっている。このような事実関係の下，税務当局は創業者一族に対する所得税・相続税の調査を開始し，その一環としてX1ないしX3に関する情報提供を求めたが拒否されたため，国税庁は日星租税協定および日蘭租税条約に基づき，2012年11月，国際業務課長名でシンガポール当局・オランダ当局に，それぞれ情報提供を要請した。要請を受けた両当局はそれぞれの国において，X1ないしX3に対する調査手続を開始した。なおX2・X3はシンガポール当局の申立に基づいて裁判所が発した情報提出命令に対して取消を求めたが斥けられている。創業者一族が日本の所轄税務署に情報提供要請の撤回を求めたが斥けられたため，X1ないしX3が原告となり，情報交換要請の取消および原告らに係る情報を交換されない地位を有することの確認等を求めて訴訟を提起した」事例である。「情報提供要請の段階で法的統制に服させる必要があるのはどのような場合か（その手段としての「処分性」の認定），という観点から，処分性に関する議論を参照しつつ，さらに検討を深める必要」があるとし，また，国賠違法の審査の前提条件となる情報要請に際しての（要請国としての）税務職員の職務上の法的義務に関して「国際的租税情報交換の場面でも，少なくとも国内における質問検査権の行使要件と同等の審査が及ぶべきとしている点で，肯定的に評価できる」とするものに，藤谷武史「課税目的の情報交換制度のグローバル化と国内裁判所の役割」社会科学研究69巻1号66-69頁（2018）。

(79)　増井良啓「課税情報の交換と欧州人権条約」法学新報123（11・12）354頁（2017）。漆さき「国際的情報交換において被要請国での情報収集過程が日本の課税に与える影響」論究ジュリスト27号210-214頁（2018）。

(80)　武田涼子「共通報告基準（CRS）に基づく自動的情報交換（AEOI）をめぐる租税手続法に係る法的問題について－金融機関の過誤による法的責任と情報主体の権利保護を中心として－」税務事例研究157号53頁（2017）。

といった問題もある[81]。納税者保護の視点からは，立法上の措置が必要と考えられる。

Ⅳ　自発的な申告の促進

1　税務申告のデジタル化

わが国では，近時のICT技術の進展により，複数の手続きがワンストップで可能になるなど，行政と国民の効率性が飛躍的に高まるとともに，税務申告のデジタル化が進展すると予想される。平成31年1月から個人納税者のe-Tax利用をより便利にするための方策が講じられる。具体的には，スマートフォンによって簡易な確定申告ができるようになる。一つは，　マイナンバーカードを用いてマイナポータル経由又はe-Taxホームページなどからe-Taxへログインし，e-Taxの利用を開始し，申告等データの送信ができる方法である。もう一つは，ID・パスワード方式で，マイナンバーカードを保有していない場合，税務署で職員との対面による本人確認に基づいて税務署長が通知した「ID・パスワード方式の届出完了通知」に記載されたe-Tax用のID・パスワードのみで，国税庁ホームページの「確定申告書等作成コーナー」からe-Taxに送信する方法である。わが国では，マイナンバーがまだ普及していないことから，かかる二つの方法が採用されている。

諸外国では，電子申告，記入済み申告書制度が浸透しており[82]，プラッ

(81)　荒川浩平「プライバシーの権利と税務調査－納税者番号制導入の検討を機会に－」税大論叢13号93頁（1979）。金子宏「税務情報のプライバシー－納税者番号制度を視野に入れて」金子宏編『所得税の法と政策』241頁（有斐閣，1996年，初出1994年）。西本靖宏「租税情報の保護と開示－アメリカ内国歳入法典6103条を参考として－」法学新報123（11・12）325頁（2017）。

(82)　矢内一好「諸外国の電子申告の現状」税研147号36-41頁（2009）。高野幸大「電子申告」租税法研究27号16-30頁（1999）。わが国における情報通信技術の発達への税務行政の対処は，「情報通技術を用いた納税者利便性の向上に重点が置かれ，課税庁による情報取得方法の高度化がやや立ち遅れている」と指摘するものに，佐藤英明「情報通信技術の進展と税務行政：沿革と現状」論究ジュリスト26号75頁（2018）。

トフォーム事業者を通じて収集された課税情報が記入済申告書に反映する仕組みが構築されている国もある。

フランスの記入済申告書制度では，DGFiP（公共財政総局）が集められた情報のマッチングを行う。DGFiP は，納税者の氏名・生年月日・出生地・社会保障番号（NIR）等の様々な個人情報を把握しているが，例えば金融機関は，顧客の氏名・生年月日・住所等の一部の情報しか把握していない。そのため DGFiP は，金融機関等が DGFiP に提出したデータと，自らのデータベースをマッチングする必要があり，マッチングが困難と判断された情報は，記入済申告書には記入されないまま納税者に送付される。プラットフォーム事業者は，プラットフォームを通じて消費者に課金する金額，源泉徴収税額などを提供し，年次計算書を消費者に提供しなければならず，直接，税務当局へ情報を報告する措置が講じられている(83)。

エストニアは一部のオンラインプラットフォームからの自発的な報告を可能にしており，消費者にデータを送付し事前申告を可能にすることで，所得の確認を簡単にすることができる。シェアリングエコノミーの対応について，2017 年から，UBER が，運転手の同意の下，その運転手の収入情報を国税庁に提供し，国税庁が記入済申告書に反映する仕組みを導入している(84)。

オランダでは，電子申告，記入済み申告書，所得情報登録制度（BRI：Basisregistratie Incomen）があり，各政府機関の電子的サービス（社会保障関係の諸手続，住民票の申請，違法駐車料金の支払い等）を利用する際に電子認証シス

(83)　政府税制調査会「海外調査報告（フランス，イギリス）」（2017）［http://www.cao.go.jp/zei-cho/gijiroku/zeicho/2017/29zen10kai13.pdf（2018 年 11 月 20 日最終閲覧）］。フランスでは第三者報告義務が導入されており，プラットフォームの事業者は，毎年，プラットフォーム上で，またはプラットフォームの仲介を通じて実現した総収入を DGFiP に報告する義務を負う。Airbnb，Uber，Drivy，BlaBlaCar，Leboncoin などのプラットフォーム企業を対象として報告義務が課されている。Lukasz Stankiewicz, National Report：FRANCE（2018）. http://www.eatlp.org/uploads/public/2018/National%20Report_France.pdf（2019 年 1 月 15 日最終閲覧）。

(84)　政府税制調査会・前掲注（58）。

テム DigiD が使用される。オランダ政府が推進する電子政府プロジェクト（e-Overheid）の下，行政手続のワンストップサービスの一環として，所得情報登録制度がある。税務当局は，納税者の所得情報を一元管理し，その情報の正確性を保証する[85]。

スウェーデンでは，社会保険料と税金は国税庁（税務署）が一体として徴収している。年金保険料の徴収記録は国税庁から社会保険庁に電子伝送されており，両庁のデータベース間に“no-match”はほとんど生じず，個人番号を利用した照合と伝達がスムーズに行われている[86]。

ベルギーでは，2016 年に，売上が 5,000 ユーロ未満のサービス提供者に新たな税法を導入した。適格プラットフォームは，総額の 10% を源泉徴収し，サービス提供者は年次報告書を受け取る[87]。

電子申告，記入済み申告書制度が既に導入されている国については，今後，プラットフォーム事業者等を通じて収集された課税情報が電子申告，記入済み申告書に反映される可能性がある。

2　税務申告と本人確認

納税義務者の情報に関して最も根幹となる情報は本人情報である。わが国の税務申告における本人確認の義務化は遅れている。会計検査院は，競馬の払戻金の支払の際に本人確認を行う仕組みが整備されていないことなどから，納税者において，競馬等の高額な払戻金を得た場合に申告を行うようにすることが定着していないと指摘している[88]。米国では，本人のなりすましに

---

(85)　石崎靖浩「オランダの税務行政と税制の概要」税大ジャーナル 15 号 164-165 頁（2010）。

(86)　高山憲之「スウェーデンにおける税と社会保険料の一体徴収および個人番号制度」（2008）。http://takayama-online.net/Japanese/sweden0804.pdf（2018 年 11 月 20 日最終閲覧）。

(87)　Cécile Remeur, *The collaborative economy and taxation Taxing the value created in the collaborative economy*（2018）: 19, http://www.europarl.europa.eu/RegData/etudes/IDAN/2018/614718/EPRS_IDA(2018)614718_EN.pdf（2018 年 11 月 20 日最終閲覧）。

よる税の不正還付等があったことから，税務システムの改善が図られている(89)。わが国では，社会保障・番号制度（マイナンバー制度）の導入に伴い，平成28年1月から，申告書や一部の申請書等にマイナンバー（個人番号）の記載をするとともに，マイナンバーを記載した申告書を提出する際の本人確認が義務付けられた(90)。国税に関する法律に基づき税務署長その他の行政機関の長又はその職員に申告書，申請書，届出書，調書その他の書類を提出する者は，当該書類にその氏名，住所又は居所及び番号（番号を有しない場合は，その氏名及び住所又は居所とされる場所）を記載しなければならない（国税通則法124条）。

マイナンバーの提供を受ける際は，なりすましを防止するため，番号法において厳格な本人確認が義務付けられていることから，マイナンバーを記載した申告書を税務署等へ提出する際には，その都度，税務署等で本人確認を行う。本人確認には，申告書等に記載されたマイナンバーが正しい番号であることの確認（番号確認）と，申告書等を提出する者が番号の正しい持ち主であることの確認（身元確認）が必要である。

原則として，以下の方法で本人確認を行う。

①　マイナンバーカード（個人番号カード）（番号確認と身元確認）

---

(88)　会計検査院「競馬等の払戻金に係る所得に対する課税状況について」[http://www.jbaudit.go.jp/report/new/summary29/pdf/fy29_tokutei_02.pdf（2018年11月20日最終閲覧）]。

(89)　柏木恵「米国におけるID窃盗となりすまし不正還付の問題－消費税増税とマイナンバー導入後を見据えて－」[http://www.canon-igs.org/column/pdf/120726_kashiwagi2.pdf（2018年11月20日最終閲覧）]。

(90)　平成30年1月31日現在，東京地方裁判所，横浜地方裁判所，新潟地方裁判所，大阪地方裁判所，名古屋地方裁判所，金沢地方裁判所，福岡地方裁判所，仙台地方裁判所にて，マイナンバー制度の施行により，憲法13条で保障されたプライバシー権（自己情報コントロール権）が侵害されると主張して，国に対し，(1) プライバシー権に基づく妨害排除及び妨害予防請求として，原告らの個人番号の収集・保存・利用及び提供の禁止並びに削除を求めるとともに，(2) 国家賠償法に基づき損害賠償（1人当たり11万円）を求めている。法務省「マイナンバー訴訟」[http://www.moj.go.jp/shoumu/shoumukouhou/shoumu01_00059.html（2018年11月20日最終閲覧）]。

② 通知カード（番号確認）と運転免許証（身元確認）

③ マイナンバー（個人番号）が記載された住民票の写し（番号確認）と運転免許証（身元確認）

自宅等からe-Taxで申告書を提出する際は，電子証明書などで本人確認が行われる。しかし，マイナンバーを記載した申告書を提出する際のマイナンバーの記載及び本人確認の義務付けには罰則がない。

今後，電子申告が本格的に実施するに伴い，税務行政においても更なる本人確認の厳格化が必要となるが，無申告者については本人確認を求めることができないという問題がある。

3 収入情報から経費・所得控除情報へ

所得税法は，正当な理由なしに確定申告書を確定申告期限内に提出しない行為については，無申告加算税に加えて刑罰（1年以下の懲役又は50万円以下の罰金）を科すこととしている（所得税法241条）。

平成28事務年度における所得税無申告者に対する実地調査（特別・一般）の調査件数は，7,612件で1件当たりの申告漏れ所得金額は，1,847万円，実地調査（特別・一般）全体の申告漏れ所得金額918万円の約2倍となっている(91)(92)。申告漏れの金額や無申告の調査件数からすると，無申告における納税義務者のコンプライアンスの水準は決して高くないと考えられる。

納税申告の性質については，課税要件事実を確認し，法律の規定に基づき

(91) 国税庁「無申告者に対する調査状況」[https://www.nta.go.jp/about/organization/sapporo/release/29/shotoku_shohi/sanko04_02.htm（2018年11月20日最終閲覧）]。

(92) 「平成28事務年度における所得税及び消費税調査等の状況」によると，所得税の実地調査のうち「特別調査・一般調査」は49,012件で前事務年度に比べ2.0％増加し，「着眼調査」は21,226件と前事務年度から18.1％増加した。しかし「簡易な接触」は576,906件で前事務年度から1.3％減少した。所得税調査等の全体の件数は647,144件と前事務年度から0.5％減少し，過去5年間で最も低い件数であった［https://www.nta.go.jp/information/release/kokuzeicho/2017/shotoku_shohi/sanko01.htm（2018年11月20日最終閲覧）]。

確定した税額を政府に通知するという性質にすぎないとする説（通知行為説）と納税申告が納税義務者の自主的な行為であることを重く見て，申告行為を納税義務者の意思表示と見る説（意思表示説）とがある[93]。納税義務者自らが，課税要件事実である課税標準等を算定した上で，これを確認し，確定させて通知することから，納税申告の性質は，観念の通知と意思の通知の両者を兼ね備えた複合説が妥当であると考えられる。無申告の納税義務者の自主的な行為を促すためには，納税義務者が自らの課税要件事実を確認し，法律の規定に基づき確定することが必要になる。

KSK システムは，全国の国税局と税務署をネットワークで結び，申告・納税の実績や各種情報を入力することにより，国税債権等を一元的に管理するとともに，これらを分析して税務調査や滞納整理に活用するなど，地域や税目を越えた情報の一元的な管理により，税務行政の根幹となる各種事務処理の高度化・効率化を図るために導入されたコンピュータシステムである[94]。国税関係業務は，申告書等の収受，申告書の処理，申請書・届出書等の処理，納税者管理，収納・還付，滞納整理，調査・指導，犯則の取締り，資料情報の収集・管理，税務一般に関する相談等の業務により構成されている。これらの一連の業務には，KSK システム国税電子申告・納税システム（以下「e-Tax」という。），集中電話催告システム，タックスアンサーシステム等のシステムが利用されている。

国税庁は，国税情報システム内に蓄積された納税者の申告データや法定資料をはじめとする各種資料情報等を，システムを使って分析することにより，個々の納税者に対する調査の必要性の判定等を行っている。将来的には，申告内容を，マイナンバーや法人番号をキーとして，国税当局が保有する資料情報データ等とシステム上でチェックすることにより，申告漏れの所得・資産の有無や税法の適用誤りの有無等を効率的に把握することができるように

(93)　池本征男「申告納税制度の理念とその仕組み」税大論叢 32 号 46 頁（1998）。
(94)　[https://www.nta.go.jp/taxes/tetsuzuki/mynumberinfo/kokuji/tokutei_hyouka.htm（2018 年 11 月 20 日最終閲覧）]。

なると考えている。例えば，所得税では様々な取引等に関する情報と申告内容をシステム上で自動的にマッチングさせることで，申告漏れ所得・財産をより迅速かつ効率的に把握することが可能になると考えられている(95)。

しかし，税務情報の収集と電子申告とのマッチングは主として収入にかかる情報である。今後，個人が自発的に申告するような仕組みとするためには，収入にかかる情報はもちろんであるが，経費や所得控除にかかる情報を自己申告するような仕組みが望まれるのではないか。シェアリングエコノミーの発展は，コンプライアンスに基づいた税務行政のあり方を促している(96)。無申告については，無申告加算税が課されるのであるが，申告納税制度の下で真摯に納税義務を履行する納税者にやみくもに租税法上の制裁規定を発動すべきではなく(97)，納税者間の公平を維持しつつ，自らが正しく申告する

---

(95) 国税庁「税務行政の将来像～スマート化を目指して～」(2017年6月23日)[https://www.nta.go.jp/information/release/kokuzeicho/2017/syouraizou/index.htm (2018年11月20日最終閲覧)]。

(96) Clement Migai, Julia de Jong, and Jeffrey Owens, "The Sharing Economy: Turning Challenges into Compliance Opportunities for Tax Administrations." https://www.business.unsw.edu.au/About-Site/Schools-Site/Taxation-Business-Law-Site/Documents/The-sharing-economy-turning-challenges-into-compliance-CM-JdJ-JO.pdf (2018年11月20日最終閲覧)。

(97)「納税者側も，国が時折，納税者の誠実性を検査するのであるから，検査を受けるまでは，強い法令遵守の必要がないという倫理観（税務調査がなければ納税の適正さを欠くこと）が納税者の『こころ』を支配するのはなぜであろうか。……問題の核心は，国家権力がその権力行使のプロセスで，納税者間の公平を維持することができないため，納税者を失望させていることにある。……申告納税制度の下で真摯に納税義務を履行する納税者にやみくもに租税法上の制裁規定を発動すべきではない。人間には誰しも『過ちはある。』のである。」と指摘して，そのような租税倫理観を尊重する制度の構築に税理士が寄与する必要があるとして，納税者のコンプライアンス向上に果たす税理士の役割について言及するものとして，川股修二「税理士制度と納税環境整備 (6) －税理士法33条の2の機能－」北大法学論集64巻3号61頁 (2013)。租税行政の「公権力性は，単に大量事務の公正・確実且つ迅速な遂行を確保すべき必要性から法律に附与されているものにすぎず（いわゆる形式的行政行為），警察行政や規制行政の領域における法治国秩序を維持するために不可欠の要請として承認され得る公権力性とは，本質的に異なる」とするものに，塩入みほも「租税法律関係と行政行為」木村弘之亮・酒井克彦編『租税正義と国税通則法総則』505-506頁（信山社，2018）。

仕組みの構築が必要である。

ま　と　め

納税者情報の提供義務については，これまでは取引の当事者に質問検査権を根拠として行われ，収入にかかる情報の収集を中心として制度が構築されてきたところである。シェアリングエコノミー取引においては，サービス提供者の所得課税のための納税者情報が必要である。プラットフォーム事業者は取引の情報を保有していることから，反面調査の対象となり得るが，納税義務者以外の者への質問検査の受忍義務に基づく調査には限界がある。プラットフォーム事業者はなりすましによる犯罪防止の観点から本人確認が必要であるから，マイナンバーを活用した課税情報の提供をプラットフォーム事業者に負わせることは技術的に可能である。しかし，プラットフォーム事業者はあくまでも仲介者に過ぎず，過度の義務を負わせるべきではなく，従来型のビジネスとの均衡を考慮する必要がある。また，プラットフォーム事業者から提出された情報は，課税庁によって，情報交換に供される可能性もある。その場合，納税義務者のプライバシーを侵害する可能性や権利救済の点で問題となることが考えられる。したがって，所得税の納税義務者であるサービス提供者の自発的な申告を促進することが重要であり(98)，そのためには，納税義務者からの収入中心の申告制度だけでなく，経費や所得控除を中心とした申告制度への転換が必要である。

(98)　吉村政穂「租税法における情報の意義－質問検査権の行使により取得した情報の流用を素材に」金子宏編『租税法の発展』172-173頁（有斐閣，2010）。

第6章　租税逋脱犯の諸問題

早稲田大学博士課程・弁護士　伊藤　秀明

Ⅰ　はじめに

租税は国（地方公共団体）の財政収入の根幹であり，国の政策遂行にとって不可欠の財源である。それゆえ国民には納税の義務が定められ（憲法30条），納税者は正当な，時機に適った納税をする義務を負っている。そして，納税者が税負担を納得するためには，何よりも納税義務者間の「負担の公平」が確保され，それが租税制度を貫く基本的原則とされなければならない(1)。

もし納税者が脱税により納付すべき税金の一部あるいは全部を免れたならば，その分だけ他の善良な納税者に負担をしわ寄せすることになり，税負担の公平が損なわれ，国民の共同生活上の利益を害することとなる。そこで，法は脱税行為について厳しい制裁，特に自由刑を含む刑事罰を科している(2)。国税庁も国税査察制度に関してではあるが，「税務行政の一環として大口・悪質な脱税者に対する刑事責任を追及して，その一罰百戒の効果を通じ納税道義の高揚を図ることにより申告納税制度の維持と健全な発展」を図るとし

(1)　藤木英雄『行政刑法』（学陽書房・1976年）323頁。
(2)　藤木・前掲注（1）324頁。

ている[3]。

確かに脱税は違法性の強い行為であり，厳しく取締まる必要があることに異論はないであろう。しかし他方で，税務調査や犯則調査，さらには捜査の対象となる納税者（国民）の権利にも配慮が必要であろう。訴追や立証の容易さを図るために適正な手続が軽んじられる危険性はないだろうか。国民が刑罰の威嚇の下に晒されていることを忘れてはならない。国税当局の正義感，責任感には敬意を払うべきであるが，「一罰百戒」的な処罰を図ることに危険性はないであろうか。本稿の問題意識はそうした点にある。

そこで，以下では，租税逋脱犯の体系を示し，従来学説・判例で議論されてきた点を指摘し（Ⅱ），租税逋脱犯の故意について検討するとともに（Ⅲ），近時の立法・法改正について問題点はないか，さらには今後の法改正について何が問題で必要か（Ⅳ，Ⅴ，Ⅵ），をそれぞれ検討していくこととする。

国税犯則取締法は平成30年4月1日に廃止された。そこで以下の論述では「旧国税犯則取締法（又は旧国犯法）」とし，対応する国税通則法は「新国税通則法（又は新通則法）」と表記する。

Ⅱ　租税逋脱犯の概観

1　租税逋脱犯の概観

まず，本論に入る前提として，租税逋脱犯の体系について概観しておく[4]。

租税犯とは，個々の租税の賦課，徴収，納付に直接関連する犯罪をいう。刑罰（租税罰）が科される犯罪という点で附帯税と区別される。

租税犯は，(A)租税請求権を直接侵害する行為である脱税犯（広義の逋脱犯）と，(B)直接には租税収入の減少をもたらさないが，租税請求権の正常な行使

---

(3)　国税庁「最近10年の動き　平成11年7月から平成21年6月」（国税庁ホームページ）85頁以下。

(4)　金子宏『租税法　第22版』（弘文堂・2017年）1051頁以下，清永敬次『税法　新装版』（ミネルヴァ書房・2013年）335頁以下。

を阻害する危険のある行為としての租税危害犯とに大別される。

(A)脱税犯は，逋脱犯（狭義の脱税犯等），間接脱税犯，不納付犯，滞納処分免脱犯等からなり，(B)租税危害犯は，単純無申告犯，不徴収犯，検査拒否犯等からなる。

さらに，逋脱犯（狭義の脱税犯）は，脱税工作（所得秘匿工作）の有無により，脱税工作のある虚偽過少申告逋脱犯，虚偽無申告逋脱犯と，脱税工作のない単純無申告逋脱犯とに区別される。本稿で脱税犯という場合，逋脱犯（狭義の脱税犯）をいうものとする[5]。

租税犯の体系

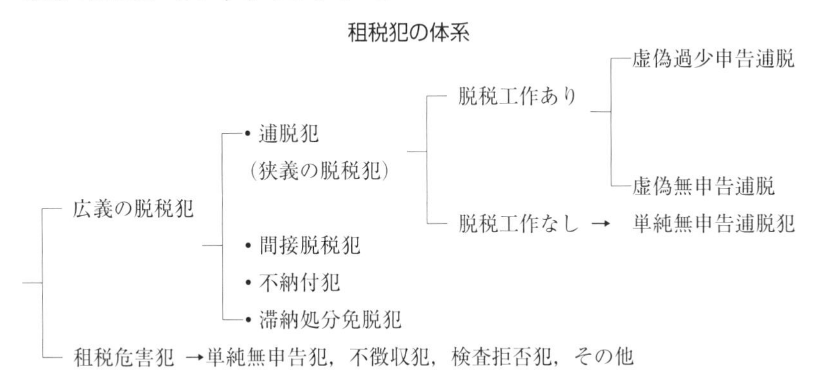

2　租税逋脱犯の問題点

(1)　従来からの論点（概観）

租税逋脱犯（租税刑法）に関しては，従来学説，判例において概要以下のような点が議論されてきた。

①逋脱犯の成立時期（既遂時期）についての確定時説と納期説[6]，②所得

---

(5)　逋脱犯とは，納税義務者または徴収納付義務者が偽りその他不正の行為により，租税を免れ，またはその還付を受けたことを構成要件とする犯罪をいう。金子・前掲注（4）1052頁。

(6)　金子・前掲注（4）1053頁，清永・前掲注（4）337頁，芝原邦爾『経済刑法研究　下』（有斐閣・2005年）862頁。芝原・同は，判例・実務も納期説によっている，とする。

秘匿工作（「偽りその他不正の行為」）を実行行為に含めるか否かについての，いわゆる包括説と制限説の対立がある[7]。この問題は，所得秘匿工作に関与した者の，共犯の成立範囲の理解にも関係するものである。これとやや関係するが，③納税義務者以外の逋脱犯の成否につき，両罰規定により正犯とされる場合と両罰規定によらず共犯とされる場合の問題とがある。

さらに，④租税犯は故意犯であるから，成立のためには構成要件に該当する事実の認識が必要である（刑法38条1項）が[8]，行為者にどの程度の認識が必要であるか，について個別的認識説と概括的認識説とが対立している[9]。個別的認識説は，逋脱犯においては脱漏所得のうち逋脱の故意を伴う秘匿所得のみが刑罰の対象になるとの見解であるのに対し，概括的認識説は，所得及び税に対する故意の成立のためには，何がしかの所得及び税が存することの認識をもって足り，個々の収益，損費の個別的な認識は不要とする見解である[10]。

その他，⑤逋脱の意図で更正の請求をした場合，減額更正されなくとも既遂となるか，という実際の損害の必要性，⑥罰金額，追徴・没収などの罰則等のあり方，⑦通告処分の問題点，等々検討されるべき点は多い。

⑵ 近時の改正とその問題点

上述のように，租税逋脱犯については検討すべき問題点が多い中，平成

---

(7) 金子・前掲注（4）1053頁，清永・前掲注（4）337頁，芝原・前掲注（6）856頁。包括説とは，事前の所得秘匿工作と過少申告又は無申告の両者を含めて不正の行為と解するのに対し，制限説は，虚偽過少申告逋脱犯について①事前の所得秘匿工作は②過少申告の準備行為に過ぎず②のみが不正の行為であり，虚偽無申告逋脱犯については①が不正の行為である，とする。包括説と制限説についての判例，学説については，浅田和茂「青色申告承認の取消と逋脱罪の成否」法学雑誌36巻3・4号（大阪市立大学・1990年）349頁以下に詳しい。

(8) 金子・前掲注（4）1057頁。

(9) 金子・前掲注（4）1057頁。

(10) 個別的認識説と概括的認識説についての学説，判例については，浅田・前掲注（7）370頁以下，小島建彦「直税法違反事件の研究」司法研究報告書（第24輯第2号・1979年）108頁以下に，それぞれ詳しい。

23年6月改正により，単純無申告逋脱犯が新設された。これは故意に確定申告書・修正申告書等を法定期限までに提出しないことにより租税を免れることを構成要件とする犯罪である（所得税法238条3項，4項，法人税法159条3項，4項等）[11]。

従来の単純無申告犯（所得税法241条，法人税法160条等）の中にも違法性が強く，逋脱に当たると考えられるものがあるため，単純無申告犯と区別し，より重い刑罰に処するために新設された[12]，といわれている。

しかし，法文上，「偽りその他不正の行為」を要求していないため，その実行行為が不明確であること，そのため単純無申告犯との区別が曖昧となり処罰の拡張をもたらす危険性があること，行為者の主観による処罰を導く可能性があること等，問題がある。

また，平成29年の改正で，通告処分が旧国税犯則取締法（以下「旧国犯法」という。）から新国税通則法（以下「新通則法」という。）に編入された[13]。通告処分とは，国税局長，税務署長又は税関長が，犯則事件の調査により犯則の心証を得たときは，犯則者に対して，一定の例外に該当する場合を除き，その理由を明示して，罰金に相当する金額等を指定の場所に納付すべきことを通告することをいう（旧国犯法14条1項，2項，関税法138条1項，新通則法157条1項）[14]。通告処分は，これに従うか否かは犯則者の任意であり，犯則者が通告の旨を履行したときは，同一の事件について公訴を提起されることはない（旧国犯法16条1項，関税法138条4項，新通則法157条5項）。犯則者が通告の旨を履行しないときは，国税局長等が告発の手続をとり（旧国犯法17条1項，関税法139条，新通則法158条），事件は刑事手続に移行するものとされている。

---

(11)　金子・前掲注（4）1055頁。
(12)　金子・前掲注（4）1055頁。
(13)　基本的な制度の変更はなく，ほぼそのままの形で維持されており，また，関税法の通告処分は手つかずのままである。なお，主な改正点（予定）については，金子・前掲注（4）1070頁。
(14)　金子・前掲注（4）1067頁。

通告処分がはじめて採用されたのは，明治23年の間接国税犯則者処分法においてであり，明治33年の全面改正により現在の形をとるに至った。その後，昭和22年の改正，さらに昭和23年に名称が「国税犯則取締法」に改正され，間接国税の犯則調査のみでなく直接国税の犯則調査もこの法律によって行われることとなった(15)。

通告処分については，その合憲性，間接国税についてのみ通告処分を採用することの合理性，取消訴訟の可否が問題とされてきたが(16)，さらに，改正に当たり，①通告件数が激減していること，②被通告者の救済手続の不備，③通告金額の基礎が不明確であること，さらに通告処分の性格も問題点として指摘されている(17)。

3　小　　括

本稿では，租税逋脱犯の体系を示し（Ⅱ），従来学説・判例で議論されてきた諸問題を指摘するとともに，近時無申告逋脱犯が創設されたこと，国税通則法が改正されたこと，それぞれに問題点があることを示した。

そこで以下においては，租税逋脱犯の故意について概観し（Ⅲ），無申告逋脱犯（Ⅳ）と通告処分の諸問題について検討を加え（Ⅴ），最後に税務調査と犯則調査との関係についても言及したい（Ⅵ）。

Ⅲ　租税逋脱犯の故意－個別的認識説と概括的認識説

1　故意の認識対象と程度

前述したように，逋脱犯の故意については(18)，行為者にどの程度の認識

(15)　金子・前掲注（4）1068頁，1071頁。なお，通告処分の沿革については，小林敬和「通告処分の問題点－間接国税犯則行為と交通反則行為を参考にして－」高岡法学第15巻1＝2合併号（2004年）49頁以下が詳しい。

(16)　金子・前掲注（4）1068頁。

(17)　上西左大信・佐藤英明・笹倉宏紀「国税犯則取締法改正」税研193号（2017年）13頁（佐藤英明発言）。

が必要であるかについて，個別的認識説と概括的認識説とが対立している。具体的には，納税者が本来脱税しようとした金額と現実に申告書を提出して（あるいは提出しないで）脱税した金額とに食い違いが生じた場合に，どこまでが偽りその他不正の行為による脱税額と認めてよいか，言い換えれば，偽りその他不正の行為で税を免れる故意があった以上，実際の脱税額についての認識に相違があっても全額を故意による逋脱と認めてよいかどうか，の問題である[19]。

⑴　認識の対象

故意が成立するためには，構成要件に該当する客観的事実の認識が必要である[20]。所得税，法人税の逋脱犯については，所得の存在についての認識が必要であり，その認識が無い場合には逋脱犯は成立しない[21]，というべきである。そして，所得の一部についてのみ認識を有する場合には，認識の無い部分についてまで逋脱犯の成立を認めることは責任主義（刑法 38 条 1 項）の見地から，困難であると解すべきである[22]。

---

(18)　刑法 38 条は，「罪を犯す意思がない行為は，罰しない。ただし，法律に特別の規定がある場合は，この限りではない。」と定め，原則として故意行為のみを処罰し，過失による行為を処罰するのは，法律に特別の規定のある場合に限っている。刑法 8 条では，この法律の総則規定は，他の法律で刑を定めたものにもまた適用するとしており，したがって，行政刑法においても故意行為のみを処罰するのが原則である。福田平『行政刑法　新版』（有斐閣・1978 年）153 頁，藤木・前掲注（1）73 頁。

(19)　藤木・前掲注（1）332 頁。故意に基づく所得秘匿工作とは無関係に，故意によらない収入のつけ落とし，あるいは思い違いによる必要経費ないし損金の計算違いなどによって，客観的に負担する税額と申告税額との間に齟齬が生じた場合等がある（藤木・同左・333 頁）。山口雅高「直接国税ほ脱犯の故意と責任の範囲」『現代裁判法大系 30［刑法・刑事訴訟法］』（新日本法規出版・1999 年）288 頁，飯田喜信「租税ほ脱犯における故意」（小林充・植村立郎編『刑事事実認定重要判例 50 選（上）』（立花書房・2006 年））139 頁。なお，この問題は，従来，故意の認識の「対象」と「程度」とを明確に区別せずに論じられてきたように思われる。

(20)　福田平『全訂　刑法総論　第 3 版』（有斐閣・1996 年）108 頁，高橋則夫『刑法総論　第 3 版』（成文堂・2016 年）174 頁等。

(21)　金子・前掲注（4）1057 頁。

(22)　金子・前掲注（4）1057 頁。

⑵ 認識の程度

では，行為者にどの程度の認識があれば逋脱犯の故意があるといえるだろうか。今一度，個別的認識説と概括的認識の主張を紹介し，検討を加えていくこととする。

個別的認識説は，脱漏所得のうち逋脱の故意を伴う秘匿所得のみが刑罰の対象となるとする。この見解は，秘匿の認識の有無を個々の所得秘匿行為，所得金額算定の基礎となる個々の勘定科目の点について考え，脱漏所得金額を故意のある部分と故意の無い部分とに区分する(23)。

これに対して，概括的認識説は，所得及び税に関する故意の成立のためには，何がしかの所得及び税が存することの認識（いわゆる概括的認識）をもって足り，個々の収益，損費の個別認識は要件ではない。すなわち，「税を免れる」とは国が収納すべき客観的な租税債権の侵害を意味し，ここに客観的な租税債権とは客観的に正当な所得に基づいて計算されるものであるから，その認識（故意）の成立があるというためには，申告所得を超える何がしかの所得が存することを概括的に認識すれば足り，個々の勘定科目，会計的事実の認識は所得算出の手続上必要なものであるが，それ自体個々的な故意の内容をなすものではない，とする見解で(24)，逋脱の結果に対する概括的認

(23) 河村澄夫「税法違反事件の研究」司法研究報告書（第4輯第8号・1954年）247頁は「一定の脱税結果が発生したとしても，それが一定の不正行為を原因としてその結果として発生したものでなければならないし，他方一定の不正行為が当該逋脱犯の実行行為となるためには，それが脱税結果の発生に対して原因力を有するものでなければなら」ず，それは「一方において脱税結果の範囲すなわち脱税額を決定する基準となるとともに，他方において，実行行為としての不正行為の範囲を限定する尺度ともなる」という。また，板倉宏「租税犯における故意（中）」判例タイムズ194号（1966年）32頁は，「収益の税法上の益金性，損費の税法上の損金性は，逋脱犯の本質的な構成要件要素である納税義務を基礎づけるところの所得の形成要素としての収益・損失の法的属性であるから，その認識は，逋脱犯の構成要件的故意の成立のために必要である」とする。

(24) 小島・前掲注（10）108頁，山口・前掲注（19）297頁，羽渕清司「租税ほ脱犯における故意」（小林充・香城敏麿編『刑事事実認定－裁判例の総合的研究－上』（判例タイムズ・2006年））77頁，金子・前掲注（4）1057頁。

識があれば脱漏所得全部が刑罰の対象になるとする[25]。

2 検　　討

概括的認識説に立ちつつも，「行為者において客観的に予見が不可能か到底これを期待し得ない特別事情がある場合は，この部分については不正行為と結果との因果関係を欠くものとして，脱税額から除かれる」とする見解[26]，所得秘匿行為と脱税の結果との間の因果関係の存否により逋脱犯の成立範囲を律し，結果的に個別的認識説と同じ結論を導こうとしている裁判例があることから[27]，両者の対立は多分に理論的なもので実際の適用においてはさほど違いはないのかもしれない[28]。

しかし，概括的認識があれば故意は全額に及ぶとする見解は，逋脱犯の成立を拡大する危険性があり，支持するにはなお検討を要すると思われる。逋脱犯を犯したことにより免れた税額がいくらであったかということは，刑の量定の上で重要な意味を持つことも指摘されている[29]ことにも鑑みれば，基本的には，個別的認識説によるべきであろう。

---

(25)　この見解は，所得は，特定の年または事業年度における無数の収益及び損費の総合であるから，その個別的認識は通常不可能であるところ，それらが，ある個人又は法人の経済活動の通常の過程において生じたものであれば，その経済活動を認識している以上，発生した所得の認識として欠けるところはないという考え方に基づく（堀田力「租税ほ脱犯をめぐる諸問題（4）」法曹時報22巻11号73頁。概括的認識説を支持するものとして，小島・前掲注（10）108頁，山口・前掲注（19）297頁，羽渕・前掲注（24）77頁，金子・前掲注（4）1057頁等。芝原・前掲注（6）866頁は，概括的認識説が通説である，という。

(26)　小島・前掲注（10）108頁。

(27)　飯田・前掲注（19）137頁以下，141頁。なお，飯田・同左146頁によると，下級審裁判例では，個別的認識説に立つものと概括的認識説に立つものとに分かれるが，平成に入ってからは概括的認識説に立つものが優勢になっている，という。

(28)　山口・前掲注（19）297頁。

(29)　藤木・前掲注（1）330頁。

3 小　括

本項では，租税逋脱犯の故意につき，個別的認識説と概括的認識説の対立とその根拠とを紹介し（1），基本的には個別的認識説によるべきことを論じた（2）。

次項では，新設された無申告逋脱犯の問題点について検討を加えることとする。

Ⅳ 無申告逋脱犯の創設

平成23年6月改正により，無申告逋脱犯（所得税法238条3項，4項，法人税法159条3項，4項等）が創設されたが，種々問題を含むものであることは前述した。そこで，まず無申告逋脱犯の成立の経緯・趣旨，次いでその実行行為について検討し，無申告逋脱犯の「主観化」の危険性を指摘することによって，その問題点を明らかにしていきたい。

なお，本項で扱うのは，新設された無申告逋脱犯と，狭義の脱税犯，単純無申告犯との関係である。

1 無申告逋脱犯創設の理由

(1) 重罰化の正当性（立法事実等）

前述のように，無申告逋脱犯は単純無申告犯の中で，違法性の強いものの重罰化を目的として新設されたものである。では，その「重罰化」は正当なものといえるであろうか。まず，立法参画者による説明[30]を以下に概観し，その当否を検討していくこととする。

① 経済社会のグローバル化とIT化

グローバル化し，複雑化した経済取引を悪用して租税債権を侵害する行為

---

(30) 小田原卓也「近年の租税罰則見直しと租税ほ脱犯の実行行為に関する一考察」税大ジャーナル22号（2013年）160頁以下。なお，小田原・同左は「不申告」という語を用いるが，本稿では「無申告」で統一した。

が散見されること。

②　無申告自体の反社会性・反倫理性

無申告の事実を認識しつつあえて無申告という不作為に出る行為は，申告義務の完全な違背であるだけでなく，税務当局に事件発覚の端緒を与えない悪質な意思のあらわれともいえ，厳しい道義的非難を加えるべき反社会性，反倫理性が認められる。無申告の悪質性は所得が積極的に秘匿されていなくても低下するものではない。

③　所得秘匿工作と認定されない行為の捕捉（当罰性の肯定）

所得秘匿工作の範囲を拡張解釈しても，所得秘匿工作と認定されない領域があること。加えて，複雑な電子商取引や日本の課税権が及ばない国外領域との経済取引には，それ自体合法的であっても秘匿性が高く税の賦課徴収を困難ならしめるものがあること。こうした状況を踏まえると，所得秘匿工作の有無にかかわらず，無申告に法益侵害の危険性がないとはいえず，無申告による逋脱に当罰性が認められる。

④　狭義の逋脱犯（虚偽無申告逋脱犯）の処罰との不均衡

平成22年度税制改正までは，狭義の逋脱犯の法定刑は５年以下の懲役若しくは罰金又はそれらの併科が可能であったのに対し，単純無申告犯の法定刑は１年以下の懲役又は罰金刑の選択刑であったため，同額の逋脱結果を惹起した者に対する処罰の不均衡が顕在化していた。「偽りその他不正の行為」という文言で限定される処罰範囲，すなわち狭義の逋脱犯で処罰できる可罰的行為の領域と，当罰的な租税債権侵害行為の領域に構造的なずれが生じており，このずれは，社会経済状況の変化により所得秘匿工作を伴わない無申告逋脱犯の当罰性が高まるにつれて拡大し，無視しえないものとなったこと。そこで，租税罰則に生じた処罰の間隙を埋めて当罰的行為の領域と可罰的行為の領域とを一致させるために設けられたのが，無申告逋脱犯である。

⑵　検討

前述の①は無申告逋脱犯創設の社会的背景を述べるものである。今日の社会経済状況がグローバル化・IT 化していることは事実である。そして，それを利用して課税逃れを図る者が存在することも否定できない。

しかし，そうした社会経済状況を利用することが「悪用(31)」であるか否かは一考を要する。立法参画者がいうように，複雑な電子商取引や日本の課税権の及ばない国外地域との経済取引は「それ自体は合法的(32)」なのである。問題は，無申告逋脱犯を犯罪たらしめる理由はどこにあるのか，ということである。

次に，②は無申告の反社会性・反倫理性を理由とする。

日本の通説的見解は，刑事犯と行政犯との区別基準を反道義性，反社会性に求め(33)，「租税犯はかつて行政犯に属するとされてきていたが，特に戦後における租税犯の処罰に関する立法の変遷等とあいまって，戦後においては，租税犯殊に逋脱犯の刑事犯的性格が強調されてきている(34)」とし，租税逋脱犯の処罰根拠は，その反道義性，反社会性にあるとしている(35)。

確かに，処罰の根拠が反社会性，反道義性にあることは上述のとおりである。しかし，それは刑罰の性質を述べるものであり，反社会性，反道義性が認められれば処罰してよい，ということではない。国民に刑罰を科するものである以上，「租税負担の公平を求める国民感情(36)」だけで処罰を正当化するには無理があるように思われる。ましてや，「税務当局に事件発覚の端緒を与えない悪質な意思の現れ(37)」というのは，課税する側の論理というべ

---

(31)　小田原・前掲注（30）161頁。

(32)　小田原・前掲注（30）162頁。

(33)　福田・前掲注（18）30頁。

(34)　清永・前掲注（4）335頁。

(35)　福田・前掲注（18）30頁。ただし，福田・同左33頁は，通説的見解では刑事犯・行政犯の流動性，「法定犯の自然犯化」の主張はできないと批判し，同・37頁は，基本的生活秩序に違反する行為が刑事犯であり，派生的生活秩序に違反する行為が行政犯である，という。なお，前田雅英『刑法総論講義』（東京大学出版会・2015年）4頁は，「国民の規範意識・道義意識は流動するものであり，どの犯罪類型が自然犯かは判然としなくなってきて」おり，「質的ではなく量的な差にすぎない。」という。

(36)　小田原・前掲注（30）161頁。

(37)　小田原・前掲注（30）161頁。

きである。客観的に行われるべき立法事実の検討に，主観的な評価をもって臨むものとの批判を免れないであろう(38)。

さらに③は，所得秘匿工作を拡張解釈しても所得秘匿工作と認定されない行為の領域があるため，これを捕捉する必要があるとする。

しかし，拡張解釈しても所得秘匿工作と認められないのであれば，それは犯罪性を持たない行為というべきであろう。狭義の租税逋脱犯の実行行為について，包括説に立てばもとより，制限説に立って，構成要件的状況（行為が一定の状況のもとで行われることを必要とするもの。例，刑法114条）と解するか，付随的事情（後掲，最決昭和63年9月2日参照）と解するかはともかく，租税逋脱犯を犯罪たらしめているのは，所得秘匿工作であることに変わりはないのではないだろうか(39)。処罰の必要性に傾きすぎてはいないだろうか。

最後に④は，単純無申告犯との法定刑の不均衡を理由としてあげている。単純無申告犯の法定刑が低いのは，立法者がそのような選択をしたからに他ならない。狭義の逋脱犯と比べて法定刑が低いというのならば，単純無申告犯の法的刑を引き上げるべきで，新たに無申告逋脱犯という，処罰範囲の曖昧な類型を設ける必要はないものというべきである。

以上のように，無申告逋脱犯という新たな逋脱犯類型を設ける理由には説得力が乏しく，重罰化の正当性は認め難いと思われる。

2　無申告逋脱犯の実行行為

無申告逋脱犯は「申告書をその提出期限までに提出しないことにより」「税を免れた」場合に成立する（所得税法238条3項等）。しかし単純無申告犯

---

(38)　小田原・前掲注（30）161頁は，無申告の悪質性は所得が積極的に秘匿されていなくとも低下するものではない，とする。

(39)　京藤哲久「虚偽不申告ほ脱犯の所得秘匿工作に当たるとされた事例」『平成6年度　重要判例解説』（有斐閣・1995年）159頁は「所得秘匿工作という具体的な税額の確定と徴収とを困難にするという違法性を強める要素が伴うことにより，税がほ脱される危険が高くなり，不申告が，ほ脱犯としての強い違法性を具備するに至るといえよう。すなわち，その違法性を強める，いわば触媒的要素が「所得秘匿工作」なのであろう。」という。

も「申告書をその提出期限までに提出しなかった」場合に成立する（所得税法241条等）[40]。実行行為に関する両者の法文はほぼ同一であり，その区別が明確ではない[41]。単純無申告犯，狭義の逋脱犯と無申告逋脱犯の区別はいかなる基準によるべきか，その区別は可能なのか，ということである。ここでも立法参画者の見解を概観したのち，検討を加えることとする。

⑴　立法参画者の見解[42]

① 申告納税制度において「税を免れた」という結果を発生させる行為は，過少申告ないし無申告であり，これを実行行為と解するべきとして，「純粋制限説（後述）」が正しいとする。

② 単純無申告逋脱犯と単純無申告犯との構成要件を比較し，単純無申告逋脱犯は「申告書を期限までに提出しないことにより，税を免れた者」を処罰の対象とし，単純無申告犯は「申告書を期限までに提出しなかった者」であるから，両者を分けるのは，「税を免れた」結果の有無である，とする[43]。

③ 単純無申告逋脱犯と狭義の逋脱犯との関係については，(i)虚偽過少申告逋脱犯については「所得金額をことさらに過少に記載した内容虚偽の申告書を提出することにより，税を免れた者」であり，申告書を期限までに提出しないことが実行行為である，(ii)虚偽無申告逋脱犯については

---

(40)　単純無申告犯は，申告納税義務者が正当な理由なく納税申告書をその提出期限までに提出しないことにより成立し，無申告逋脱犯と同様に故意犯であるが，租税秩序を確保するために設けられたもので，偽りその他不正の行為や逋脱結果の発生を要件としていない。羽渕・前掲注（24）68頁。

(41)　金子・前掲注（4）1056頁は，「無申告は，偽りその他不正の行為と結びついている場合は，逋脱犯として処罰され，また偽りその他不正の行為がなくても逋脱に当たる場合は申告書不提出犯として処罰されるが，そうでない場合は，単純な申告義務違反として処罰される。」というが，まさに「偽りその他不正の行為がなくても逋脱にあたる場合」とはどのような場合なのかこそが，問題なのである。

(42)　小田原・前掲注（30）164頁以下。

(43)　小田原・前掲注（30）168頁は，「税を免れた」という要素は，逋脱犯が惹起する犯罪結果を意味し，実質犯たる逋脱犯と形式犯たる単純無申告犯とを分ける境界の役割を果たす，という。

「所得が秘匿された状況において，申告書を提出しないことにより，税を免れた者」であり，その実行行為は内容虚偽の申告書を提出することである。そして虚偽無申告逋脱犯と単純無申告犯とを分ける役割を果たすのが「所得が秘匿された状況」という要素であり，「申告書をその提出期限までに提出しない」行為が「所得が秘匿された状況」においてなされた場合，当該行為は「偽りその他不正の行為」に該当し虚偽無申告逋脱犯の実行行為となる，(iii)単純無申告逋脱犯と単純無申告犯との実行行為はともに，申告書を期限までに提出しないことで，両者を区別する基準は「税を免れた」か否かによる。

(2)　検討

まず，狭義の逋脱犯の実行行為については，「偽りその他不正の行為」(所得秘匿工作）の内容に関し，周知のように，包括説と制限説（純粋制限説）との対立がある(44)ので，これを簡単にみておくこととする。

包括説は，事前の所得秘匿工作と過少申告又は無申告の両者を包括して不正の行為と解する(45)。これに対して制限説は，過少申告逋脱犯について，事前の所得秘匿工作は過少申告の準備行為に過ぎず，過少申告のみが不正の行為であり，虚偽無申告逋脱犯については事前の所得秘匿工作が不正の行為である，とする(46)。

この問題に関して判例は，最決昭和63年9月2日（刑集42巻7号975頁）において，虚偽過少申告については制限説を，虚偽無申告についてはこれを不真正不作為犯と解し(47)，所得秘匿工作を伴うという状況は実行行為そのものではなく，無申告という不作為を実行行為とするための付随事情にとど

---

(44)　清永・前掲注（4）337頁，芝原・前掲注（6）856頁。包括説と制限説についての学説，判例については，浅田・前掲注（7）349頁以下に詳しい。

(45)　安原美穂「税法罰則における故意と過失」税経通信（税務経理協会・1956年）77頁，堀田力「租税ほ脱をめぐる諸問題（一）」法曹時報22巻2号49頁，小島・前掲注（10）64頁，川口政明「租税ほ脱犯の実行行為」法律のひろば第35号第2号（1982年）53頁。

(46)　芝原・前掲注（6）856頁，河村・前掲注（23）234頁以下。

まることを判示した[48]。

しかし，制限説に対しては，「制限説が事前の所得秘匿工作について認識がない場合にも過少申告について認識があれば足りるとしたり，あるいは訴因や判決で事前の所得秘匿行為の日時，場所等の特定がなされていなくても構わないとするために主張されているとすれば，その方が問題である[49]」との批判もあり，制限説（純粋制限説）を前提とした解釈には問題があろう[50]。

前述（1）の立法参画者自身，「「偽りその他不正の行為」という要件は，

---

(47) 不真正不作為犯とは，作為の形式で規定されている構成要件が不作為によって実現される場合をいう。不真正不作為犯において，当該不作為が実行行為性をもつかどうかは，当該構成要件の作為による実行行為と当該不作為とが，構成要件的に同価値であることが必要である。そして，同価値といえるためには，当該不作為者が被害法益との特別の関係にもとづいて，構成要件的結果の発生を防止すべき法律上の義務を負う者でなければならない。福田・前掲注（20）88頁以下。不真正不作為犯の成立要件は学説により区々であるが，構成要件的同価値性を要するとする点では一致しているものと思われる。

(48) 香城敏麿「所得秘匿工作をしたうえ逋脱の意思で会社臨時特別税確定申告書を税務署長に提出しなかった場合における会社臨時特別税法22条1項にいう「偽りその他不正の行為」とその判示方法」『最高裁判所判例解説　刑事篇　昭和63年』326頁は，本決定は虚偽過少申告に関して制限説を支持したが，虚偽無申告に関しては制限説を採用せず，より徹底した制限説的立場を明らかにしており，最高裁の立場は「純粋制限説」というのが正当である，という。松沢智「所得秘匿工作を伴う虚偽不申告と租税逋脱犯の実行行為」ジュリスト948号（1990年）225頁は，本決定の意義は虚偽過少申告と虚偽無申告とを逋脱犯の構造上統一的に理解した最初の最高裁の判断という点にある，という。佐藤英明「虚偽無申告による逋脱犯の実行行為とその判示方法」警察研究第61巻第5号54頁は，虚偽申告ないし法定申告期限までに申告されないことによって逋脱の結果発生の危険が決定的に高まるという理論的な観点と，事前工作を実行行為と解すると実行の着手時期が早くなりすぎるという実際的な考慮との双方から，本決定を支持しうる，とする。

(49) 浅田・前掲注（7）・注（17）362頁。

(50) 元村和安「逋脱罪における「偽りその他不正の行為」について」『津田顕雄先生・竹下重人先生古希祝賀記念論文集』（1992年）129頁は，①「所得を秘匿したうえ」とされている部分は逋脱罪の中でいかなる位置を占めるのか（実行行為に含まれるか），②その部分は訴因に含まれるか，③その部分の判示は必要か，④必要とすればどの程度具体的でなければならないか，といった点は，本決定からでは必ずしも明らかではない，という。

税額の確定方式如何に左右されずに，ほ脱犯の処罰範囲を特に悪質なものに限定する機能を果たすものである[51]」と述べ，所得秘匿工作が租税逋脱犯の犯罪性を基礎づける上で重要な要素であることを認めている。にもかかわらず，無申告逋脱犯には法文上「偽りその他不正の行為」が明記されていない[52]。無申告逋脱犯には所得秘匿工作を必要としない理由が述べられていないように思われる[53]。

何より問題なのは，単純無申告犯と無申告逋脱犯との区別を「税を免れた」ことに求めながら，何をもって「税を免れた」というのか，明確にされていないことである。単純無申告犯と無申告逋脱犯の実行行為がともに「申告書を期限までに提出しないこと」とされながら，その実質的な区別基準は示されていないように思われる。

3　逋脱の意思

(1)　主観的要素の問題

前述したところから，無申告逋脱犯と単純無申告犯との区別基準が実行行為という客観的要素には求められないことが明らかとなった。そこで，両者の区別基準を主観的要素に求めることになるが，その点に問題はないか。

判例は逋脱犯成立の主観的要件として，故意の他に「逋脱の意思（脱税の認識）」を要求している[54]。本項では，最決平成6年9月13日（刑集48巻6号289頁）の検討を通じてこの問題を考えてみたい。

---

(51)　小田原・前掲注（30）168頁。

(52)　小田原・前掲注（30）164頁は，単純無申告逋脱犯においては「偽りその他不正の行為」のような規範的な構成要件要素は存在せず，その成立範囲は明確である，という。

(53)　無申告そのものに逋脱犯が成立することを認める場合，単純無申告犯と逋脱犯とを区別する基準は「所得秘匿工作」による。京藤・前掲注（39）159頁。

(54)　羽渕・前掲注（24）88頁。なお，判例の変遷については，佐藤英明「申告納税制度の定着と展望～所得税を中心として」租税法研究45号（2017年）が簡潔に整理している。従来，最高裁は逋脱犯が成立するためには「逋脱の意思」の下，所得秘匿工作が積極的に行われることを要求してきたと評しうる。

⑵ 最決平成6年9月13日

本件は，被告人は正確な帳簿を作成し，かつ，これをことさら税務当局から隠匿したり，これとは別に虚偽の帳簿を作成したりするなどの工作を積極的に行った形跡はないが，一方で，売上金の一部を仮名・借名の預金口座に入金保管するなどの資産隠匿工作をしたという事案である(55)。

第1審判決

有罪。

被告人は「帳簿に基づき申告する意図や帳簿の存在を明らかにする意思がなく，他人の名義でも店舗を営業し，その売上金も対応する名義の預金口座で管理せず，当初入金した銀行預金口座の合計預金残高に基づき売上金を把握することも困難などの諸事情によれば，無申告の意図の下，借名及び仮名の預金をして売上金の一部を管理した被告人の行為は，たとえ右名義人が全くの他人の名義ではなく，また他に三名の子供がいるのにその名義を使用していないこと（略），その銀行が遠隔地でなかったこと，さらに正確に記載した帳簿が存在したという事実があったとしても，税の賦課徴収を著しく困難にする行為であったというべきである。」

被告人が控訴。

控訴審判決

控訴棄却

「本件においては，多くの勘定科目にわたり，これらの帳簿に記載されていない費用が存在し，その金額の確定は殆ど被告人の陳述に依存しているから，預金の出入りによってその信憑性を確かめる必要性が高く，預金の帰属を偽ることは，税務調査を著しく困難にする要素を含んでいる。」

被告人が上告。

---

(55) 川口政明「売上げを正確に記載した帳簿を作成している場合に売上金の一部を仮名又は借名の預金口座に入金保管することと不申告ほ脱犯の所得秘匿工作」『最高裁判所判例解説　刑事篇　平成6年度』（法曹会・1996年）126頁，京藤・前掲注（39）158頁。

最高裁決定

上告棄却

「麻雀店三店を経営する被告人がほ脱の意思の下に，店の売上金の一部をあらかじめ設けておいた仮名又は借名の預金口座に入れて保管し，事業所得などにつき確定申告をしなかったというものであるが，被告人は，営業状態を把握するため，各店長に店の売上げを正確に記載した帳簿を作成させており，これをことさら税務当局から隠匿したり，これとは別に虚偽の帳簿を作成したりするなどの工作を積極的に行った形跡は認められないというのである。しかしながら，このような場合であっても，税務当局が税務調査において右の帳簿の内容を確知できるという保障はないのであるから，仮名又は借名の預金口座に売上金の一部を入金保管することは，税務当局による所得の把握を困難にさせるものであることに変わりはなく，ほ脱の意思に出たものと認められる以上，所得秘匿工作に当たる」というべきである。

⑶　検討

本決定の意義は，逋脱の意思で「仮名又は借名の預金口座に売上金の一部を入金保管する」という程度の行為をもって「所得秘匿工作」に当たるとした点にあり(56)，「所得秘匿工作」に当たるための要件として「ほ脱の意思に出たものと認められる」という主観的要件を要求していることにあるといわれている(57)。

では，本件最高裁の判断は妥当なものといえるであろうか。まず，被告人の行為が所得秘匿工作に当たるか。

所得秘匿工作は「詐欺その他不正の手段が積極的に行われた場合に限る」というのが判例である(58)。しかし，本件では，被告人は帳簿を隠匿したり，虚偽の帳簿を作成するなどの工作を積極的に行ってはいない。

---

(56)　京藤・前掲注（39）158頁。

(57)　京藤・前掲注（39）159頁。

(58)　最判昭和24年7月9日（刑集3巻8号1213頁），最判昭和38年2月12日（刑集17巻3号183頁）。

次に，被告人が売上金の一部を仮名又は借名の預金口座に入金保管した点は，税の賦課徴収を不能もしくは著しく困難ならしめるような偽計その他の工作[59]といえるか。

本件では，被告人は，自宅近くの銀行に，A 店の分は被告人の妻名義の口座に，B 店の分は妻の帰化後の氏と長女の日本における通称名とを組み合わせた名義の口座に，C 店の分は被告人の日本における通称名義の口座にそれぞれ預け入れていたという[60]。しかし，全くの他人名義ではなく，被告人の妻子の名義であること，自宅近くの銀行に口座を設けていたことに鑑みれば，「税の賦課徴収を不能もしくは著しく困難」にしたということは難しいと思われる[61]。本決定は，客観的にみて，「積極的」とも「税の賦課徴収を不能もしくは著しく困難にする」とも言い難い被告人の行為を，逋脱の意思の存在によって所得秘匿工作となりうると判断したものと解される[62]。すなわち「仮名・借名預金の設定がほ脱の意図に出たものと認定できるときは，同時に，税務当局による帳簿内容確知への非協力的態度もうかがえるといってよく，したがって，ほ脱の意図に出た仮名・借名預金の設定があったと認定できれば，このこと自体で，税務当局による所得の捕捉を困難にする危険を既に生じさせたものとして，その「所得秘匿工作」該当性は肯定され，さらに帳簿について税務当局がその存在及び内容を把握することを妨げようとする意思の現実的存在といったものを問題とする必要はない[63]」ことを判示したものである。

本決定では，逋脱の意思が重視され，被告人の各行為は逋脱の意思を認定

(59) 最大判昭和 42 年 11 月 8 日（刑集 21 巻 9 号 1197 頁），上嶌一高「「偽りその他の不正の行為」の意義」『租税判例百選　第 6 版』（有斐閣・2016 年）230 頁。

(60) 川口・前掲注（55）・注（5）130 頁は，本決定はこれらの点については特段の判示はしていないが，借名口座設定行為の「所得秘匿工作」該当性を阻却するものではないことを，当然の前提としているもの，という。

(61) 上嶌・前掲注（59）231 頁。

(62) 上島・前掲注（59）231 頁。

(63) 川口・前掲注（55）128 頁。

するための要素として扱われている。逋脱の意思が主であり，各行為は所得秘匿工作に当たるか否かはともかくとして，従たるものとして扱われているといってよい。最高裁は「主観重視」の傾向にあるといえよう[64]。

ところで，刑法学において「主観的違法要素」という概念が認められている。主観的違法要素は，行為に違法性を与え又は行為の違法性を強める主観的要素をいう（定型的に構成要件に取り込まれると，主観的構成要件要素となる）[65]。例として目的犯における目的[66]，傾向犯[67]，表現犯[68]などがある。これらは，故意の他に主観的要件を要求することで，犯罪の成立を制限する機能を果たしている。

租税逋脱犯の成立について，故意の他に「逋脱の意思」を要求することでその成立範囲が限定され，処罰範囲が狭まるならばよいが，これを要求することで処罰範囲が拡張されるとなるとそれは問題であろう。客観的にみて，積極的な所得秘匿工作といえない場合に「逋脱の意思」があったことを理由に租税逋脱犯の成立を肯定したのでは，その処罰範囲が拡がっていく危険性

(64)　佐藤・前掲注（54）23頁は，この平成6年決定が「節目」と考えられる，という。

(65)　団藤重光『刑法綱要総論』（創文社・1995年）132頁，大塚仁『刑法概説（総論）』（有斐閣・1997年），福田・前掲注（20）82頁，野村稔『刑法総論　補訂版』（成文堂・1998年）104頁，井田良『講義刑法学・総論』（有斐閣・2013年）107頁，川端博『刑法総論講義　第3版』（成文堂・2013年）114頁，高橋則夫『刑法総論　第3版』（成文堂・2016年）95頁等。なお前田・前掲注（35）25頁。

(66)　偽造罪における「行使の目的」（刑法148条以下），営利誘拐罪の「営利の目的」（刑法225条）等。

(67)　傾向犯とは行為者の主観的傾向の表出とみられる行為が犯罪となるもので，その傾向がある場合に限って成立する。強制わいせつ罪の成立には「性的意図」が必要とされてきたが（最判昭和45年1月29日刑集24巻1号1頁），最大判平成29年11月29日により，判例変更された。木村光江「行為者の性的意図と強制わいせつ罪の成立要件」『平成29年度重要判例解説』（有斐閣・2018年）156頁。

(68)　表現犯とは，行為者の心理的過程または状態の表出とみられる行為が罪とされるもので，その心理的側面を客観的側面と比較しなければ，その成否を判断されえない。団藤・前掲注（65）133頁等。

があるからである。

本決定の意義が「ほ脱の意図に出た仮名・借名預金の設定があったと認定できれば，このこと自体で，税務当局による所得の捕捉を困難にする危険性を生じさせたものとして，その「所得秘匿工作」該当性は肯定される」という判断を示したことにあるとすれば(69)，「逋脱の意思」があればそれだけで租税逋脱が成立してしまう危険性がある(70)。ここでは，逋脱の意思という主観的要件が処罰範囲を制限するのではなく，拡張する要件として働いていることに注意すべきである。

本決定は，従来の判例の基準からすると「所得秘匿工作」とはいえない行為を「逋脱の意思」を重視することで，しかもその意思が十分な理由づけもなく簡単に認定されていることで，処罰範囲を拡張する危険性を孕むものといえ，妥当な判断とは言い難いものと思われる。

4　無申告逋脱犯と「逋脱の意思」

判例の立場が，少なくとも前述した平成6年決定が，行為の客観的側面よりも行為者の主観的側面を重視することにより租税逋脱の成立を肯定したことを踏まえて，無申告逋脱犯と「逋脱の意思」について検討してみたい。

前述したように，単純無申告犯と無申告逋脱犯の実行行為は，ともに「申告書をその提出期限までに提出しないこと」で，両者を区別する基準は「税を免れた」か否かによることとなる(71)。そして「税を免れた」というために「逋脱の意思」が重視される。しかし，「逋脱の意思」が簡単に認定されることになれば，申告書を提出しなかった場合には「逋脱の意思」があるとされ，無申告逋脱犯が広く成立してしまう危険性がある。

こうした危惧に対しては，無申告逋脱犯の処罰規定は「狭義のほ脱犯とし

---

(69)　川口・前掲注（55）129頁。

(70)　京藤・前掲注（39）159頁が，「故意の存在は所得秘匿工作の存在とは別個に証明される必要がある。」と指摘するのも，同様の問題意識に基づくものと思われる。

(71)　小田原・前掲注（30）169頁。

て処罰できる可罰的行為の領域と，当罰的な租税債権侵害行為の領域の間に生じた処罰の間隙を埋めることを期待して創設されたものである。したがって，この処罰範囲が不当に広すぎるということはない[72]。」との反論がある。

しかし，既に述べたように「当罰的」行為か否か自体が問題であるし，「処罰の間隙を埋める」ためとの立法理由を述べたに過ぎず，「処罰範囲が不当に広がることはない」ことの根拠が示されたことにはならない。「処罰の間隙を埋める」ことがなぜ，処罰拡張の危険性を否定することになるのか，明らかではない。「所得秘匿工作を伴わない不申告事犯においては，犯罪事実を立証するにも，実務上高いハードルがある[73]。」ともいうが，その「高いハードル」を下げるために所得秘匿工作を実行行為から外し，他方で「逋脱の意思」を重視し，簡単に認定するようなことがあれば，むしろ処罰範囲は拡大すると考えるのが正当であろう。

5　小　　括

本項では，無申告逋脱犯の立法理由について検討を加え，その理由に説得力，合理性がないことを述べ（1)，実行行為も不明確で単純無申告犯との区別が曖昧であること（2)，「逋脱の意思」について，最決平成6年9月13日と無申告逋脱犯の検討によって，行為者の主観を重視する実務の傾向から，処罰拡大の危険性があることを指摘した（3，4)。

V　国税通則法の改正－通告処分再考

前述したように，通告処分は平成29年度の税制改正で旧国犯法から新通則法に編入されたが，種々問題点が指摘されている。そこで，本項では，通告処分の問題点について検討することとする[74]。

---

(72)　小田原・前掲注（30）164頁。
(73)　小田原・前掲注（30）162頁。

1　制度の概要及び立法理由

(1)　制度の概要

通告処分は，間接国税についてのみ定められている（旧国犯法 14 条 1 項，新通告法 157 条）(75)。その概要は次のとおりである(76)。

① 間接国税の犯則事件の場合，収税官吏（新通則法では「当該職員」）は，調査を終えたときは，その調査の結果を所轄国税局長又は所轄税務署長に報告しなければならない（旧国犯法 13 条 1 項本文・2 項本文，新通則法 157 条 1 項）。ただし，犯則嫌疑者の居所が明らかでないとき，逃走のおそれがあるとき，証拠隠滅のおそれがあるとき，のいずれかに該当する場合には，直ちに検察官に告発しなければならない（旧国犯法 13 条 1 項ただし書 1 号から 3 号，新通則法 156 条 1 項ただし書 1 号から 3 号）。

② 国税局長又は税務署長は，間接国税について犯則の心証を得たときは，通告処分をしなければならない（旧国犯法 14 条 1 項，新通則法 157 条 1 項）。「犯則の心証を得たとき」とは，犯則の成立について「確信」を得たことをいう(77)。その確信は，国税局長又は税務署長の判断として，「もし当該事件について通告処分が履行せられず，告発をしたときは，当該事件について公訴が提起せられ，かつ有罪の判決が言い渡されることが確実であるという判断でなければなら」ない(78)。通告処分を行うことは

(74)　本稿においては，旧国犯法（新通則法）の通告処分を検討の対象とする。また，類似の制度として，道路交通法（以下「道交法」という。）の「交通反則金通告制度」（道交法 125 条以下）については，必要に応じて言及する。

(75)　違反対象となるのは，酒税，揮発油税，石油ガス税，石油石炭税，たばこ税，印紙税，航空機燃料税，電源開発促進税。地方税にも適用される。金子・前掲注（4）1067 頁。

(76)　金子・前掲注（4）1066 頁以下，小早川光郎「通告処分の法律問題」租税法研究 5 号（有斐閣・1977 年）39 頁以下。

(77)　清永・前掲注（4）346 頁。

(78)　臼井滋夫『国税犯則取締法』（信山社・1990 年）176 頁。臼井・同は，処分をする国税局長等の「単なる主観的な恣意的な判断であることは許されず，当該犯則事件が刑事手続に移行した場合においては，検察官も裁判官も同様の判断をするであろうとの確信に基づくものでなければならない。」という。

国税局長等の権限であるとともに義務でもあり，これを行うか否かについて裁量の余地はない(79)。通告処分は「通告書」を送達してこれを行う（旧国犯法施行規則9条）。通告書には，旧国犯法14条1項（新通則法157条1項）に掲げられる事項を記載しなければならない。通告書に記載すべき「理由」については，犯則事実と該当法条を明示すれば足り，証拠の標目，証拠により認めた理由等は必ずしも記載することを要さないとされている(80)。旧国犯法では通告処分を「書面」で行うことは規定されず，旧国犯法施行規則で定められていたが，新通則法では明文で「書面により通告」すべきことが規定された。不利益処分の理由附記（行政手続法8条，14条）と同様，恣意抑制機能，慎重配慮機能，不服申立機能，説得機能，決定過程公開機能を果たすことが期待される(81)。

犯則者(82)の情状が懲役刑に処すべきものであるとき，通告の旨を履行する資力がないときは，直ちに検察官に告発しなければならない（旧国犯法14条2項，新通則法157条2項1号，2号）。その趣旨は，罰金（過料）に処するのを相当とする情状がある場合に限って通告処分を認めるのが相当であること，通告しても履行が期待できない場合は履行期間の経過後告発するのは無意味であること，にある(83)。「資力」が要求されるのは，通告の履行として「罰金（過料）」に相当する金額，没収品に該当する物品（物件），追徴金に相当する金額，書類送達並びに差押物件又は（記録命令付差押物件の運搬），「保管に要した費用」を指定の場所

(79)　臼井・前掲注（78）177頁。

(80)　臼井・前掲注（78）178頁以下。①犯則事実として，犯則行為者の職業・氏名，犯則年月日，犯則場所，法定除外事由の存しない旨，犯意，犯則の目的・手段方法，犯則物件の種類・品名・数量・価格・脱税額等，両罰規定適用の根拠となるべき事由，②違反法条，該当法条等の適用法条，を記載すべきとされている。通告処分の手続は，臼井・同178頁に詳しい。

(81)　塩野宏『行政法Ⅰ行政法総論　第6版』（有斐閣・2015年）296頁。

(82)　「犯則嫌疑者」についての調査の結果，国税局長又は税務署長が犯則の心証を得た場合に，それ以後「犯則者」の語が用いられる。小早川・前掲注（76）・注（1，2）41頁。

(83)　臼井・前掲注（78）193頁。

に納付しなければならないからである(84)。通告処分をした場合でも，犯則者が通告を受けた翌日から起算して20日以内に通告の旨を履行しない場合，その居所が明らかでないため又は受領を拒んだため通告できない場合も，検察官に告発しなければならない（旧国犯法17条，新通則法158条）(85)。告発がなされると事件は検察官に引き継がれ（旧国犯法18条，新通則法159条），刑事訴訟法の定める手続によって処理されることとなる。

犯則嫌疑者が通告の旨を履行すると同一の事件について公訴は提起されない（旧国犯法16条1項，新通則法57条5項）。

通告が行われると，公訴時効は旧国犯法では「中断」するとされていたが（15条1項），新通則法では「停止」と改められた（157条4項）。「中断」としていた趣旨は，公訴時効が完成する直前に発覚した事件等については，通告処分に公訴時効中断の効果を認めないならば，通告の履行期間内あるいは不履行による告発の手続がとられるまでの間に公訴時効が完成する場合があり，犯則者を不当に利することになるからと説明され，合理的な制度であるとされてきた(86)。しかし，「中断」はこれまで進行してきた時効期間の効力を失わせるが，「停止」は従来経過した期間を生かしたまま時効の完成を遅らせる点で中断と異なる。中断の場合は経過した期間が無意味となって新たな時効が進行するが，停止の場合は改めて時効期間が進行するのではない(87)。新通則法の方が犯則者にとって有利である。中断制度を維持することに合理性がないので，刑訴法に合わせて停止の制度に改めたことは適切である(88)。

---

(84) 臼井・前掲注（78）194頁は，犯則者は通告を履行することで刑事処分を免れるという利益を有するのだから，実務の運用として，告発すべきか否かを判断するに際しては，犯則者の資産内容を十分調査することはもとより，他から借金をなしうる信用の有無についても十分に検討を加えることが必要である，とする。

(85) 告発の手続については，臼井・前掲注（78）197頁。

(86) 臼井・前掲注（78）183頁。

(87) 川井健『民法概論Ⅰ　第3版』（有斐閣・2006年）343頁，347頁。

③　犯則の心証を得ないときは，その旨を犯則嫌疑者に通知しなければならない（旧国犯法19条，新通則法160条）。この場合，物件の領置，差押え，記録命令付差押えがあるときは，その解除を命じなければならない。「通知」の方式については定めがない。いかなる嫌疑があり，いかなる理由で嫌疑が晴れて通告処分を受けなくて済んだのか，対象者に理解できるよう，書面をもって行うべきであろう。

⑵　立法理由

間接国税については，前述のような通告処分という制度が設けられているが，それはいかなる理由によるものであろうか，合理性はあるのか，を次に検討する(89)。

判例，学説には，間接国税のような財政犯の犯則者に対しては，まず財産的負担を通告し，これを任意に履行したならばあえて刑罰をもってこれに臨まないとすることが間接国税の納税義務を履行させ，その徴収を確保するという財務行政上の目的を達成するうえからみて適当であること，もっとも単に徴税の便宜のみによるものではなく，同時に犯則者に対して，通告処分に従うことによって公訴権が消滅するという利益を与えた制度でもある，との見解がある(90)。

さらに，事件の大量性による簡易・迅速な事件処理の要請，調査手続の専門性等も加えられている(91)。

税の徴収確保を目的とする点は，脱税犯は実質的には租税債権を侵害する

---

(88)　上西ほか・前掲注（17）16頁（笹倉宏紀発言）。

(89)　小早川・前掲注（76）44頁は，通告処分の制度の存在意義としては，①税収確保のための制裁としての機能，②刑罰を科すための手続としての機能，③正式の刑罰を回避する手段としての機能が考えられるとし，この三種の機能を観念的に分離したうえで，通告処分制度の存在意義を確定し，現行制度のしくみを眺めることが必要であるとする。

(90)　田中二郎『租税法　第3版』（有斐閣・1990年）・注（1）425頁，臼井・前掲注（78）174頁，中川哲男「関税法に基づく通告処分と行政事件訴訟」『最高裁判所判例解説　民事篇　昭和47年度』（法曹会・1976年）506頁。ただし小早川・前掲注（76）・注（1）44頁は，「総合的に整理された一定の見解が判例によって採用されているとは見えない」という。

不法行為であり，脱税犯に対する刑罰は損害賠償に類するもので，納税義務者がその義務に違反して，不正に逋脱することにより国庫に及ぼすべき金銭上の損失を防止することが唯一の目的であるとする見解(92)の影響を受けているものであろう(93)。

しかし，この見解に対しては，既に「損害賠償とすると損害額及びその法定利息という程度の金額を内容とすべきであるのに何故に逋脱額（脱税額）の三倍とか五倍という金額を賠償額とするのかの説明が困難になる(94)」との批判があった。現在では，逋脱犯は一般の行政犯と異なる特異なものではなく，行政刑罰と同様のものと解すべきとの見解が一般的になっている(95)。こうした点からすれば，税の徴収確保という「財務行政上の目的達成」という理由によって，少なくともそれのみによって通告処分を理由付けることは困難であろう(96)。

また，通告処分に従った犯則者については公訴権が消滅すること，すなわち財政の損害が回復された場合には刑事上の処罰を必要としないとの考えについては，なぜ直接国税の場合と異なり，間接国税の場合にそのような扱い

(91) 板倉宏『租税刑法の基本問題　増補』（勁草書房・1968年）215頁，田中二郎『新版行政法　上巻　全訂第2版』（弘文堂・1975年）・注（2）194頁，小林・前掲注（15）36頁，42頁。なお，田村泰俊「通告処分制度の必要性と救済手続の検討－行政の実効性確保との関連で－」東京国際大学論叢（経済学部編）17（1997年）34頁。

(92) 美濃部達吉『行政刑法概論』（勁草書房・1949年）172頁。

(93) この点を示唆するものとして，通告処分を模したといわれる交通反則金通告制度についてであるが，平野竜一ほか「座談会　交通違反事件の処理」ジュリスト355号（1966年）97頁（雄川一郎発言）

(94) 杉村章三郎「租税処罰法の現在及び将来」国家法学雑誌第57巻第9号（1943年）13頁。杉村は続けて「直接税逋脱によくある様に罰金の外に別に正当な金額の税金が徴収せられる場合には損害賠償の二重支払ということになろう。」という。

(95) 福田・前掲注（18）144頁。その他，藤木・前掲注（1）324頁，板倉・前掲注（91）80頁，小早川・前掲注（76）45頁。

(96) 清永・前掲注（4）347頁は，「通告処分の制度が間接国税についてのみ定められている理由については，必ずしもこれまで充分な説明がなされてきているとは思われない。」という。

をするのか，さらに説明を要するとの批判もある(97)。さらに，通告を履行した場合には公訴権が消滅すること，逆からいえば，履行しない場合には公訴を提起され，有罪の危険に晒されることがなぜ犯則者の利益となるのか，明確ではない。刑罰によるか，通告の履行（罰金相当額の納付）のような非刑罰的処遇によるかを「専ら違反者の選択にゆだねることに合理性があるか疑問(98)」である。

事件の大量性という理由についてはどうか。実は，通告処分の件数は多くはないのである。

国税庁統計年報書によれば，平成27年度の間接国税の検挙件数は39件，通告処分件数は39件，履行件数は39件であった(99)(100)。ちなみに，旧国犯法の通告処分をモデルにしたといわれる道交法における交通反則金制度(101)

(97)　清永・前掲注（4）348頁。

(98)　神垣英郎「交通反則金通告制度に対する若干の問題」ジュリスト369号（1967年）85－86頁。

(99)　国税庁『国税庁統計年報書（平成27年度版）』344頁以下。なお，同書をもとに平成23年度から27年度までの通告処分件数の推移を表にすると以下のとおり。

	直接国税の起訴件数	間接国税の検挙件数	通告処分件数 （　）は履行件数
平成23年度	130	75	76（76）
平成24年度	198	61	59（58）
平成25年度	180	72	69（70） ＊前年度残処理事件を含む
平成26年度	181	48	49（49）
平成27年度	194	39	39（39）

＊関税を含まない

(100)　間接国税の検挙件数が昭和63年（383件）に比較して著しく減少したのは，①平成元年3月末をもって物品税等の個別消費税が廃止されたこと，②資産の譲渡等に対する「消費税」が国犯法上は間接国税の範囲から除外されたことによる。金子・前掲注（4）・注（4）1069頁。

(101)　土本武司『行政と刑事の交錯』（立花書房・1989年）119頁，小早川・前掲注（76）40頁。

の適用状況をみてみると，平成27年度の告知事件（交通反則通告制度に基づき反則事件として告知された事件をいう。）の件数は674万4,216件であった[102]。

もちろん，旧国犯法（新通則法）の通告処分と交通反則金制度とはその目的・適用事件とが異なるものであるが[103]，大量に発生する事件を簡易・迅速に処理する，という点では立法理由を同じくしている。しかし，通告処分と交通反則通告制度の適用事件数は文字通り桁が違う。この事実に照らしてみれば，通告処分については，事件の大量性という立法理由は意味を失ったというべきである。

上述の検討からすれば，立法当初はともかく現在においては，通告処分の立法理由とされてきたところのものは，もはや理由として成り立つものではなく，説得力，合理性を有するものとはいえないと思われる。

2　通告処分の法的問題点（1）－憲法適合性

通告処分は行政機関（国税局長又は税務署長）に事件処理の権限が与えられていることから，行政権によって実質的には刑罰に当たる負担を課すことが裁判を受ける権利（憲法32条，37条1項）の侵害にならないか，すなわち犯則者が裁判所による正式な裁判を受ける機会を奪われることになるのではないか，が問題とされている[104]。

⑴　合憲説

合憲説[105]は，①犯則者は罰金（科料）に相当する金額を納付することを

---

(102)　法務省　法務総合研究所『平成28年度版　犯罪白書』145頁。

(103)　交通反則金制度の立法理由，制定の経緯，適用事件等については，吉田淳一「交通反則通告制度について（1）」法曹時報20巻6号（法曹会・1968年）1190頁以下に詳しい。また，警察庁「道路交通法の一部を改正する法律案要綱（案）について」ジュリスト369号（1967年）89頁。

(104)　小早川・前掲注（76）55頁。

(105)　板倉・前掲注（91）214頁，平野ほか・前掲注（93）97頁（雄川一郎発言），田中・前掲注（91）・注（2）194頁，臼井・前掲注（78）175頁，藤田宙靖『行政法総論』（青林書院・2013年）279頁。交通反則金通告制度に関するものであるが，吉田・前掲注（103）1216頁以下。

通告されても，それを納付するか否かの自由を有している。憲法32条，76条2項は，何人も裁判所の裁判を受ける権利をその者の意思に反して奪われることはないという趣旨であり，行政機関が終審ではなく前審として審判することを妨げるものではない（犯則者の自由意思），②通告処分を受けた者は，履行しなければ通常の手続で裁判を受けることができるのであるから（正式裁判の道が残されていること），憲法に反するものではない，とする。

(2)　違憲説

これに対して違憲とする見解[(106)]は，通告を受けた者が通告を受けた旨をそのまま履行したならば，実質的には何らの裁判手続を経ることなく，行政機関によって刑罰を科せられたと同一の結果になるという。すなわち，①憲法32条は刑事事件に関する限りは，何人も裁判所の裁判によらず刑罰を科せられることはないという意味も包含しており，裁判を受ける権利はその者の意思に反しなければこれを奪ってよいというものではないこと，②刑罰を科せられる危険を犯してまで通告の旨を履行しないという方法は現実的でなく，刑罰を科せられることをおそれて通告を履行することは少なくない，と合憲説を批判する。

(3)　検討

この問題は，通告処分の性格をいかに解するかにも関わるものであるが，その点については後に検討することとし，ここでは犯則者による通告の履行が「自由意思」によるものといえるか，通告処分の当否（違法性）については刑事手続で争う途があるという点について考えてみたい。

国税庁の統計年報書によれば，通告処分を受けた「犯則者」の100%がその旨を履行しているが[(107)]，犯則者の全員が通告処分に不服なく「自由な意思」で履行したとは言い難いであろう。違憲説のいうように，刑罰を科される危険をおそれて通告を履行することは少なくないと思われる[(108)]。刑罰を

(106)　新井隆一『財政における憲法問題』（中央経済社・1965年）78頁，北野弘久（黒川功　補訂）『税法学原論　第7版』（勁草書房・2016年）403頁。

(107)　国税庁・前掲注（99）349頁，及び最近5年間の「表」。

科せられ不利益を受けるおそれがあるのに，不服を申立てる気持ちにはならないのが通常ではないだろうか(109)。「自由意思による履行」との理由は建前に過ぎない。犯則者が負うべき刑事手続上の負担をも考慮すれば，刑事訴訟で争う途があるとの理由もあまりに形式的である。被告人として訴訟に関わり合う不利益，その結果どのような判決が下されるかについての不安を考えれば，不服があっても履行を拒むことは困難というべきであろう(110)。刑事訴訟でしか争う方法がない現行法の構造は，裁判を受ける権利を侵害し違憲の疑いがある。刑事手続の威嚇の下に履行を迫るような制度は廃止し，後に述べるような行政制裁金に改めるべきである。

3　通告処分の法的問題点（2）－取消訴訟の可否

現行法上，犯則者が通告処分の不服を争う途は刑事手続しか存在しない。しかし，刑罰の危険の下でこれを争わせるのは現実的ではないことは前述し

---

(108)　これに対して，交通反則通告制度に関するものであるが，安西温「交通反則金通告制度にたいする若干の所見」ジュリスト370号（1967年）126頁は「本当は事実を争いたいのに，前科者となることをおそれ刑事裁判手続への移行を嫌い，やむなく争わないで反則金を納付してすませる者が多くなるとは到底考えられない。」という。

(109)　宮沢浩一「交通反則通告制度をめぐって」法律時報第39巻4号（1967年）38頁。宮沢・同は「みすみす災厄を招く気持ち」にはならず，「やむをえず反則金を納付した者は，裁判を受ける権利を妨げられることにはならないであろうか」という。市橋克哉「行政罰－行政刑罰，通告処分，過料」公法研究58号（1996年）240頁。

(110)　小早川・前掲注（76）56頁。小早川は，通告処分は不履行の場合に刑事訴訟に移行するという制度のしくみから生じる「事実上の強制力」により担保されている，という。中川一郎「税法学の課題（二）－租税法律主義と税法の法治国家的適用－」税法学88号（1958年）8頁は「通告処分は税務行政庁の罰金処分である。しかもそれ自身の違法性を争い得ない。もちろん強いて争わんとすれば，通告処分を受けるも敢えてこれを履行せず，税務行政官庁の告発を受け，検察庁の起訴処分を受け，刑事事件となるのを待つ方法もある。然し，これが違法な税務行政庁の罰金処分に対する司法的救済手段であるとはいい得ない」という。これに対して，土本・前掲注（101）125頁は「それは一種の不利益であるとしても，そういう意味の不利益は法の保護に価しないもの」という。

た。そこで，取消訴訟で争うことはできないか(111)。前提として通告処分の法的性格についての代表的な見解について検討しておく。

⑴　通告処分の法的性格

①　通行処分が行政処分であるか司法処分であるかが問題となるが，学説の多数は行政処分であるとする(112)。

②　次に，通告処分の行政行為としての性質が問題となる(113)。

まず，「私和」とする見解がある(114)。行政庁の通告を相手方が任意に履

---

(111)　関税法に関するものであるが，最判昭和47年4月20日（民集26巻3号507頁）は通告処分を行政行為と解し，行政訴訟の対象である行政処分に当たらないことを判示した。その主たる理由は①通告処分が納付を強制せず納付の義務を課すものではないこと，②通告処分に従わなかったときに刑事手続においてのみ犯則事実の有無等を争わせるのが通告処分の趣旨である，という二つの理解を併用したものである。中川哲男・前掲注（90）500頁，菊井康郎「通告処分の性質」『租税判例百選　第3版』（有斐閣・1992年）224頁，野本昌城「「通告処分の性質」『租税判例百選　第4版』（有斐閣・2005年）251頁，太田匡彦「通告処分の性質」『租税判例百選　第5版』（有斐閣・2011年）232頁。小早川光郎「租税犯則通告処分と行政事件訴訟」ジュリスト524号（1973年）136頁は，①を侵害欠如説，②を刑事訴訟専属説という。
また，道交法違反に関してであるが，最判昭和57年7月15日（民集36巻6号1169頁）は，上記47年最判と同様，①②を理由とするが，抗告訴訟を許すと「刑事手続と行政事件手続との関係について複雑困難な問題を生ずる」ので，道交法が「このような結果を予想し，これを容認しているものとは到底考えられない。」としていることから，②の理由に重きが置かれているところに特徴がある。矢﨑秀一「道路交通法127条1項の規定に基づく反則金の納付の通告と抗告訴訟」『最高裁判所判例解説　民事篇　昭和57年度』（法曹会・1987年）608頁，古城誠「反則金の通告」『行政判例百選②　第6版』（有斐閣・2012年）350頁。

(112)　中川哲男・前掲注（90）508頁。

(113)　中川哲男・前掲注（90）508頁は，「学説では，納付を命ずる行政下命とするものとそうでないとするものに大別されるが，下命とするものも強制手段のないことについては一致しており，また，告発を解除条件とする下命であると解するものもある。下命でないとするものには，納付の通知行為，犯則者の同意を条件とする行為，犯則者に対する私和の申込と解するもの等がある。」と整理する。

(114)　臼井・前掲注（78）174頁。臼井・同175頁は通告処分は「もとより行政処分ではあるが，その特殊な性格にかんがみ，行政訴訟の対象にはならない」という。なお，平野ほか・前掲注（93）101頁（雄川一郎発言）

行することにより，租税刑罰権の主体である国と相手方との間に私和が成立し，刑罰が免除されることになり，それが通告処分の趣旨であるという(115)。

しかし，私和として理解することは，「通告処分が国家の刑罰権を金銭の納付と引換えに切り売りする免罪符的な制度であるかのごとき説明に帰着し」「明確化されるべき責任の所在を，履行は任意であるという表現によってあいまいにする危険を伴っている。」ので，私和の観念を用いることは困難であるし，避けるべきとされる(116)。また犯則行為が本来刑罰を科すべき行為であるならば，なぜ私和によってこれを免除できるのかが明らかではない，との批判もあり(117)，この見解を採ることはできない。

次に，通告処分を行政行為，特に準法律的行政行為であるとする見解があり(118)，租税法では科罰的行政処分とする見解が標準的であるとされる(119)。

さらに通告処分を，犯罪の非刑罰的処遇（ダイバージョン）という概念で説明する見解がある(120)。ダイバージョンとは，通常の司法手続による審理・決定を回避して，他の非刑罰的処理方法を採ることをいう（非刑罰的転換措置）(121)。「刑事制裁と行政罰との中間的存在の刑事罰の代替処分である(122)。」との見解，「通知ないし通告に応じて納付する金員は刑法上の罰金ではなく，その意味では，概念上は行政刑罰にはあたらず違反金の一種である(123)。」との見解も同趣旨であろう。

---

(115) 小早川光郎『行政法　上』（弘文堂・1999年）249頁。ただし小早川は「必ずしも納得のいくものではない。」とする。

(116) 小早川・前掲注（76）53頁，宮沢・前掲注（109）38頁。

(117) 中原茂樹「交通反則金制度」ジュリスト1330号（2007年）14頁。中原は，反則金を「行政制裁金として把握するのが妥当」という。また，山本隆司「行政制裁に対する権利保護の基礎的考察」（磯野弥生ほか編『現代行政訴訟の到達点と展望』（日本評論社・2014年））273頁は，私和は通告処分の手続の法的態様を表現するだけで通告権限，履行による納付金の法的性質を示す概念ではないとし，「通告処分は行政制裁の一種であり，ただ，過料等の通常の行政制裁とは異なる賦課手続がとられる，とみるべき」という。

(118) 新井・前掲注（106）85頁，小早川・前掲注（111）136頁，土本・前掲注（101）123頁。ただし土本は取消訴訟を否定する。

(119) 田中・前掲注（90）424頁，金子・前掲注（4）1068頁。

③　検　討

通告処分制度の性格は「立案当事者にもはっきりしないようである[124]」ともいわれており，また，制度として「中途はんぱ[125]」であることから，すっきりとした説明，性格付けをすることはなかなか困難である[126]。

まず，「私和」であるとの見解は前述したように支持できない。

準法律行為的行政行為とする見解については，現在の行政法学説はこの概念を放棄しつつあるとの指摘もあり[127]，なお維持できるか疑問である。

また，科罰的行政処分とする見解は，通告処分に従って罰金等を納付した犯則者は，それが違法である場合には納付額の返還を求めるために取消訴訟

---

(120)　川出敏裕＝宇賀克也「第6章　行政罰」（宇賀克也ほか編『対話で学ぶ行政法』（有斐閣・2003年））97，98頁，宇賀克也『行政法概説Ⅰ　第2版』（有斐閣・2007年）214頁，北村喜宣「行政罰・強制金」（磯部力ほか編『行政法の新構想Ⅱ』（有斐閣・2008年））146頁，櫻井敬子・橋本博之『行政法　第5版』（弘文堂・2016年）188頁，稲葉馨ほか『行政法　第3版』（有斐閣・2016年）182頁，高橋滋『行政法』（弘文堂・2016年）179頁，小早川・前掲注（115）250頁。刑事法学者の立場から，間接国税の通告処分制度，交通反則金通告制度を非刑罰的処理の例に挙げるものとして，田宮裕『刑事訴訟法　新版』（有斐閣・2004年）175頁。交通反則制度について，大谷実『新版　刑事政策講義』（弘文堂・2009年）113頁，森下忠『刑事政策の論点Ⅲ』（成文堂・1997年）37頁等。「非刑罰的処理」と解する場合の問題点について，上西ほか・前掲注（17）14頁（笹倉宏紀発言）。

(121)　田宮・前掲注（120）175頁。

(122)　藤木・前掲注（1）17頁。

(123)　塩野・前掲注（81）273頁。

(124)　宮沢・前掲注（109）38頁。宮沢はその理由として「反則行為自体が広範であり（実体的問題），裁判にかけることを避けて，行政的に処理しようする試みに発している（手続的問題）からである。」という。

(125)　平野ほか・前掲注（93）101頁（雄川一郎発言）。

(126)　小早川・前掲注（76）54頁は「現行制度については，財政目的における制裁手続としての性格と，刑事犯罪に関する科刑手続としての性格とをあわせもつものととらえる以外には，合理的な説明はありえない」という。そして同55頁は「現行の通告処分制度は，その存在意義と制度のしくみの合理性について論理一貫した説明を与えることが困難だという意味で，かなり問題を含んだ制度である」という。

(127)　太田匡彦・前掲注（111）233頁。なお，塩野・前掲注（81）131頁以下，藤田・前掲注（105）198頁。

あるいは不当利得返還請求訴訟を提起しうるという[128]。しかし，この見解については，「罰金（または科料）に相当する金額」は罰金そのものではないし，納付が強制されるわけでもないから[129]，科罰的という言い方が適切であるか疑問である。

そこで，刑事法学説と同様に，犯罪の非刑罰的処遇との見解によるのが現行法の下では無理のない解釈であると思われる。

⑵ 取消訴訟の可否

通告処分が取消訴訟の対象となるか否かは，その法的性格をどのように解するかという議論とも複雑に絡み合い，判例・学説では見解が分かれている[130]。

肯定説は，①通告処分は罰金相当額を納付すべき法律上の義務を一方的に課する一種の行政下命であること，②通告処分に従うか否か，受通告者に意思決定の自由が現実に存在するとはいえないこと，③履行を拒んで初めて開始される刑事裁判だけでは，権利の保障としては不十分であること，を論拠とする。

これに対して否定説は，①通告処分に従うか否かは受通告者の自由な意思に基づき，その履行には強制手段がなく，犯則者の権利義務に直接の変更を生じるものではないこと，②不服がある場合には刑事手続で争うことを法は予定していること，③取消訴訟を許すとこれらの判決が矛盾する場合があり，刑事手続と行政訴訟手続との関係について複雑困難な問題を生ずること，を主な論拠とする[131]。

すでに検討したように，犯則者が必ずしもその自由意思で履行していると

---

(128) 金子・前掲注（4）1070頁。

(129) 小早川・前掲注（115）249頁。

(130) 肯定説，否定説の根拠については，中川哲男・前掲注（90）508頁以下，矢﨑・前掲注（111）616頁以下にそれぞれ詳しい。中川・同510頁は，肯定説・否定説の対立の「最も大きな原因は，通告処分自体によって受通告者の受ける不利益があるかどうかについての見解の相違，ないしは，通告処分制度を定めた立法趣旨に関する見解の相違であろう。」という。

は言い難いこと，刑事手続でしか不服を争う途がないというのは権利保障として十分ではないことから，否定説の根拠とするところ（①②）は首肯できるものではなく，肯定説によるべきであろう。通告処分を非刑罰的処理と性格付けしたこととも矛盾しない[132]。もっとも否定説も，犯則金を納付した者は，行訴法4条の当事者訴訟又は民法703条の不当利得返還請求訴訟を提起できるとしているが[133]，訴訟に伴う経済的，時間的，精神的負担を考えると（低額の）犯則金のために提訴することは得策ではないと考えて断念する可能性があり[134]，現実的ではないだろう。

肯定説に立った場合，刑事訴訟と行政訴訟との併存による困難さをどのように回避するかが問題となる。これについては，救済は原則として刑事訴訟により，例外的に刑事訴訟の途を絶って取消訴訟が許されると解することで上記の困難を回避しようとの見解がある。その例外的場合として，たとえば，ⅰ)通告には違反事実を承認するかしないかの選択を迫る手続上の法効果があるから，納付を強いられた被通告者で通告に無効原因たる違法（重大な瑕疵）があることを主張する者に限って無効確認の提起は許されているとの見解[135]，ⅱ)通告の取消訴訟を利用して通告の無効原因である違法性のみを主張することも許されるとの見解[136]，さらに，ⅲ)事実上の強制を受けたと評価できる者にのみ行政訴訟の提起を許すとの見解[137]である。ただ，このよ

(131)　芝池義一『行政法総論講義　第4版補訂版』（有斐閣・2010年）216頁は「現行法の解釈問題としては，やむをえないことといわざるをえないようである。」という。塩野・前掲注（81）・注（2）274頁。

(132)　通告処分を非刑罰的処置として取消訴訟の必要性を示唆するものとして，稲葉ほか・前掲注（120）182頁。また，小早川・前掲注（111）137頁は，通告処分は自力執行力はないが公定力を有する行政行為であるから「任意に金額等を納付した者がその返還を求めるためには取消訴訟によらなければならず，その反面，取消訴訟が許されなければならない。」とする。

(133)　道交法の「反則金」に関するものであるが，矢﨑・前掲注（111）618頁，安西・前掲注（108）128頁。

(134)　道交法の反則金に関してであるが，川出＝宇賀・前掲注（120）100頁。

(135)　市橋・前掲注（109）241頁。

(136)　兼子仁「交通反則金納付の通告は取消訴訟の対象となる行政処分に当たるか」自治研究第58巻1号（1982年）141頁。

うな例外的な場合に限るのは権利救済としては不十分である。通告処分を非刑罰的処理と解し，そこに処分性を認め，取消訴訟の途を開く方がより直截的で救済の幅も広がるのではないだろうか(138)。行政不服審査法が通告処分を不服申立ての対象から除外しているが，その訴訟対象性を肯定するうえで決定的ではない(139)。

4　救済手段の拡充

これまで通告処分の問題点を検討してきたが，一番の問題点は犯則者（被通告者）の救済方法が制度として設けられていないことである。そこで，今後の国税通則法改正に向けて，救済方法の拡充の方途を検討してみたい。

(1)　犯則行為の非犯罪化

非犯罪化とは，それまで犯罪として処罰されてきた行為を犯罪でなくし処罰を取り止めることをいい，従来犯罪として刑罰を科していたものを改め，刑罰の代わりに過料等の行政罰を科すことも含む(140)。

通告処分の法的性格については見解が分かれていることは前述した。それは，この制度が行政制裁としての性格と特別の科刑手続としての性格とを持つ，「中途はんぱ」な制度であることに起因している。

そこで，犯則行為が犯罪行為であるという現行法の建前を改め，取消訴訟を提起できる行政制裁金であることを正面から認める制度とすべきである(141)。そうすればその法的性格が明確になるし，刑事手続と行政訴訟手続との複雑な問題が生じることはない。不服のある被通告者が取消訴訟で争う

(137)　山本・前掲注（117）274頁。

(138)　中原茂樹・前掲注（117）15頁は，反則金の行政制裁としての機能に着目し「現行法の解釈として」通告に対する取消訴訟を提起しうるという。

(139)　小早川・前掲注（111）137頁。中原・前掲注（117）15頁は「反則金が行政制裁として機能しており，それが制度上も予定されていると解される以上，反則金の通告に不服を残しつつ納付を余儀なくされた者は，通告の取消訴訟を提起し得ると解すべき」という。

(140)　大谷・前掲注（120）94頁。大谷は，ドイツの秩序違反（Ordnungswidrigkeit）を例として挙げる。森下・前掲注（120）33頁。

途も開けることとなる。他方で，現在のような行政刑罰の無自覚な増殖，過剰な依存を是正しつつ，規制効果を向上させる代替手段としても有用なものとなるものと思われる[142]。

⑵　事前手続の保障

事前手続についても，行政制裁金にふさわしい公正な手続を保障すべきである[143]。この点については，すでに反則金納付手続の公正を保障するために，中立的機関の審査を経たうえ，反則金を納付する機会を与えるべきと主張されてきたところであるが[144]，実現されるに至っていない。審査を受ける権利も法律上の権利として明記すべきであろう。

行政制裁金という立場を採用した場合，行政手続法（3条1項6号），行政不服審査法（7条1項7号），新通則法（74条の14第1項）の適用除外規定の改正も考えるべきである。

⑶　通告金額の基礎の明確化

交通反則通告制度では，反則金額が違反の態様によって定額化されているが（道交法「別表第2」），通告処分では「相当な金額」とされているだけで（旧国犯法14条1項，新通則法157条1項），その算定の基礎が明確ではない[145]。国税局長，税務署長の恣意を排するためにも定額化すべきであろう。

5　小　　括

本項では，通告処分の概要を示し，その立法理由に検討を加え，立法理由

(141)　中原・前掲注（117）15頁，川出＝宇賀・前掲注（120）102頁，佐伯仁志「制裁」『岩波講座　現代の法4』（岩波書店・1998年）230頁，上西ほか・前掲注（17）15頁（佐藤英明発言）。
(142)　北村・前掲注（120）147頁。宇賀・前掲注（120）214頁は「行政刑罰の機能不全」という。非犯罪化する際の検討課題につき，佐伯・前掲注（141）237頁。
(143)　中原・前掲注（117）15頁。
(144)　神垣・前掲注（98）87頁，宮沢・前掲注（109）38頁，阿部泰隆『行政の法システム（下）新版』（有斐閣・1997年）462頁，芝池・前掲注（131）217頁。
(145)　中原・前掲注（117）12頁，上西ほか・前掲注（17）14頁（佐藤英明発言）。

に合理性がないことを示し(1)，憲法適合性については，被通告者(犯則者)の裁判を受ける権利を侵害する可能性があることを論じた(2)。そして，通告処分の法的性格に関する従来の学説に検討を加え，非刑罰的処遇と解することが無理のない解釈であること，救済手段としての取消訴訟の可能性を検討し(3)，今後の改正として，通告処分を非犯罪化し行政制裁金と改めるべきこと等を述べた(4)。

Ⅵ　税務調査と犯則調査
－租税逋脱犯への証拠流用の可否

1　問　題　点

(1)　税務調査と憲法35条・38条1項

申告納税制度の下では，納税義務は納税者の申告によって確定するのが原則である。しかし，納税者による過誤や怠慢等により不正確な申告がある場合これを放置することは税負担の公平を損ない，申告納税制度に対する信頼が揺らぐこととなる。そこで課税庁が納税者の申告を確認し，不正確な申告を防止し，申告納税制度を守るための制度が必要となる[146]。

課税庁が，更正，決定，賦課決定を行うためには，課税要件事実に関する資料ないし情報の入手が必要である[147]。その資料を取得収集するために行われる調査を一般に「税務調査」といい，調査を行う権限を「質問検査権」という[148][149]。

質問検査に関する規定は，行政調査を認めるものであり，強制調査を認め

---

(146)　岡村忠生ほか『ベーシック税法　第7版』(有斐閣・2013年) 320頁。税務調査には，①課税庁が法律の根拠なく，納税者等の同意の範囲内で調査できる「純粋な任意調査」と，②質問検査権を行使し，納税者等は刑罰で担保された受任義務を負い間接的に調査を強制される「間接強制を伴う任意調査」とがある。以下では②の調査を税務調査として論じることとする。なお，清永・前掲注(4) 240頁以下。

(147)　金子・前掲注(4) 905頁。

るものではないが，質問に対する不答弁，検査の拒否・妨害等に対しては刑罰が科されることとなっているから（新通則法128条2号，3号），直接の強制力はないが，質問・検査の相手方には，それが適法な質問・検査である限り，質問に答え検査を受任する義務がある[150]（間接強制を伴う任意調査）。

質問検査権は，租税の公平・確実な賦課徴収のために必要な資料の取得収集を目的とするものであって，犯則の調査を目的とするものではなく，犯則調査に直接結びつく作用を一般的に有するものでもない[151]。しかし，刑罰の威嚇の下で行われる税務調査が，憲法35条の令状主義，憲法38条1項の黙秘権の保障に違反するのではないか，がかつて争われた。

最高裁は，35条・38条は行政手続にも及ぶことを原則的に認めた（黙秘権は「純然たる刑事手続においてばかりではなく，それ以外の手続においても，実質上，刑事責任追及のための資料の取得収集に直接結びつく作用を一般に有する手続には等しく及ぶ」）。質問検査権については，①刑事責任の追及を目的とする手続ではないこと，②実質上，刑事責任追及のための資料の取得収集に直接結びつく作用を一般的に有するものではないこと，③強制の度合いが低く，直接的・物理的な強制と同視すべき程度に達していないこと，④租税の公平な徴収等の公益目的を実現するために実効性のある検査制度が不可欠であることを理由に，違憲ではない，と判示した[152]。

この判示を前提とすれば，実質上，刑事責任追及のための資料の取得収集

(148)　佐藤英明『スタンダード所得税法　第2版補正版』（弘文堂・2018年）388頁。佐藤・同左は課税庁の調査を「第2次的確定権限」とし，この権限が発動されるためには情報を集める必要があり，その手続が「調査」であるとする。

(149)　質問検査権は，従来，各租税法律に個別に規定されていたが（所得税法旧234条1項，法人税法旧153条，相続税法旧60条等），平成23年12月改正で，国税通則法に規定が集められ，性質の類似した税目ごとに根拠規定が作られることとなった。金子・前掲注（4）905頁，佐藤・前掲注（148）389頁。

(150)　金子・前掲注（4）906頁，清永・前掲注（4）242頁，佐藤・前掲注（148）392頁等。なお，行政調査一般については，近時のものとして，塩野・前掲注（81）283頁，稲葉馨ほか・前掲注（120）144頁，櫻井＝橋本・前掲注（120）156頁，高橋・前掲注（120）197頁など。

(151)　金子・前掲注（4）906頁。

に直接結びつく作用を有する場合には，黙秘権の保障を侵害することとなる[153]。

⑵　犯則調査と憲法35条・38条1項

旧国税犯則取締法の対象となる国税に関する犯則事件とは，租税犯と同義であり，租税の確定・徴収および納付に直接的に関連する犯罪をいい，具体的な租税犯の容疑がある場合に犯則事件の解明のために行う調査を租税犯則調査という[154]。

租税犯則調査には，任意調査と強制調査とがある。任意調査は，当該職員が国税犯則事件を調査するため必要があるとき，犯則嫌疑者若しくは参考人に対し出頭を求め，質問し，犯則嫌疑者の所持する物件，帳簿，書類等を検査し又はこれらの者が任意に提出した物を領置することができる（新国税通則法131条1項）。この場合の質問・検査・領置はそれに応じるか否かが犯則嫌疑者等の任意に委ねられ，実力による強制は許されない[155]。犯則事件の調査は，課税処分等のための調査とは異なり，実質的に刑事手続に準ずるものであるから，犯則嫌疑者は黙秘権を有するものと解される[156]。

これに対して，強制調査は，当該職員が，犯則事件を調査するため必要があるとき，所属官署の所在地等を管轄する地方裁判所または簡易裁判所の裁判官の許可を得て，臨検・捜索・差押えをすることができる（新通則法132条1項）。刑事手続上の調査に準じるものであり，強制的な調査であるから，裁判所の事前の許可を必要とし，ここでいう裁判所の許可は憲法35条の令

---

(152)　最大判昭和47年11月22日刑集26巻9号554頁。芦部信喜『憲法　第3版』（岩波書店・2002年）225頁，金子宏『租税法理論の形成と解明　下巻』（有斐閣・2010年）618頁以下。高橋靖「税務調査と憲法」『行政判例百選①　第6版』（有斐閣・2012年）220頁。

(153)　伊藤正己『憲法　第3版』（弘文堂・1995年）349頁。伊藤・同左は「行政上の目的と犯罪捜査や訴追との間に密接な関係があるときは，不利益な供述強要の禁止に違反するおそれがある。」という。阿部泰隆『行政の法システム上』（有斐閣・1992年）315頁。

(154)　金子・前掲注（4）1062頁。

(155)　金子・前掲注（4）1064頁，清永・前掲注（4）343頁。

(156)　清永・前掲注（4）344頁，金子・前掲注（4）1064頁。

状に当たる(157)。また，犯則調査は行政調査の一種であるが，その目的は，後に述べる告発（新通則法155条）であるから，憲法38条1項の保障が及ぶ(158)。

犯則調査の結果，犯則があると思料するときは，直接国税の場合には，当該職員は検察官に告発しなければならない（新通則法155条1号，間接国税については同法156条参照）。告発がなされると事件は検察官に引き継がれ，刑事手続に従って処理される（新通則法159条）。

(3)　税務調査と犯則調査

既述したように，課税庁には税務調査と犯則調査という二つの権限が与えられている。税務調査については，答弁の拒否や虚偽答弁が罰則をもって禁じられ（新国税通則法128条2号），犯則調査は告発（新通則法155条），つまり刑事処分を目的とした手続である。「これらの事情を足しあわせると，答弁拒否が処罰される税務調査で－刑罰の脅しによって－得られた納税者・犯則嫌疑者の供述の内容が，当人の刑事訴追に用いられる恐れがあり」，そのようなことが起これば自己に不利益な供述を強要されないとする憲法38条1項に違反することとなる(159)。

そこで，税務調査が間接強制によってその実効性が担保されていることとの関係で，質問検査権が「犯罪捜査のために認められたものと解してはならない。」（新通則法74条の8）と定められている(160)。法律によって与えられた調査権限は，当該調査を必要とする行政決定のために用いられなければならず，この規定は確認的なものとされる(161)。しかし，具体的場合におけるこの法理のあてはめは単純ではない(162)。

その問題の一つが，税務調査によって得られた証拠を犯則調査に流用する

---

(157)　清永・前掲注（4）345頁，金子・前掲注（4）1065頁。
(158)　佐藤・前掲注（148）394頁，伊藤・前掲注（153）・注（4）350頁。
(159)　上西ほか・前掲注（17）18頁（佐藤英明発言），佐藤・前掲注（148）394頁。
(160)　佐藤・前掲注（148）394頁。
(161)　塩野・前掲注（81）287頁。
(162)　塩野・前掲注（81）・注（2）289頁。

ことができるか，ということであり，従来議論のあるところである(163)。次項で取り上げる最決平成 16 年 1 月 20 日はこの点について争われた事案であり，この最高裁決定を通して問題を検討していきたい。

2 最決平成 16 年 1 月 20 日刑集 58 巻 1 号 26 頁の検討

(1) 事案の概要(164)

X は，代表取締役ないし実質的経営者として，株式会社 Y 及び同 Z の業務全般を統括する者である。X は Y，Z の経理統括者と共謀の上，Y，Z の業務に関し法人税を免れようと企て，売上げの一部を除外し架空経費を計上する等の方法によって所得を秘匿し，延べ 5 事業年度にわたり法人税計 2 億 9,000 万円余りを逋脱した。

今治税務署は，高松国税局調査査察部による内定調査を察知した X が，税理士を介して修正申告を申出てきたため，直ちに Y，Z 2 社に対する税務調査を行い，必要な資料の提供を受けた。その後，今治税務署の職員は，高松国税局調査査察部に税務調査を連絡した上，提供を受けた資料の一部をファックス送信した。高松国税局調査査察部は連絡を受けたため，予定していた強制調査を繰り上げて，内定調査で取得収集していた資料に，今治税務署からの資料の一部を加えて，臨検捜索差押許可状を請求し，その発付を得て，Y，Z 2 社等を臨検捜索し，有罪認定に必要な証拠資料を押収した。

X，Y，Z は法人税法違反の罪で起訴されたが，弁護人は，本件税務調査

---

(163) 学説の整理，検討については，山口雅高「法人税法（平成 13 年法律第 129 号による改正前のもの）153 条ないし 156 条に規定する質問又は検査の権限の行使により取得収集される証拠資料が後に犯則事件の証拠として利用されることが想定できる場合と同法 156 条」『最高裁判所判例解説　刑事篇　平成 16 年度』（法曹会・2007 年）49 頁以下が簡潔に整理されている。

(164) 事案の概要，判旨については，川出敏裕「税法上の質問検査権限と犯則事件の証拠」『平成 16 年度　重要判例解説』（有斐閣・2005 年）199 頁，増井良啓「税務調査と国税犯則調査」『行政判例百選①　第 6 版』（有斐閣・2012 年）224 頁，笹倉宏紀「質問検査で取得収集した証拠資料の犯則事件での利用」『租税判例百選　第 6 版』（有斐閣・2016 年）234 頁，判例時報 1849 号 133 頁等。

は犯則調査の手段として行使されるなどしているから，当時（平成6年）の法人税法156条（現在の国税通則法74条の8）に違反する違法なものであり，それによって獲得された証拠及びそれに由来する証拠は違法収集証拠として証拠能力を欠くと主張した。

第1審（松山地判平成13年11月22日）は「税務調査が犯則調査の端緒となることは許されているから，そのことによって，本件の犯則調査が違法になるわけでない。しかも国税局調査査察部は，内偵調査により嫌疑事実を把握していた上，相当程度の証拠資料を収集していたから，税務署からの情報提供は，犯則調査の端緒にすらなっていない。」として，この主張を退けた。

これに対して控訴審（高松高判平成15年3月13日）は，税務調査により取得された資料を犯則調査又は犯罪捜査等の刑事手続のために利用することが一般的に禁止されるわけではないとしつつ，本件では，税務調査のための質問検査の権限が，調査査察部の職員の依頼か，もしくは税務署の職員の自主的な協力の意図に基づき，犯則調査のために証拠資料を保全する目的で行使された可能性を排除することができず，「本件の税務調査の手続は，質問検査権の権限を犯則調査又は犯罪捜査のための手段として行使したものと一面で評することができるから，本件の税務調査は法人税法156条に違反する」とした。ただし，その違法は重大ではないとして，証拠能力を肯定し，結論としては，第1審判決を是認した。

X ら上告。

最高裁は，弁護人の主張はいずれも適法な上告理由に当たらないとしつつ，本件質問検査権の行使の適法性につき，職権で以下のように判示した。

⑵　決定要旨

上告棄却

「法人税法（平成13年法律第129号による改正前のもの）156条によると，同法153条ないし155条に規定する質問又は検査の権限は，犯罪の証拠資料を取得収集し，保全するためなど，犯則事件の調査あるいは捜査のための手段として行使することは許されないと解するのが相当である。しかしながら，上記質問又は検査の権限の行使に当たって，取得収集される証拠資料が後に犯則事件の証拠として利用されることが想定できたとしても，そのことによって直ちに，上記質問又は検査の権限が犯則事件の調査あるいは捜査のための手段として行使されたことにはならないというべきである。

原判決は，本件の事実関係の下で，上記質問又は検査の権限が，犯則事件の調査を担当する者から依頼されるか，その調査に協力する意図の下に，証拠資料を保全するために行使された可能性を排除できず，一面において，犯則事件の調査あるいは捜査のための手段として行使されたものと評することができる旨判示している。しかしながら，原判決の認定及び記録によると，本件では，上記質問又は検査の権限の行使に当たって，取得収集される証拠資料が後に犯則事件の証拠として利用されることが想定できたにとどまり，上記質問又は検査の権限が犯則事件の調査あるいは捜査のための手段として行使されたものとみるべき根拠はないから，その権限の行使に違法はなかったというべきである。そうすると，原判決の上記判示部分は是認できないが，原判決は，上記質問又は検査の権限の行使及びそれから派生する手続により取得収集された証拠資料の証拠能力を肯定しているから，原判決は，結論において是認することができる。」

⑶　検討

新国税通則法が，税務調査は「犯罪捜査のために認められたものと解してはならない。」と定めていること（同法74条の8）は前述した。では，いかなる場合が犯罪捜査のために行われたことになり，質問検査権の行使が違法になるのであろうか。

本決定は，①質問又は検査の権限は，犯罪の証拠資料を取得収集し，保全するためなど，犯則事件の調査あるいは捜査のための手段として行使されることは許されないこと，②その判断基準を犯則調査や捜査の遂行を容易にしたとか，促進したとか等の客観的な結果ではなく，当該職員の主観に求め，③質問又は検査の権限の行使に当たり，取得収集される証拠資料が後に犯則事件の証拠として利用されることが想定できたとしても，そのことによって直ちに，質問又は検査の権限が犯則事件の調査あるいは捜査のための手段として行使されたことにはならない，と判示した(165)。

①については異論のないところであろう。税務調査としての質問検査権が，犯則調査あるいは捜査のために行使されたならば令状主義（憲法35条）や黙秘権（憲法38条1項）等の刑事手続上の保障のないままに，刑事責任追及のための証拠収集を行うことにほかならないからである(166)。①の判示は，最高裁としてこの点を確認したものといえよう。

では，②についてはどうか。最高裁は，質問検査権の行使が違法になるか否かの判断基準を当該職員の主観に求め，取得収集される証拠資料が後に犯則事件の証拠として利用されることが想定できただけでは，質問検査権の行使は違法とならないとしている。

しかし，違法か否かの判断基準を当該職員の主観に求めることは，基準として不明確であるというべきであろう(167)。しかも，どの程度「想定」していたならば違法なのか，判示からは明らかではない(168)。

本件の事実関係をもう一度見てみよう。本件は，税務調査を行い必要な資料の提供を受けた税務署職員が，国税局調査査察部に税務調査を連絡し，提供を受けた資料の一部をファックス送信し，連絡を受けた査察部が，予定していた強制調査を繰り上げて，内偵調査で取得収集していた資料に税務署から送信を受けた資料の一部を加えて臨検捜索差押許可状を請求し，その発付を得て被告会社2社等を臨検捜索し，有罪認定に必要な証拠資料を押収した，

---

(165)　笹倉・前掲注（164）234頁。

(166)　川出・前掲注（164）200頁。

(167)　山口・前掲注（163）57頁は，「主観的意図を考慮するのであれば，その主観的な意図の態様は，事案によってかなりの差異があると考えられる。」「質問検査権を行使した主体の主観的な意図が，質問検査権の行使を犯則調査に結びつけるようなものであったかどうか，すなわち，刑事責任を追及するためであったかどうかについて，細かい検討が必要になると考えられる。」とする。

(168)　川出・前掲注（164）201頁は，質問検査権の行使が違法となるのは，単なる認識，想定を超えて，より積極的に，それを「犯罪捜査」のために利用したと認められる場合ということになる，という。

というものである。

第1審は，国税局調査査察部が，「内偵調査により嫌疑事実を把握していた上，相当程度の証拠資料を収集していたから，税務署からの情報提供は，犯則調査の端緒にすらなっていない。」と判断している(169)。

これに対して，控訴審は，税務署と国税局調査査察部とが質問検査に先立って連絡を取り合っていた可能性があり，質問検査権が犯則調査のための証拠資料を保全する目的で行使されたと認定し(170)，本件の質問検査権の行使は違法であるが，違法は重大でないとし獲得された証拠の証拠能力を肯定した。

そして，最高裁は，「質問又は検査の権限が犯則事件の調査あるいは捜査のための手段として行使されたとみるべき根拠はない」として，前記のような判断をしている。

しかし，税務署職員が調査査察部に税務調査を連絡し，資料の一部をファックス送信し，調査査察部が一部とはいうものの提供を受けた資料を利用したという事実からすれば，質問検査権が犯則調査のために証拠資料を保全する目的で行使された可能性は排除することができない，とする控訴審の判断が，新国税通則法74条の8の趣旨に適うというべきではないだろうか(171)。また，当該職員の「想定」というような主観的な基準によるよりも，違法収集証拠の排除法則(172)によった控訴審の方が，基準として受け入れ易いように思われる。本件は最高裁の「救済判決」と解すべきで，違法な質問検査権の行使か否かを当該職員の「想定」の有無（程度）を基準とすることを一般的な公式とすることは危険であろう。

---

(169)　山口・前掲注（163）37頁。
(170)　山口・前掲注（163）60頁。
(171)　石島弘「税務調査と犯則調査の差異」（小川英明・松沢智・今村隆編『新・裁判実務大系租税争訟法』（青林書院・2005年））42頁。なお，笹倉・前掲注（164）235頁は，「国税通則法74条の8がその存在意義を発揮するのは，質問検査の客観的要件が充足され，かつ，当該職員もそのことを認識しているが，同時に犯則調査に対する協力の意図も併せ有する場合であることになる。」という。

(4) 実務運用の問題

税務調査で取得収集した証拠資料を後の犯則事件で利用することは，憲法38条の趣旨が実質的に損なわれるのを防止するため，これを否定すべきであろう[173]。そして，租税職員が質問・検査の過程でたまたま納税義務者の租税犯則事実を知った場合は，租税職員の守秘義務（国家公務員法100条，新国税通則法127条等）が公務員の告発義務（刑訴法239条2項）に優先し，当該職員はそれを外部にもらしてはならない義務を負う[174]，と考えるべきである。

実務では，質問検査を行う課税部門から犯則調査を担当する査察部門への情報提供は限定的にしか行われていない，という[175]。そして，「質問検査によって取得収集された証拠物は，犯則調査に利用するのであれば，臨検・捜索・差押許可状によって改めて押収し直し，質問検査によって得られた関係者の供述は，犯則調査の過程で，黙秘権を保障した手続により，新たに関

(172)　違法収集証拠の排除法則とは，証拠収集過程で違法な行為があった場合は，その証拠物に証拠能力を認めない原則をいう。①令状主義の精神を没却するような重大な違法があり，②将来の違法な捜査を抑制する見地からして，違法収集証拠の許容が相当でないときに証拠能力が否定される（最判昭和53年9月7日刑集32巻6号1627頁）。寺崎嘉博『刑事訴訟法　第3版』（成文堂・2013年）410頁。

(173)　金子・前掲注（4）907頁，清永・前掲注（4）245頁，岡村ほか・前掲注（146）322頁は通説とする。芝原邦爾『経済刑法　上』（有斐閣・2005年）129頁，中村勲「税務訴訟と刑事処分との関係（1）－刑事判決の影響」（小川英明・松沢智編『裁判実務大系20　租税争訟法』青林書院・1988年）566頁，石島・前掲注（171）42頁等。松沢智『租税処罰法』（有斐閣・1999年）126頁は，査察部門への連絡は，税務調査により重加算税の賦課決定がなされた場合に限って許され，逋脱犯に該当するかを査察官に検討させることまでも禁止するものではない，という。なお，犯則調査で得られた証拠資料を課税処分・青色申告承認取消処分のために利用することは許される。金子・前掲注（4）907頁，清永・前掲注（4）・注（8）247頁。

(174)　金子・前掲注（4）907頁。租税職員の守秘義務について，金子・同左850頁。清永・前掲注（4）245頁。なお，阿部・前掲注（144）314頁は，秘密は保護に値するものをいい，犯罪は納税者の個人の秘密に当たらず，保護に値しないという。

(175)　笹倉・前掲注（164）235頁。笹倉は，この運用は質問検査が犯則調査に発展する事態の「一般性」を排除するためのものと解される，という。

係者から供述を得直すなど，当該証拠を犯則調査のための手続で新たに取得収集し直す必要がある(176)。」との見解があり，実務もほぼそのように運用されている，という(177)。

しかし，こうした見解，運用も「当初から犯則調査に利用するため質問検査権を行使して当該資料を取得収集したものではないことが，一応明らかにされる(178)」ものに過ぎず，問題の根本的解決策とは言い難い(179)。

⑸ ファイアーウオールの創設－残された問題

前述のように旧国税犯則取締法が新国税通則法に改正され，税務調査が「犯罪捜査のために認められたものと解してはならない。」（新通則法74条の8）が設けられた。

しかし，税務調査の担当部署と犯則調査の担当部署との間の情報のやりとりを制限する仕組み，ファイアーウオールは，今回の改正では規定が設けられなかった(180)。

そこで，次のような見解が主張されている(181)。すなわち，調査手続や情報の透明度を上げ，税務調査への納税者の信頼を確保するために，一定のルールを設けてこれを公表すること。そのルールとして，税務調査を担当する課税部門と犯則調査を担当する査察部門との間の情報の流通や共有について，①共有される情報の内容と，②情報を共有する手続，を定めること，具体的には，①税務調査において得られた情報で査察部門が利用できるのは犯則事件の「端緒」の情報に限定されるという情報の内容と，②課税部門の一定の責任ある立場の者の判断によってのみ税務調査において得られた情報が査察

---

(176) 山口・前掲注（163）55頁。
(177) 笹倉・前掲注（164）235頁。
(178) 山口・前掲注（163）55頁。
(179) 増井・前掲注（164）225頁は，「不答弁罪で担保された供述を，刑事訴追のための証拠として用いることには，問題が残る。」と本決定を批判し，「解釈論として，税務調査を事案に応じて適用違憲とする」可能性を検討すべきという。
(180) 上西ほか・前掲注（17）18頁（佐藤英明発言）。
(181) 佐藤・前掲注（148）399頁。

部門と共有されるという情報共有の手続，を定めることが適当であるとする[182]。

上記のような，「利用できる情報の制限」と「その際の手続」とを定めるべきとの考えは，支持できるものである。

3　小　　括

本項では，税務調査，犯則調査の概要を紹介し，それぞれに憲法35条，38条の適用があることと，税務調査と犯則調査との関係について述べ（1），税務調査で得られた証拠を犯則調査に流用できるかについて，最決平成16年1月20日の検討を通じてこれを認めるべきではないことを主張した。そして，今後の課題として「ファイアーウオール」の新設も考慮されるべきことを述べた（2）。

Ⅶ　お わ り に

租税刑罰論は「誠実な納税者」には無縁の領域であるように思われがちである。しかし，税務行政の中で占める比重は決して軽いものではない。誠実な納税義務の履行と脱税とはいわば表裏の関係にあるのである。国税当局は，脱税者には「一罰百戒」の罰を与えるべく，新たな立法措置を採っていること，それらには種々問題点があることは本稿で論じたとおりである。租税の公平な負担は租税制度の根幹であることに異論はないであろう。しかし，国民を刑罰の威嚇の下に晒し，その履行を迫ることには，国民（納税者）の人権を侵害する危険が潜在することを忘れてはならない。

（182）　佐藤・前掲注（148）399頁。

第7章　税務訴訟における訴訟法上の問題

東洋大学教授　高野　幸大

はじめに

一般に，行政不服審査手続と行政（事件）訴訟手続とを総称して，行政上の法律関係に関する争訟を行政争訟という(1)が，税務行政不服審査手続と税務行政（事件）訴訟手続とを総称して，租税法律関係に関する争訟を税務行政争訟という(2)。

行政争訟と税務行政争訟の観念が区別されているのは，後者の対象とする事件が行政の一分野である税務行政に限定されるが故ではなく，行政争訟の制度において，行政不服審査手続および行政（事件）訴訟手続に関する一般法としてそれぞれ行政不服審査法（昭和37年法律160号）および行政事件訴訟法（昭和37年法律139号）（以下「行訴法」と表記する場合がある。）が定められているのに対して，国税を例にとれば，国税通則法（昭和37年法律66号）（以下，「通則法」と表記する場合がある。）および他の国税に関する法律にそれ

(1)　雄川一郎『行政争訟法』（有斐閣・1957年）7頁。
(2)　新井隆一『租税法の基礎理論〔第3版〕』（日本評論社・1997年）186頁。金子宏『租税法〔第22版〕』（弘文堂・2017年）1001頁は，これを「租税争訟」と呼ぶが，本稿では税務争訟の語を用いることとする。

らの特別法として別段の定めが設けられて，一般の行政争訟とは異なった取扱いがされることとされているところがあることによるものである(3)。

もっとも，税務行政（事件）訴訟は，行政事件訴訟法の形式で行われるし，それゆえ行政法の研究対象であり，行政法の研究成果によるところも少なくない(4)ので，本稿も行政法の議論を参照しつつ標題の問題について考察を行う。また，行訴法7条は，「行政事件訴訟に関し，この法律に定めがない事項については，民事訴訟の例による。」と規定するが，むしろ民事訴訟法（以下，「民訴法」と表記する場合がある。）に多くをよっているので，適宜，民事訴訟の議論を参照する。

いずれにしても，本稿は，税務行政争訟のうち，税務行政（事件）訴訟を対象とし，税務行政法上の近年の理論状況について，行政訴訟制度の改正や学説・判例の進化を踏まえながら，確認・検討を行うことを目的とするものであり，税務行政不服審査手続に係る議論については別稿で考察が行われる(5)。また，立証責任の配分の問題等も税務行政（事件）訴訟における重要な論点の一であるが，これについては当初，要件事実論と合わせて別稿が予定されていたこともあり，本稿では検討を行わない(6)。

I　税務訴訟の性質と訴訟物

民訴法上，原告の訴え，具体的には訴状に記載された請求の趣旨および原因によって特定されて，裁判所の審理の対象となる権利関係を訴訟物といい，これにより，二重起訴の禁止（民訴法142条），訴えの変更（同法143条），請求の併合（同法136条），再訴の禁止（同法262条2項）および既判力の客観的

---

(3)　新井・前掲注（2）・186－187頁。
(4)　金子・前掲注（2）・1001頁は，税務行政（事件）訴訟が，行政訴訟の一種であることを理由とする。
(5)　本論集の山元俊一「不服審査制度改正の租税実務への検討」参照。
(6)　要件事実論については，伊藤滋夫・岩﨑政明編『租税訴訟における要件事実論の展開』（青林書院・2017年）に収録されている各論稿等を参照されたい。

範囲（114条）など訴訟法上の効果が決定されることから，訴訟物の特定の基準は訴訟手続上重要な意義をもつ(7)。

また，民訴法上，給付訴訟と形成訴訟の訴訟物について実体法上の請求権の個数に応じて訴訟物が成立すると解する，現在も判例が採用する旧訴訟物理論と，実体法上の請求権が複数存在しても一個の給付を基礎付けるものであれば，この給付を求める地位自体を訴訟物と解する，現在の多数説である新訴訟物理論の対立がある(8)。具体的には賃貸借契約終了後も明渡さない賃借人に対する土地賃貸人の訴訟を考えたとき，明渡しを求める実体法上の複数の請求権，すなわち物権的請求権である返還請求権と賃貸借契約終了により賃貸人が取得する目的物の返還請求権それぞれ別々に訴訟物が成立すると解するのが旧訴訟物理論であり，実体法上の請求権としては複数でも，いずれも土地の明渡しを求める地位を基礎付ける法的根拠であって明渡しを求める地位そのものを訴訟物と解するのが新訴訟物理論である。

ここで，行訴法において，「行政事件訴訟」とは，「抗告訴訟，当事者訴訟，民衆訴訟及び機関訴訟をい」い（2条），「抗告訴訟」とは「行政庁の公権力の行使に関する不服の訴訟をいう」（3条1項）。さらに，同法において，「処分の取消しの訴え」とは，「行政庁の処分その他公権力の行使に当たる行為（次項に規定する裁決，決定その他の行為を除く。以下単に「処分」という。）」の取り消しを求める訴訟をいう」（3条2項）。

民訴法における議論との対比において，取消訴訟が民事訴訟のいずれの類型（給付訴訟・形成訴訟・確認訴訟）に該当し（これを取消訴訟の性質論という(9)），取消訴訟の訴訟物が何であるかを論じることに実益はないとつとに指摘されていた(10)が，また一方でこうした議論は取消訴訟の内在的な構造を明らかにするという点で意義を有していると指摘されていた(11)。

---

(7)　伊藤眞『民事訴訟法〔第4版補訂版〕』（有斐閣・2014年）199頁。
(8)　伊藤・前掲注（7）・200頁。
(9)　塩野宏『行政法Ⅱ　行政救済法〔第5版補訂版〕』（有斐閣・2013年）87頁。
(10)　兼子仁『行政法総論』（筑摩書房・1983年）255頁等。

民事訴訟においては，法的行為の前後の法律関係を争い，また債権債務関係における争いにおいて債権者が原告となるのに対して，行政法関係（租税法関係）における取消訴訟においては，法律関係の変動をもたらす原因行為である法的行為そのものの違法性を直接的に争い，また租税債権債務関係に係る争いにおいて債務者である納税義務者が原告となるなど，両者では訴訟の構造が異なるから，その意義の有無はおいても，民事訴訟との対比において取消訴訟の性質を論じることは必ずしも容易ではないように解される。

いずれにしても，通説は，取消訴訟の排他的管轄を前提とし，取消訴訟において取消されない限りは，処分の法効果は発生したものと扱われ，取消判決によってその効果が取り消されることにより原状が回復されると解することで，取消訴訟は形成訴訟であると論じる(12)。

ただし，取消訴訟の排他的管轄を根拠として公定力を理解する通説（形成訴訟説）と対峙して，違法な処分が取消訴訟により取消されるまでは適法・有効とされるのは，適法要件の存否に係る行政庁の処分時における判断に一応の妥当力が暫定的に付与される結果であると解し，抗告訴訟を行政庁の処分時における適法要件の存否に係る確認訴訟であるとする確認訴訟説(13)も有力である。

行政行為の瑕疵論において，理論上の問題として私法の法律行為における場合と同様に，無効の行政行為と取消しうべき行政行為とを区分し，争訟手続との関連からこの区別の必要と実益とを論じ(14)，より具体的には取消訴

---

(11) 浜川清「行政訴訟の諸形式とその選択基準」杉村敏正編『行政救済法（1）』（有斐閣・1990年）65頁，岡田正則「税務行政訴訟における取消訴訟の訴訟物」日税研論集43号（2000年）55頁も参照。

(12) 塩野・前掲注（9）・88－89頁。

(13) 白石健三「抗告訴訟」山田幸男ほか編『演習行政法（下）』（青林書院新社・1979年）20頁。大浜啓吉『行政裁判法　行政講義Ⅱ』（岩波書店・2011年）45頁は，形成訴訟説にたつ塩野・前掲注（9）・84頁が根拠として主張する規律力を否定し，憲法73条1号が行政権に「法律を誠実に執行」する権限を与えているのは，適法処分を命じている趣旨であると論じる。また，大浜啓吉『行政法総論　行政法講義Ⅰ〔第3版〕』（岩波書店・2012年）282頁は，規律力から取消訴訟の排他的管轄を導き出すことができる訳ではないと指摘する。

訟の排他的管轄に服することになる行政行為の瑕疵とはどの程度のものであるのかという問題を設定し，それに対して明治憲法下の行政裁判法上，無効の瑕疵については行政裁判所ではなく司法裁判所が先決問題としてこれを認定することができるとされていたことに，現行行訴法3条4項が無効等確認訴訟を法定していることに根拠が求められている(15)。その意味で，若干論理が循環している憾みがあるように解されるが，抗告訴訟の性質を形成訴訟と解するのは，私法上，裁判上の離婚（民法770条），株主総会等の決議の取消しの訴え（会社法831条1項）および社員総会等の決議の取消しの訴え（一般社団法人法266条1項）のように，ある種の特定の法律関係の変動については特別の必要から訴えに対する裁判所の審判にかからせていることと，取消訴訟の排他的管轄とを同様に解してのことであるとしても，私法の形成訴訟においては実体私法上の形成権が訴訟物となるのに対し，瑕疵ある行政行為の取消しを行うことができるのは，処分庁・その上級行政庁・裁判所等の争訟裁断機関であって，私人は瑕疵ある行政行為の取消を請求する権利を有するのみであるから，抗告訴訟においては私法上の形成訴訟における形成権の概念は存在しないという相違がある(16)。その意味で，形成訴訟説の中には，抗告訴訟においては，主張された行政行為の瑕疵（違法）に対応して判決によりその違法性が有権的に確定され，瑕疵ある行政行為により形成された法関係を覆滅させるという意味で形成判決となる(17)，と解すべきであることを指摘するものがある。

これに対して，確認訴訟説は，違法な行政行為には私人は本来最初から拘束されることはないと解した上で，抗告訴訟を行政庁の「処分時点における具体的処分権限の不存在（実体的要件事実の瑕疵）ないし手続要件の不遵守」(18)を確認するための訴訟と解する。

---

(14)　田中二郎『新版行政法（上）〔全訂第2版〕』（弘文堂・1974年）135－138頁。
(15)　塩野宏『行政法Ⅰ　行政法総論〔第6版〕』（有斐閣・2015年）179頁。
(16)　雄川・前掲注（1）・58－59頁。
(17)　雄川・前掲注（1）・59頁。
(18)　大浜・前掲注（13）・58頁。

法治国原理からすればその主張において正しいものを含むものの，行訴法の規定からも窺えるように，わが国法が行政行為の瑕疵の程度を区別していることをどう解するのか必ずしも明らかでないが，租税法律関係において，税務署長等の行う課税処分の法的性格は準法律行為的行政行為の確認行為であり(19)，性質上内容が事実に合致することを要する観念通知を中核とすると解することができるから，税務行政（事件）訴訟においては，税務署長等の観念通知についてその内容が事実に合致しているか否かの確認訴訟と解する余地も否定できないように解される。

もっとも，抗告訴訟の訴訟物の問題を考察するに当たり，抗告訴訟全体を通じて統一的に行うことが必要であるとすれば(20)，行訴法の立脚する抗告訴訟観が従来の「拡張的抗告訴訟観」(21)から義務付け訴訟や差止訴訟を法定した平成16（2004）年の改正による「開放的抗告訴訟観」(22)へと移行したことをどう解するかということについて，なお検討を要する。

いずれにしろ，取消訴訟の訴訟物について，通説・判例は，処分の違法性一般を訴訟物とみる違法性一般説にたっている(23)。

このことに関して，取消訴訟において原告は被告に対して，当該処分が違法であって是認できない旨と，それに対応して当該処分が取消されるという是正措置がとられるべきことを主張するところ，処分が取消されるべきことの原告の主張が取消訴訟の訴訟物であり，その基本的な部分を捉えて「取消訴訟の訴訟物は処分の違法性である」と論じられている(24)。

最高裁（1小）昭和49年4月18日判決・訟務月報20巻11号175頁は，「被上告人のした本件決定処分は，上告人の昭和38年における総所得金額に

(19) 新井・前掲注（2）・112頁。
(20) 田中二郎「抗告訴訟の本質」『司法権の限界』（弘文堂・1976年）52頁。
(21) 雄川一郎『行政争訟の理論』（有斐閣・1986年）189頁。
(22) 塩野・前掲注（9）・83頁。
(23) 雄川・前掲注（1）・61頁，岡田・前掲注（11）・56頁は，違法性一般説が，理論的整合性を欠いているとの問題意識から標題の問題を検討する。
(24) 小早川光郎『行政法講義　下Ⅱ』（弘文堂・2007年）154-155頁。

対する課税処分であるから，その審査手続における審査の範囲も，右総所得金額に対する課税の当否を判断するに必要な事項全般に及ぶものというべきであり，したがつて，本件審査裁決が右総所得金額を構成する所論給与所得の金額を新たに認定してこれを考慮のうえ審査請求を棄却したことには，所論の違法があるとはいえない（なお，本件審査裁決は，審査請求を棄却しているから，不利益変更の禁止に触れないことはいうまでもない。）そして，本件決定処分取消訴訟の訴訟物は，右総所得金額に対する課税の違法一般であり，所論給与所得の金額が，総所得金額を構成するものである以上，原判決が本件審査裁決により訂正された本件決定処分の理由をそのまま是認したことには，所論の違法は認められない。」と判示する。

ただし，「課税処分の取消訴訟における実体上の審判の対象は，当該課税処分によって確定された税額の適否であ」ると判示する最高裁（3小）平成4年2月18日判決・民集46巻2号77頁のような裁判例もあることを考えると，少なくとも最高裁は違法性一般説で一貫しているわけではないことに注意をする必要がある。

この他，行政一般に関して，公務員の懲戒処分のような特定の事由に着目してなされる「修正違法性一般説」，違法事由が異なるごとに訴訟物は異なると解する「処分理由別個別違法事由説」などが唱えられている[25]。

税務訴訟において租税法の有力説は，基礎的課税要件事実が異なる場合には，「処分理由別個別違法事由説」に立つ[26]。

税務争訟において税額の確定処分に対する争訟は確定された税額の適否であるとする総額主義と争訟の対象は確定処分の理由に係る税額の適否である

(25)　南博方原編著・高橋滋ほか編『条解行政事件訴訟法〔第4版〕』〔人見剛執筆〕（弘文堂・2014年）214頁。なお，同書は「処分理由に関する個別違法事由説」と呼ぶ。

また，同書にいう二分肢説（救済訴訟説）については，岡田正則「行政訴訟における取消訴訟の訴訟物」『新井隆一先生古稀記念論文集』（成文堂・2000年）3頁等も参照。

(26)　金子・前掲注（2）・1008－1009頁。

とする争点主義の対立があるところ，総額主義は，訴訟における口頭弁論終結時まで理由の差替えを認めるため，行政法における通説・判例の違法性一般説と親和的である(27)。

この点に関して，学説は，青色申告の場合と白色申告の場合とを区別して理由の差替えの問題を考察するものが少なくないように思われるので，この点も含めて改めて後述することとしたい。なお，「違法状態排除説」(28)については更正の取消訴訟係属中に再更正が行われた場合のように，同一の事実関係に基づくものであれば訴訟物の同一性は失われないとして，訴えの変更等が不要であることを論じるものでもあるので，「狭義の訴えの利益の問題」の部分で，同説の論じる「自働投入説」の問題として言及することとしたい。

Ⅱ　訴訟要件――取消訴訟のそれを中心として

「裁判所が訴えを受理し，訴訟係属が発生すると，当事者と裁判所の間には，訴訟法律関係が発生し，裁判所は訴えに対する訴訟行為を義務付けられる」(29)。ここで，「本案判決とは，訴訟物についての裁判所の判断を内容とする判決を意味」(30)する講学上の概念であるところ，訴訟要件は「本案判決がなされるための要件」(31)であって，国家の提供する裁判制度を利用して本案審理を受けるための要件である。

(27)　金子・前掲注（2）・1007頁。

(28)　田中(二)・前掲注（14）・293－294頁，田中(二)・前掲注（20）・82頁。違法状態排除説は，抗告訴訟の訴訟物について「行政庁の第一次判断を媒介として生じた違法状態の排除」（田中(二)・前掲注（14）・293－294頁），あるいは「一定の事実関係を基礎とし，これについて行政庁が明示的又は黙示的に示した第一次的判断（公権力の行使）」を媒介として生じた違法な状態の排除」（田中(二)・前掲注（20）・82頁。）であると論じる。この説に対しては，「違法状態の排除」と論じるのみでは訴訟物を特定することにならないとの批判（大浜・前掲注（13）・57頁。）がある。

(29)　伊藤・前掲注（7）・165頁。

(30)　伊藤・前掲注（7）・482頁。

(31)　伊藤・前掲注（7）・165頁。

行政（事件）訴訟（税務訴訟）は，司法の作用として行政権の行使の主体の相手方の権利利益の救済を図ることを主たる目的とし，その結果として行政活動の適法性を維持することを併せて目的とする[32]から，行政（事件）訴訟（税務訴訟）を利用しようとする者には，当該制度を利用することにより権利利益の救済を図られる可能性のあることが求められる。そうした可能性の有無を判断するために求められるのが，広義の訴えの利益である。広義の訴えの利益は，⑴処分性，⑵原告適格および⑶狭義の訴えの利益から構成される。以下において，それぞれ順に確認をすることとする。

⑴　処分性の問題

行訴法３条２項は，「この法律において，『処分の取消しの訴え』とは，行政庁の処分その他公権力の行使に当たる行為（次項に規定する裁決，決定その他の行為を除く。以下単に「処分」という。）の取消しを求める訴訟をいう。」と規定するから，取消しを求める対象である「処分」が存在していることが必要であり，取消しを求める対象が「処分」として取消訴訟の対象となる性質を有するか否かということを「処分性」の問題という。

行訴法３条２項は，取消訴訟の対象として，処分と公権力の行使に当たる行為を並列している。公法と私法の二元的区分を前提として，行政（事件）訴訟は公法上の紛争を，民事訴訟は私法上の紛争を処理するとの理解を基礎とするから，処分とは法律行為的行政行為をその中核とする概念である。行政法（租税法）関係を形成する「行政処分」は，作用法上，行政庁という行政機関に，権利義務の帰属の主体である行政権の行使の主体の権利が分属されて「権限」として行使される。それゆえ，行政庁の権限の行使により行政権の行使の主体の相手方は，その権利利益が侵害されることになる。前述のように通説・判例は抗告訴訟の訴訟物を処分の違法性一般と解するが，行訴法３条２項が権利利益の侵害の原因行為である行政庁の処分を取消訴訟の対象としたことの理由はここにあると解される。

---

(32)　田中(二)・前掲注（20）・287頁，新井・前掲注（2）・190頁等。

なお，今日の代表的な基本書の一は，行訴法3条2項が原因行為を攻撃するという制度を採用していることについて，①紛争処理の合理化・単純化機能，②紛争解決結果の合理性担保機能および③他の制度的効果との結合機能をあげる[33]。

そして，行政事件訴訟特例法時代の判例で現在でもリーディングケースとなっている，ごみ焼却場設置行為が行政訴訟の対象である行政庁の公権力の行使に当たるか否かが争われた最高裁（1小）昭和39年10月29日判決・民集18巻8号1809頁は，公権力の行使に当たる行為とは，「公権力の主体たる国または公共団体が行う行為のうち，その行為によつて，直接国民の権利義務を形成しまたはその範囲を確定することが法律上認められているものをいうものである」と判示する。

また，「その他公権力の行使に当たる行為」に対して取消訴訟が認められているのは，「単に意思的行為のみならず，行政庁が一方的にその受忍を強要する事実行為についても，それが公権力の行使に当たる限りにおいて，その公権性（公定力）を排除するための取消しの訴えを認める趣旨である。」[34]と解されている。ただし，現時点で取消訴訟の対象の中心は「行政庁の処分」の意義をめぐるものである[35]ので，この点についてはこれ以上立ち入らない。

行政庁の処分には，準法律行為的行政行為が含まれるから[36]，確認行為の一である課税処分・更正・決定[37]が処分性を有することに異論はない。

裁判例には，①登録免許税の過誤納があるときに，登記機関に対して所轄税務署長に通知すべき旨の登録免許税法31条2項によりした請求に対する拒否通知について，当該「拒否通知は，登記等を受けた者に対して〔簡易迅

(33)　塩野・前掲注（15）162頁。
(34)　田中(二)・前掲注（20）・305頁。
(35)　南原編著・高橋ほか編・前掲注（25）〔高橋滋執筆〕42頁。
(36)　田中(二)・前掲注（20）・326頁。
(37)　課税処分等の法的性格が確認行為であることについて，新井・前掲注（2）・110－113頁。

速に還付を受けることができる〕上記の手続上の地位を否定する法的効果を有するものとして，抗告訴訟の対象となる行政処分に当たる」とした最高裁（1小）平成17年4月14日判決・民集59巻3号491頁，②督促に処分性を認める最高裁（2小）平成5年10月8日判決・集民1701号1頁，③還付金充当に処分性を認めた最高裁（3小）平成6年4月19日判決・判時1513号94頁，④会社が受けた源泉徴収の納付告知の処分性を認めた最高裁（1小）昭和45年12月24日判決・民集24巻13号2243頁，⑤税関長がした通告処分の処分性を否定した最高裁（1小）昭和47年4月20日判決・民集26巻3号507頁などがある。

(2)　原告適格の問題

取消訴訟の制度を利用するために出訴することのできる資格を原告適格といい，行訴法9条1項は，「処分の取消しの訴え及び裁決の取消しの訴え（以下「取消訴訟」という。）は，当該処分又は裁決の取消しを求めるにつき法律上の利益を有する者（……）に限り提起することができる。」と原告適格について規定する。

そこで，「法律上の利益を有する者」とはいかなる者をいうのか，その意義が問題となる。

法治国原理のもと人民の権利と自由は法律によってのみ制限され，それゆえ，行政活動も法律により規制されるとともに違法な行政活動により権利と自由が侵害された場合，司法審査が行われることにより救済が図られることとされている。その意味で，侵害的処分の名宛人，例えば課税処分の名宛人である納税義務者には当然原告適格が認められる。

行政処分の名宛人以外も含めて行政一般において「法律上の利益を有する者」の意味をどう解するかということについて，法律上保護されている利益を有する者に原告適格を認める説と，より広く事実上の利益も含めて裁判上保護に値する利益を有する者にこれを認める説とに分かれる(38)。最高裁（2

(38)　塩野・前掲注（9）・126－127頁。

小）平成元年2月17日判決・民集43巻2号56頁（新潟空港訴訟判決）は前者の立場に立つ。そして，この判決を基礎として原告適格の要件を緩和する方向が志向されてきた(39)。

租税事件においては，①所得税を全額納付している者には更正処分等無効確認訴訟を提起する原告適格がないとされた最高裁（1小）昭和57年9月30日判決・税資127号1147頁，②同旨の最高裁（1小）昭和57年3月4日判決・税資122号490頁，③課税処分を受けて納付していない場合には無効確認訴訟の原告適格があるとされた最高裁（3小）昭和51年4月27日判決・民集30巻3号384頁，④第2次納税義務者に原告適格を認めた最高裁（1小）平成18年1月19日判決・民集60巻1号65頁，⑤無申告の場合に誤って過少申告による更正処分がされたとしても，そのことにより納税義務者が不利益を受けるものではないので，当該者には当該処分の取消しを求める原告適格がないとされた最高裁（2小）昭和40年2月5日判決・集民77号299頁などがある。

平成16（2004）年改正で追加された行訴法9条2項は，「裁判所は，処分又は裁決の相手方以外の者について前項に規定する法律上の利益を判断するに当たっては，当該処分又は裁決の根拠となる法令の規定の文言のみによることなく，当該法令の趣旨及び目的並びに当該処分において考慮されるべき利益の内容及び性質を考慮するものとする。この場合において，当該法令の趣旨及び目的を考慮するに当っては，当該法令と目的を共通にする関係法令があるときはその趣旨及び目的を参酌するものとし，当該利益の内容及び性質を考慮するに当っては，当該処分又は裁決がその根拠となる法令に違反してされた場合に害されることとなる利益の内容及び性質並びにこれが害される態様及び程度をも勘案するものとする。」と必要的考慮要素を規定する(40)。

---

(39)　塩野・前掲注（9）・133頁。

(40)　塩野・前掲注（9）・136頁。この規定の意義および改正後の判例の動向については，同書・136－140頁参照。

(3) 狭義の訴えの利益の問題――更正・決定の取消訴訟と再更正との関係

行政（事件）訴訟は，行政処分により権利利益の侵害を受けた行政権の行使の主体の相手方を救済するための制度であるから，この制度を利用する者は，上述の原告適格の他に，当該処分を取り消してもらうことにより救済を受ける実際上の必要性を有していることが必要である。これを狭義の訴えの利益という。

租税法律関係においては，更正が行われた後に再更正が行われた場合に，両者の関係をどう考えるかということと関連して，訴えの利益が議論される。

この点に関し，当初更正と再更正は別個独立に並存するとする併存説（段階説・分離説），当初更正は再更正に吸収されて消滅するとする吸収説（消滅説・一体説），再更正が当初更正に吸収されて消滅するとする逆吸収説（更正伸縮説）などの対立がある。

判例は，最高裁（1小）昭和32年9月19日判決・民集11巻9号1608頁以来，吸収説にたち，学説は並存説にたつものが多い(41)。

更正後の増額再更正について吸収説をとると評価されている(42)，上記の最高裁（1小）昭和32年9月19日判決は，「再びなされた課税価格の更正によって当初なされた更正は当然消滅に帰したものと解しなければならない。」と判示する。そして，吸収説にたった場合，最高裁（3小）昭和42年9月19日判決・民集21巻7号1828頁(43)で判示されたように，増額再更正がされた場合には，当初の更正に対する取消訴訟は訴えの利益がなくなると解されることになる。最高裁（1小）昭和55年11月20日判決・判時1001号31頁等も同旨である。

---

(41)　田中(二)・前掲注（20）・371頁。この点に関して金子・前掲注（2）・893頁も参照。

(42)　南博方『租税争訟の理論と実際〔増補版〕』（弘文堂・1980年）・121頁はこれを疑問視する。

(43)　金子・前掲注（2）・1038頁は，本件における田中二郎裁判官の少数意見を「逆吸収説」と呼ぶべき考え方とするが，南・前掲注（42）・123頁は田中のそれを「自働投入説」と呼び，田中(二)・前掲注（20）371頁注（4）は逆吸収説と自説を区別する。

これに対して，更正後の減額再更正について最高裁（2小）昭和56年4月24日判決・民集35巻3号672頁は，「申告に係る税額につき更正処分がされたのち，いわゆる減額再更正がされた場合，右再更正処分は，それにより減少した税額に係る部分についてのみ法的効果を及ぼすものであり（国税通則法29条2項），それ自体は，再更正処分の理由のいかんにかかわらず，当初の更正処分とは別個独立の課税処分ではなく，その実質は，当初の更正処分の変更であり，それによって，税額の一部取消という納税者に有利な効果をもたらす処分と解するのを相当とする。」と判示する。

更正等の効力に係る通則法29条が，更正と再更正の関係に関し，増額再更正も減額再更正もそれぞれ増額し又は減額した税額以外の部分には影響を与えないこととして吸収説と並存説の折衷的な立法的解決を図っていること(44)，他の審査請求に伴うみなし審査請求に係る通則法90条，併合審理等に係る同法104条2項，不服申立前置等に係る同法115条1項2号は，再更正があっても更正・決定等に対する争訟が有効に存続することを前提としていると解されることから，吸収説ではなく基本的に並存説によるべきであり，再更正があっても訴えの利益は失われないと解すべきである(45)。なお，逆吸収説の，当初更正，再更正などの表現には時系列的な意味しかなく，いずれも一の納税義務に係る税額を二次的に確定させるための一のものとの認識には首肯しうるものがあるが，再更正に当初更正が吸収されると解する論拠が必ずしも明確ではないし，自働投入説にも，訴訟の局面で納税者の利益に最も適合する(46)との評価はあるが，裁判所がどのように後続の更正等の存在を探知するのかなど訴訟技術上の問題がありなお検討を要する(47)。

減額更正の場合にも，課税標準の一部または全部の取消と新たな課税要件事実の認定に伴う課税標準の加算が複合して行われているときには，後者の

---

(44)　志場喜徳郎ほか共編『国税通則法精解〔平成28年改訂〕』（大蔵財務協会・2016年）・391－392頁。
(45)　金子・前掲注（2）・1037頁。
(46)　金子・前掲注（2）・1038頁。
(47)　南・前掲注（42）・130－131頁。

部分については訴えの利益がある(48)。

また，更正の請求の原則的排他性があるが，更正の請求に対して，例えば収入の一部の帰属年度を誤ったなど課税行政庁がその理由を認めたうえ，独自の調査により申告漏れの当該年分の収入を新たに発見し，増額更正を行った場合には，納税者は申告の範囲内であっても，更正の請求に係る課税標準額を上回る部分については，訴えの利益がある(49)と解されている。すなわち，申告した所得金額の 1,000 を 800 に減額する更正の請求をして認められた後に，150 の申告漏れを発見され，所得金額を 950 とする増額更正が行われた場合，150 について訴えの利益が認められることになる。

このほか，更正後に修正申告が行われた場合，訴えの利益が失われるとしたものに，①東京高裁昭和 60 年 5 月 28 日判決・判例地方自治 13 号 75 頁，②札幌高裁平成 6 年 1 月 27 日判決・訟務月報 41 巻 10 号 2637 頁，③東京高裁平成 11 年 8 月 30 日判決・訟務月報 47 巻 6 号 1616 頁，④東京高裁平成 16 年 3 月 16 日判決・訟務月報 51 巻 7 号 1819 頁がある。

Ⅲ　訴訟の審理における理由の差替え

訴訟法上の法律効果を生じさせる行為を狭義の訴訟行為といい，訴訟資料形成のための事実行為を含めて広義の訴訟行為という(50)ところ，口頭弁論を中心とする訴訟手続において行われる訴訟行為が重要な意味をもつ(51)。訴訟行為は，「裁判所に対して，判決や訴訟手続上の裁判，証拠調べ，または送達などをすることを求める当事者の訴訟行為であ」る申立て，「事件について裁判所が審理・判決をなすために必要な事実および証拠を提出する当事者の行為」である判断資料提出行為（攻撃防御方法提出行為），訴訟行為の

(48)　金子・前掲注（2）・1038－1039 頁。
(49)　金子・前掲注（2）・1039 頁。
(50)　伊藤・前掲注（7）・316 頁。
(51)　伊藤・前掲注（7）・318 頁。

撤回・取消しなどからなる[52]。そして，判断資料提出行為は，法律上の主張，事実上の主張及び立証からなる[53]。

弁論主義のもと，判断資料提出行為は当事者に委ねられるのを原則とするが[54]，民訴法157条1項は「当事者が故意又は重大な過失により時機に後れて提出した攻撃又は防御の方法については，これにより訴訟の完結を遅延させることとなると認めたときは，裁判所は，申立てにより又は職権で，却下の決定をすることができる」と規定して，時機に後れた攻撃防御が「審理を遅延させ，迅速な紛争の解決に対する当事者や社会の期待を裏切る結果となる。」ことを避けることとしている[55]。時機に後れた攻撃防御方法の却下は取消訴訟にも適用される。

このほか，行訴法10条1項は，「取消訴訟においては，自己の法律上の利益に関係のない違法を理由として取消しを求めることができない。」と規定して，原告の側の主張制限について規定する。

これに対して，被告の側の主張制限の問題が理由の差替えの問題である。すなわち，処分時に考慮したのと異なる根拠により処分の適法性を訴訟の段階で被告が主張することが許されるかという問題が処分理由の差替えの許否の問題である。

上述のように，税務争訟における総額主義は訴訟物の議論における違法性一般説と親和的であるところ，総額主義に立てば基本的に理由の差替えが認められることになる。

学説は，この点について，理由の差替えを制限するために，青色申告の場合と白色申告の場合とを区別して，前者については理由の差替えを認めないが後者については理由の差替えを認めるというものが少なくない[56]。

すなわち，所得税法155条1項は，青色申告書に係る更正について，税務

(52) 伊藤・前掲注（7）・318－323頁。
(53) 伊藤・前掲注（7）・319頁。
(54) 伊藤・前掲注（7）・319頁。
(55) 伊藤・前掲注（7）・285頁。

署長は「その居住者の帳簿書類を調査し，その調査によりこれら〔総所得金額等〕の計算に誤りがあると認められる場合に限りこれ〔更正〕をすることができる」ことを，また法人税法130条1項は，内国法人の青色申告書に係る更正について，税務署長は「その内国法人の帳簿書類（……）を調査し，その調査により当該青色申告書……に係る法人税の課税標準〔等〕……の計算に誤りがあると認めた場合に限り，更正をすることができる」ことを原則とし，所得税法155条2項および法人税法130条2項は，税務署長が青色申告書に係る更正をする場合には，「更正通知書にその更正の理由を記載しなければならない。」と規定することを根拠とし，白色申告にはこのような理由附記の規定が置かれていないことから，同様に解する必要はないというものである。

なお，青色申告書に係る更正の理由附記の趣旨・目的について，最高裁（2小）昭和38年5月31日判決・民集17巻4号617頁は，「一般に，法が行政処分に理由を附記すべきものとしているのは，処分庁の判断の慎重・合理性を担保してその恣意を抑制するとともに，処分の理由を相手方に知らせて不服の申立に便宜を与える趣旨に出たものであるから，その記載を欠く場合においては処分自体の取消を免れないものといわなければならない」として，①判断の慎重・合理性担保機能（恣意抑制機能）と②不服申立便宜機能の二つがあることを判示する。

総額主義においては理由の差替えが認められると前述したが，このような更正の理由附記の趣旨・目的を超えて当該理由附記制度に強い意味付けを与えないように，理由の差替えを自由に認める裁判例（大阪高裁昭和52年1月27日判決・行集28巻1=2号22頁，東京高裁昭和57年8月10日判決・行集33巻8号1677頁等）もあるが，行政訴訟一般について，最高裁（3小）昭和53年9

(56)　大浜・前掲注（13）・191－192頁，小早川・前掲注（24）・209－210頁等。課税処分に係る理由の差替えをめぐる最高裁の判例の分析について，小早川光郎・青柳馨編著『論点体系　判例行政法2』（第一法規・2017年）〔川嶋知正執筆〕315－321頁も参照。

月19日判決・訟務月報24巻12号2657頁は，主張が制限されると解すべき特別の理由を認めるべき場合があることを判示する(57)。

税務訴訟においては，更正の取消訴訟における理由の差替えについては，総額主義にたった上で，青色申告書に係る更正の理由附記制度により理由の差替えに一定の制限を課す見解と，争点主義にたって白色申告も含めて理由の差替えに一定の制限を課す見解が対峙している(58)。

不動産売買における取得価格の過大を理由として行われた更正の取消訴訟で販売価格の申告額が過少であった旨の追加主張が行われた事件で，最高裁（3小）昭和56年7月14日判決・民集35巻5号901頁は，本件のような場合に「被上告人〔税務署長〕に本件追加主張を許しても，右更正処分を争うにつき被処分者たる上告人〔納税者〕に格別の不利益を与えるものではないから，一般的に青色申告者による申告についてした更正処分の取消訴訟において更正の理由とは異なるいかなる事実をも主張することができると解すべきかどうかはともかく，被上告人が本件追加主張を提出することは妨げない」と，青色申告に係る更正処分取消訴訟における理由の差替え一般に係る判断は留保するものの，「格別の不利益」の不存在の場合に理由の差替えが認められる旨判示する(59)。

そして，東京地裁平成8年11月29日判決・判時1602号56頁が，「事実的争点についての共通性」がある場合，納税者の防御に「格別の不利益」はないとするほか，理由に附記すべき「基本的事実」に相違がないことを根拠に理由の差替えを認めるように，「基本的事実の同一性」に基づいて納税者の防御における「格別の不利益」が判断される場合が多い(60)。

---

(57)　清野正彦「処分理由の差替えの許否」賓金敏明編『現代裁判法体系（29）租税訴訟』（新日本法規・1999年）・86－87頁。

(58)　占部裕典「租税訴訟における審理の対象――理由附記及び理由の差替えをめぐる諸問題」『新・裁判実務大系（18）〔改訂版〕』（青林書院・2009年）135頁。

(59)　本件の位置付け等については，藤谷武史「処分理由の差替え（1）――課税処分」小早川光郎ほか編『行政判例百選Ⅱ〔第5版〕』（2006年）396－397頁を参照されたい。

総額主義に立った場合，理由の差替えに対する制限は働かないことになるから，この立場からは，青色申告書に係る更正の理由附記制度と「処分理由の基礎となる事由の同一性」ということにより理由の差替えに歯止めをかけることとしている(61)。

これに対して，処分理由との関係における税額の適否を取消訴訟の訴訟物と解する争点主義にたつ見解は，処分理由の差替えを許容する例外的根拠として「基礎的課税要件事実の同一性」を問題とすることになる(62)。

「処分理由の基礎となる事由の同一性」と「基礎的課税要件事実の同一性」という二つの概念の範囲には大きな相違はないとの指摘がある(63)ように両者の違いは必ずしも明確ではない。

いずれにしても近年の裁判例においても，ブラジルのマナウスの自由貿易地域にあるホンダ子会社への役務提供に係る移転価格について争われた事件で，控訴人（国）が，本件各更正等において，ブラジル側比較対照企業が現地Ｔ税恩典利益を享受していないことについて，差異調整を行う必要はないとの１審での主張を，控訴審における予備的主張で，この差異調整を行うと差し替えたことについて，被控訴人（納税者）が青色申告書に係る更正の理由附記の観点から理由の差替えが違法であると主張していたのに対して，控訴人（国）は，取消訴訟の訴訟物が処分の違法性一般であることと総額主義の観点から違法ではないと主張していたところ，東京高裁平成27年5月13日判決・税資265号順号12659は，「『本件国外関連取引の対価が独立企業間価格に満たないこと』という同一の課税要件事実に属し，ブラジル側比較対照企業の基本的利益の算定に直接関連するものであるとしても，Ｔ税

(60)　占部・前掲注（58）・136－137頁。名古屋高裁昭和56年9月30日判決・訟月27巻12号2372頁，鳥取地裁昭和57年6月24日判決・税資123号724頁，静岡地裁昭和63年9月30日判決・判時1299号62頁，徳島地裁平成5年7月16日判決・訟月40巻6号1268頁等。

(61)　松澤智「青色申告の法理（3・完）――更正理由差替え主張の制限を中心として」判時1074号（1983年）14－18頁。占部・前掲注（58）・135頁。

(62)　金子・前掲注（2）・1008頁。

(63)　占部・前掲注（58）・136頁。

恩典が差異調整を要しないものであるとする場合と，差異調整を行うとする場合とでは，主張立証の対象となる事実が相当程度異なることになるのであるから，納税者としては，新たな攻撃防御を尽くすことを強いられ，かつ，その負担は軽くないというべきである。」と，上記の争点主義にたつ見解と同様の判断枠組みを採用して判示する。

なお，青色申告の取消訴訟において理由の差替えが制限されるとしても，当該訴訟の提起後になされた再更正の取消訴訟においては，総額主義のもとでは当該再更正の理由も含めて審理の対象となることから，理由の差替えを認めるのと同じ結果を導くことになり，青色申告の理由附記制度の趣旨を考えたとき問題であるとの興味深い指摘がある(64)。

また，取消訴訟の訴訟物である違法性一般（判例・通説）について，「内容の違法」と「手続の違法」とを区別し，争点主義のもとでは手続の違法の問題は排除されるとの指摘がある(65)が，手続的正義ないし適正手続の理解のもと手続の違法が問題となるのは正しい手続きを踏んで出された結論が（実体的にも）正しいという理解の表れであるとすれば，総額主義においても争点主義においても手続の違法と税額との関連性を否定することはできないのではなかろうか(66)。

白色申告に対する更正の取消訴訟における理由の差替えについてもう少し考えてみよう。

ここで，行訴法８条は，本文で「処分の取消しの訴えは，当該処分につき法令の規定により審査請求をすることができる場合においても，直ちに提起することを妨げない」と規定し，取消訴訟と審査請求との選択を認めることを原則とするが，但書で「法律に当該処分についての審査請求に対する裁決を経た後でなければ処分の取消しの訴えを提起することができない旨の定め

(64)　占部・前掲注（58）・129頁。
(65)　岡村忠生「税務訴訟における主張と立証」芝池義一ほか編『租税行政と権利保護』（ミネルヴァ書房・1995年）317頁。
(66)　理由は明示しないが，占部・前掲注（58）・129－130頁も，岡村の立場に否定的である。

があるときは，この限りではない。」として不服申立前置を例外とすることを規定しているところ，通則法115条1項は，「国税に関する法律に基づく処分（第83条第3項（行政不服審査法との関係）に規定する処分を除く。以下この節において同じ。）で，不服申立てをすることができるものの取消しを求める訴えは審査請求についての裁決を経た後でなければ提起することができない。」と不服申立前置について規定する。そして，通則法75条1項は，国税に関する法律に基づく処分で，税務署長，国税局長又は税関長がした処分に不服がある者は，その処分をした税務署長，国税局長又は税関長に対する再調査の請求と，国税不服審査所長に対する審査請求とのいずれかの不服申立を選択することができる旨規定する。

そして，通則法83条3項は，「再調査の請求が理由がある場合には，再調査審理庁は，決定で，当該再調査の請求に係る処分の全部若しくは一部を取り消し，又はこれを変更する。」と規定するところ，同法84条8項は，「再調査の請求についての決定で，当該再調査の請求に係る処分の全部又は一部を維持する場合における前項に規定する理由においては，その維持される処分を正当とする理由が明らかにされていなければならない。」と規定する。さらに，通則法98条3項は，国税不服審判所長のする裁決について，同法83条3項と同様に規定するとともに，裁決の方法等について規定する同法101条2項は，「第84第8項の規定は，前項の裁決に準用する。」と規定する。

税務行政庁が，裁決理由に附記された理由と異なる主張をすることができるかということについて，裁決に理由附記が義務付けられているのは，裁決には不可変更力が伴うことから争訟手続に必然的に求められるものであり，処分理由の差替えを訴訟上制限する趣旨を含むものではないというのが通説である[67]が，裁決の理由は，不服審査段階における原処分庁および審査庁の慎重な判断を経た上でのものであることを考慮して，青色申告書に係る更

(67)　新井・前掲注（2）・198－203頁の不服申立の理由の意義に係る解釈も参照。

正の附記理由以上に理由の差替えの場面で保護されるべきであり，裁決の拘束力は主張制限にまで及ぶと論じられていることを考慮すると，この観点から，白色申告に対する更正の取消訴訟においても理由の差替えが制限されると解するべきであろう。

Ⅳ　判決の諸効力――反復的行為の問題も含めて

当事者の訴えの提起により開始される訴訟手続は，訴えの取下げ(68)のような当事者の意思による終了を除けば，訴えに対する終局判決で手続は終了し(69)，終局判決が確定すると両当事者は終局判決の訴訟物に関する部分を争うことが許されなくなるほか，他の裁判所もその判断に拘束されることになる(70)。このような効力を形成力または実質的確定力という。取消訴訟の性質は形成訴訟であると解するのが通説であるから，その立場からすれば，処分により形成された法律関係は取消判決によりなかったこととなり，取消判決は形成力をもつこととなる。

民訴法 114 条 1 項は，「確定判決は，主文に包含するものに限り，既判力を有する。」と規定するから，既判力の客観的範囲は，訴訟物に関する判断についてのみ及び，「判決理由中の判断は訴訟物を基礎づける攻撃防御方法についての判断にすぎない」(71)ため，判決理由中の判断に及ばないというのが通説である(72)。

また，行訴法 32 条 1 項は，「処分又は裁決を取り消す判決は，第三者に対しても効力を有する」と取消判決の第三者効について規定し，同法 33 条 1 項は，「処分又は裁決を取り消す判決は，その事件について，処分又は裁決

(68)　塩野・前掲注（9）・179 頁は，訴訟上の和解，請求の認諾については「行政庁の意思が関係してくる所に問題がある。」とする。
(69)　伊藤・前掲注（7）・476 頁。
(70)　伊藤・前掲注（7）・507 頁。
(71)　伊藤・前掲注（7）・523 頁。
(72)　大浜・前掲注（13）・213 頁。

をした行政庁その他の関係行政庁を拘束する。」と取消判決の拘束力について規定する。

取消判決においては，これら形成力，既判力，第三者効および拘束力が検討の対象となる(73)。

① 取消判決の形成力

まず，取消判決の形成力について，課税処分の取消判決の形成力が税務行政へ及ぼす影響について考えてみることとする。

被相続人が生前に提起し，相続人がその地位を承継していた所得税更正処分取消請求事件について取消判決が確定したことから，過納金が相続人に還付され，これを所轄税務署長が相続財産と認定し，その相続税につき更正をしたことに対して，相続人が当該過納金の還付請求権は相続開始後に発生した権利であるから相続財産を構成しないと主張して，その処分の取消しを求めた上野事件（大分地裁平成20年2月4日判決・訟務月報56巻2号165頁，福岡高裁平成20年11月27日判決・訟務月報56巻2号153頁）で，最高裁（2小）平成22年10月15日判決・民集64巻7号1764頁は，「所得税更正処分及び過少申告加算税賦課決定処分の取消判決が確定した場合には，上記各処分は，処分時にさかのぼってその効力を失うから，上記各処分に基づいて納付された所得税，過少申告加算税及び延滞税は，納付の時点から法律上の原因を欠いていたこととなり，上記所得税等に係る過納金の還付請求権は，納付の時点において既に発生していたこととなる。このことからすると，被相続人が所得税更正処分及び過少申告加算税賦課決定処分に基づき所得税，過少申告加算税及び延滞税を納付するとともに上記各処分の取消訴訟を提起していたところ，その係属中に被相続人が死亡したため相続人が同訴訟を承継し，上記各処分の取消判決が確定するに至ったときは，上記所得税等に係る過納金の還付請求権は，被相続人の相続財産を構成し，相続税の課税財産となると解するのが相当である。」と判示する。この判決は，取消判決の形成力を用

(73)　塩野・前掲注（9）・181頁。

いて結論を導いたものと解することができる。

しかし，この最高裁のように，過納金還付請求権が相続財産を構成するか否かを本税の更正等の取消判決の確定に掛からしめることは，当該判決の確定まで相続税額の確定に関し税務行政を不安定な状態に止まらせることになる。抽象的納税義務の成立（発生）と具体的納税義務の確定とを区別するという通則法の構造に立ち戻って考えると，相続人は抽象的納税義務と具体的納税義務を承継する（通則法5条1項）ことに対応して，被相続人に還付されるべき還付金等を還付されることになること，過納金の定義からして，所得税の確定行為の取消しうべき瑕疵はその抽象的納税義務の成立の時から存在しており，それゆえ，還付金等の還付請求権も抽象的には当該確定行為がなされた時に発生していたと解することができることなどから考察が行われるべきである(74)。

② 取消判決の既判力

次に，課税処分の取消訴訟における請求棄却判決が確定した後に，当該処分の違法性を国家賠償請求訴訟（以下「国賠訴訟」と表記する場合がある。）において主張することが認められるかという問題がある。

この点に関して，学説では，当該処分の違法を国賠訴訟で主張することはできないとするものが多数説である(75)。最高裁（3小）昭和48年3月27日判決・集民108号529頁は，換地処分の取消訴訟で請求棄却判決を受けた場合，換地処分の違法を主張して提起した国賠訴訟で主張する違法が取消訴訟で主張した違法と異ならないときには，取消判決の既判力が国賠訴訟に及ぶ

---

(74) 高野幸大「相続後に確定した被相続人に対する還付金の相続財産該当性」税務事例研究95号（2007年）59－63頁，高野幸大「相続税の課税財産の範囲――『上野事件』大分地裁判決・福岡高裁判決を踏まえて――」税経通信64巻13号（2009年）158－160頁。なお，本件最高裁判決にかかる長戸貴之「過納金の還付と相続税」中里実ほか編『租税判例百選〔第6版〕』（2016年）197頁は，後者の論稿を引いて，別件判決の遡及効を根拠として相続財産の該当性を判断するかのように論じるが，執筆者は上記2論稿において一貫してそのような立場には立っていない。

(75) 塩野・前掲注（9）186頁。

としている。こうした立場を違法性一元論という。

これに対して，処分の適法要件と損害賠償義務についての要件（行為の態様や被害の性質・程度等）は異なるとする違法性二元論の立場からは，取消判決の既判力は国賠訴訟に及ばないと解される[(76)]ことになる。

違法性二元論にたった裁判例として，最高裁（1小）平成5年3月11日判決・民集47巻4号2863頁があり，同判決は，所得税更正処分取消訴訟の一部認容判決確定後の国賠訴訟において，「税務署長のする所得税の更正は，所得金額を過大に認定していたとしても，そのことから直ちに国家賠償法1条1項にいう違法があったとの評価を受けるものではなく，税務署長が資料を収集し，これに基づき課税要件事実を認定，判断する上において，職務上通常尽くすべき注意義務を尽くすことなく漫然と更正をしたと認め得るような事情がある場合に限り，右の評価を受けるものと解するのが相当である」と判示する。

この点に関連して，国家賠償法1条1項は，公権力の行使に基づく損害の賠償責任の要件の一として「故意又は過失によって違法に他人に損害を加えた」ことと「故意・過失」という主観的要件と当該行為の違法という客観的要件とを並列的に規定するところ，同法条の構成要件該当性について主観的要件と客観的要件の二元的審査を行う見方である公権力発動要件欠如説と職務上の注意義務懈怠も客観的要件に含めて一元的審査を行う見方である職務行為基準説の対立がある[(77)]が，違法性の評価が抗告訴訟と国賠訴訟とで多様化することは望ましくないなどの理由から，違法性一元説と職務行為基準説は少数説である[(78)]。しかし，違法性一元説と違法性二元説は，「国家賠償法1条の要件としていずれも公権力の発動の要件不存在と当該公務員の注意義務違反を要求しているので，国家賠償請求権成立の要件に関しては結果的

(76)　大浜・前掲注（13）・213頁。遠藤博也『実定行政法』（有斐閣・1989年）275頁等も参照。
(77)　塩野・前掲注（9）・314頁。
(78)　北村和生「所得税更正処分と国家賠償訴訟」小早川光郎ほか編『行政判例百選Ⅱ〔第5版〕』（2006年）453頁。

には異な」らず，両者には「理論上ないし説明上」の相違があるに過ぎない[79]。もっとも，現実の訴訟の場面を想定した場合，違法性二元説では，違法性が認定されると，法律による行政の原理の理念の実現と，同種の公権力の行使の将来的な抑止効果を期待することができるほか，原告が国賠訴訟に期待することが金銭的損害の補填というより違法の確認による精神的充足感の獲得であるときにも，幾許かの意味を持つ可能性があるという相違があると指摘されている[80]。違法の確認による精神的充足感の獲得という点については，国賠訴訟のもつ違法性抑止機能[81]からも乖離するものであるように思われる。

また，税務行政における国賠訴訟の可能性を考えるとき，課税処分の実体的違法が争われている場面で，主観的要件が充足されるのは，上記最高裁（1小）平成5年3月11日判決が判示するような場合に限定されるであろうが，このような場合に，課税処分取消訴訟および国賠訴訟に係り発生した弁護士費用等のうち相当と認められる部分について国賠訴訟により賠償が認められることが検討されるべきであろう[82]。

③　判決の拘束力と反復行為

前述のように，行訴法33条1項は，「処分又は裁決を取り消す判決は，その事件について，処分又は裁決をした行政庁その他の関係行政庁を拘束する。」と拘束力に関する一般原則を規定し，2項でその具体的適用場面を規定するところ，これは，単に行政処分の効果を取り消しただけでは紛争の解決に資することができない場合に，取消判決の実効性を担保するための制度であり，行政庁が判決の趣旨に従って行動することを実体法上義務付ける機能を有する，取消判決に認められた特殊の効力である[83]。

---

(79)　塩野・前掲注（9）・324頁。
(80)　塩野・前掲注（9）・324－325頁。
(81)　塩野・前掲注（9）・295頁。
(82)　岩﨑政明「課税処分の違法を理由とする国家賠償請求の可能性と範囲」金子宏編『所得課税の研究』（有斐閣・1991年）489頁。
(83)　塩野・前掲注（9）・186-188頁。

そして，拘束力に関連して，取消判決が下された後に，行政庁は当初の処分と異なる理由により再度の処分を行うことができるか，ということが問題となる。すなわち，税務行政においては，通則法26条が「税務署長は，前2条又はこの条の規定による更正又は決定をした後，その更正又は決定をした課税標準等又は税額等が過大又は過少であることを知ったときは，その調査により，当該更正又は決定に係る課税標準等又は税額等を更正する。」と，更正・再更正を繰り返し行うことができること[84]を規定しているから，更正が取り消された後に新たな理由で更正・再更正を行うことができるかということが問題となる。

具体的には，申告に対して，Aという理由で行われた更正処分に取消訴訟が提起され，当該取消訴訟において納税者の請求を認容する取消判決が確定した後，新たに脱漏所得が発見されたため，これを新たな理由Bとして再更正処分をすることができるかという問題である。

拘束力の訴訟法的性質の理解については，既判力説と特殊効力説（通説）の対立がある。既判力説とは，代表的には「取消判決の拘束力の性質は上級審の裁判の下級審の裁判に対する拘束力と同じく既判力であり，確定判決のあった以上判決を受けた行政庁は，以後同一当事者間の同一事項を処理するにあたっては，判決が違法と確定した判断を尊重しなければならず，同一の過誤を繰り返すことができなくなる」というものであるところ[85]，既判力説に対しては，反復行為は形式上異なる処分であること，既判力は判決理由中の判断には及ばないこと，既判力という訴訟法上の効力は反復的行為を禁止することを実体法的に義務付ける効力までを含まないことなどの批判が提示され，特殊効力説によれば，当該効力により行政庁は同じ理由で行なった処分は適法だと判断できないという裁判所の判断に拘束される結果，行政庁

(84)　志場ほか共編・前掲注（44）・378頁。
(85)　南博方編『条解行政事件訴訟法』〔岡光民雄執筆〕（弘文堂・1987年）758頁，兼子一「上級審の裁判の拘束力」『民事法研究第2巻』（酒井書店・1954年）93頁。

は同じ理由で処分をすることができなくなるということになる[86]。なお，特殊効力説は，既判力説を否定することに主眼があったためか，自説の内容等について積極的に明らかにしていない[87]。いずれにしろ，特殊効力説と既判力説との対立の図式を上記のように捉えた上で，反復行為の取消訴訟で当該行為の違法事由の存否が争われている場面で，反復禁止効が問題となるのであるから，「先の取消訴訟において確定したのは，形式的には当該行政行為の違法であるが，それは，当該法律関係において，行政行為をする要件が存在しなかったことが確定することを意味する。」「とすると，確定判決後に，行政庁が同一理由に基づき処分を行い処分の適法性，つまり当該法律関係における処分要件の存在を主張することは許されず，これは既判力の効果としてみることが相応しい」[88]「理由に限定されることなく，同一事情の下で同種の処分の反復禁止を考える余地が出てくる」[89]ので，上記の例で，新たな理由Ｂとして再更正処分が禁止されることになる。

既判力説に対しては，既判力の内容として既判力の及ばない判決理由中の判断を問題としているのではないかという批判に耐えられなくなっており，過去のものであるとつとに指摘されていたが[90]，同一の事情・同一の理由・同一内容の行政処分であっても，処分日時が異なれば形式的には別個の行政処分と言わざるをえず，そうであれば，訴訟物も異なることになるから，既判力が後の処分に及ぶことはないと解される[91]ということを上記の既判力説はどう解するのか明らかではない。また，上記の既判力説は，「行政庁は訴訟の過程においても調査権限を有しその結果を随時，訴訟に持ち出すこ

(86)　塩野・前掲注（9）・191 頁。
(87)　南原編著・高橋ほか編・前掲注（25）〔岡光執筆〕・772 頁。
(88)　塩野・前掲注（9）・191 頁。
(89)　塩野・前掲注（9）・192 頁。
(90)　南原編著・高橋ほか編・前掲注（25）〔岡光執筆〕・758－759 頁。また，既判力説には現在でも批判が提示されている。鶴岡稔彦「抗告訴訟の訴訟物と取消判決の効力」藤山雅行・村田斉志編『新・裁判実務体系（25）行政争訟〔改定版〕』（青林書院・2012 年）271－276 頁も参照。
(91)　南原編著・高橋ほか編・前掲注（25）〔岡光執筆〕・772 頁。

とができるのであって（……）その判決確定後においても，異なった理由によって行政権限を発動させなければならないほどの公益が存する場合は通常考えられない。」ほか，「確定判決以後においても，なお調査権と処分権限を留保させることは，相手方の地位を甚だ不安定なものとさせるし，被告側の真摯な訴訟遂行を妨げるものとなろう。」(92)と論じるが，仮に行政一般についてこのように論じることが否定できないとしても，税務行政において直ちに首肯することはできない。税務訴訟において理由の差替えを制限するのであれば，理由の差替えは訴訟外の再更正によるべきであるというのが通則法の趣旨であると解する余地もあるように解される(93)し，上記の理由で合法性の原則を後退させることができるか，なお検討の余地があるように解される。そして，通則法26条が除斥期間の範囲内で繰り返し更正・再更正を行うことを認めている以上，通則法上認められた権限を判決の効力によって制約する結果となることは，根本的な問題として司法作用の範囲を超えることにはならないのであろうか。

V　取消訴訟と国家賠償訴訟との関係

既判力の部分で述べた問題とは別に公定力の限界（取消訴訟の排他的管轄の及ぶ範囲）に関連しても国賠訴訟の許容性が問題となる。公定力は行政行為の法効果に係るものであるから，法効果を攻撃しなければ，当該行政行為の適法性が取消訴訟以外の訴訟で問題とされても，公定力とは抵触しないと一般に解されている(94)。

例えば，課税処分の取消訴訟で敗訴した納税者または課税処分の適法性については争わなかった納税者が税務調査の違法を理由として国賠訴訟を提起したり，固定資産課税台帳の登録価格について固定資産評価審査委員会の決

(92)　塩野・前掲注（9）・192頁。
(93)　大浜・前掲注（13）・191頁参照。
(94)　塩野・前掲注（15）・163頁。

定の取消訴訟で敗訴した納税者または登録価格の争訟手続きをとらなかった納税者が，同委員会の決定の違法を理由に過納税額相当額の損害について国賠訴訟を提起するということが考えられる[95]。

ただし，租税に関する場合は，課税処分の取消訴訟であっても，国賠訴訟であっても原告にとっては金銭の問題に帰着するため，学説では公定力の限界に関する一般的理解とは異なる考慮が必要になるとして原則として国賠訴訟を認めることについて慎重な配慮を必要とすることを指摘したうえで，国賠訴訟の許容性について原則として否定的に解する説[96]が有力であると解される。これに対して最高裁（1小）平成22年6月3日判決・民集64巻4号1010頁は固定資産課税台帳の登録価格について争訟手続きを取らなかった納税者が起こした国家賠償請求を認容している[97]。行政の側の便宜で固定資産課税台帳の登録価格についての争訟制度を利用できる期間が制限されているとはいえ，平成26年度の行政不服審査法の改正に伴い，当該期間は従来の60日から3月以内に延長されていること（地方税法432条1項），平成

---

(95) 税務調査と国家賠償訴訟に関するものとして，最高裁（3小）昭和61年10月24日判決・税資154号116頁，最高裁（3小）昭和63年12月20日判決・集民155号477頁，最高裁（2小）平成6年6月24日判決・税資201号561頁，最高裁（2小）平成8年9月13日判決・税資220号657頁，最高裁（2小）平成9年3月28日判決・集民182号855頁，最高裁（1小）平成10年1月22日判決・税資270号65頁等参照。また，固定資産税と国家賠償訴訟に関するものとして，浦和地裁平成4年2月24日判決・判例地方自治98号30頁，広島地裁平成6年2月17日判決・判例地方自治128号23頁，広島高裁平成8年3月13日判決・判例地方自治156号48頁，大阪地裁平成15年4月25日・判例地方自治260号85頁，神戸地裁平成17年11月16日判決・判例地方自治285号61頁，大阪高裁平成18年3月24日判決・判例地方自治285号56頁，横浜地裁平成22年5月12日判決・判例地方自治340号54頁等参照。

(96) それぞれ根拠は異なるが，塩野・前掲注（15）・163頁，碓井光明「租税法における実体的真実主義優先の動向――更正の請求の拡充及び固定資産税誤りの救済――」石島弘ほか編『山田喜寿記念　納税者保護と法の支配』（信山社・2007年）19頁等。

(97) 本判決についての詳細な検討として，手塚貴大「固定資産税争訟・国家賠償・公定力――最判平成22年6月3日を素材とした固定資産税争訟に関する一考察」税法学567号（2012年）181頁等参照。

14年度改正で自己の土地・建物の固定資産課税台帳登録価格と同一市町村内の土地・建物のそれとを比較できるように，固定資産課税台帳の縦覧制度が，従来の要請に応える内容に整備されたことなどを考慮すると，有力学説のように原則として国家賠償訴訟は否定し，例外的に当該訴訟を認める条件について検討を行うべきであろう。ここでも，固定資産課税台帳の登録価格に係る固定資産評価審査委員会の決定の取消訴訟等で納税者の請求が認容された場合に，当該取消訴訟および国賠訴訟に係り発生した弁護士費用等のうち相当と認められる部分について国賠訴訟により賠償が認められることが検討されるべきであろう。

おわりに

標題の問題に関し上記の内容のほか，「非申請型義務付け訴訟と更正の請求との関係」(98)については紙幅の都合もあるほか，また，平成23年12月の通則法の改正で，更正の請求期間と更正決定等の除斥期間が統一されたことにより，今後この問題がおこる可能性はなくなった(99)こともあり検討の対象としなかった。本稿の内容全体を通じて残された問題，意を尽せなかった問題の検討については他日を期すことでご海容を願いたい。

(98)　この問題に関して，高木英行「減額更正処分の義務付け訴訟に関する一考察：訴訟要件論を中心に」福井大学教育地域科学部紀要Ⅲ・64号（2008年）85頁等参照。

(99)　金子・前掲注（2）・1030頁。

第8章　租税法律主義

広島大学教授　手塚　貴大

Ⅰ　租税法律主義の意義－検討の視角－

本稿においては，税務行政法の現状を踏まえつつ，租税法律主義に係る諸問題を検討することがなされる。税務行政の領域において租税法律主義を論ずるならば，合法性の原則の検討が重要であろう。しかし，課税庁の執行作用が厳格に法律に拘束される要請のみではなく，他にも税務行政の実態を直視すると，税務行政は租税法律主義と様々な箇所で関係している。租税法律主義の内実に改めて触れると，課税要件が法律上規定されることを要請する課税要件法定主義および課税要件の意味内容が一義的に分かるほど明確に規定されていることを要請する課税要件明確主義がある[1]。前者は恣意的な課税の防止，後者は納税義務者にとっての自己の税負担予測可能性を担保するものであるかのようである。要するに，その機能は，恣意的課税抑制，予測可能性・法的安定性の保障であって[2]，いずれも，本稿で触れるように，税務行政に大いに関係する。そこで，限定された範囲ではあるが本稿は税務行

(1)　例えば，金子宏『租税法理論の形成と解明　上』（有斐閣，2010年）50，57頁。
(2)　谷口勢津夫『税法基本講義　第6版』（弘文堂，2018年）11-12頁。

政法における租税法律主義の理論動向を検討するものである。言及・検討が足りない事項は後日別稿で補いたいと考える。

租税法律主義は，法律による行政の原理と同性質の基本原則であって[3]，典型的な侵害行政作用である課税という国家作用の場面において，納税義務者の実体的権利保護を指向するものである。そのため国民の代表機関の定める法律の枠内でのみ課税権力の行使を国家に認めるわけであるが，実際には，租税法律主義と緊張関係に立つものがあり，それは税収の必要性，新種取引に対する課税の必要性等であって，これらは性質上現代も含めていつの時代でも生じうるものである。これは，既存の法律（の条文）では課税できないものに対する課税の追求であって，そうした形態での課税がなされた時期もあった。かような事態を避けるべく，この反省に立ち，今日の租税法律主義の厳格性が要請されるようになった。いわば租税法律主義を現代的観点から論ずる意味でも，以上の緊張関係を認識することは極めて重要である。これを具体的問題意識として定式化すれば，租税法律主義の厳格性を前提としつつも，課税という行政作用の機能性・実効性を確保する途は何か，ということであろう。要するに，租税法律主義と課税の機能性との間における，両者の調整の具体像を示す一助・一端を構築することが本稿の検討課題である。

では，本稿の検討課題を具体的に提示しよう。租税法律主義のもとでも，税務行政の機能性は確保されねばならない。それは，具体的には，立法府による税務行政統制の可能性と課税の機能性，換言すれば，課税庁による実効的課税との相克という問題に書き換えられることになる。本稿では行政法理論の参照と示唆が有意義となろう。すなわち，既存の行政の行為形式について，税務行政過程[4]における機能を解明し，それが法原則に違反しない形で実効的に投入される途を探り，加えて，新たな税務行政の行為形式の提示[5]がなされる必要がある。これは行政過程論の開放性[6]に基づくものであって，

(3)　金子・前掲注（1）43頁。

(4)　行政過程の意義につき，塩野宏『行政法Ⅰ［第6版］』（有斐閣，2016年）96頁以下。

行政目的の実現のため有用であり，法原則との整合性確保が論証できれば，そうした行為形式の開発は排除されるものではない。

改めて言うが税務行政の領域においては，合法性の原則が妥当するのであり，それは課税庁の法律への厳格な羈束を求める。これは，いわゆる要件裁量否定論をその基底とし(7)，ここで税務行政は法律の機械的執行と観念されるのであり，この原則を通じて恣意的な課税が防止される。但し，まさに課税庁による法律の執行があって，課税は国家作用として実行されるのであり，そうした課税庁の作用が，納税義務に影響を与えうるのである。そこで，租税法解釈論との関係で言えば，解釈論は税務行政の側からも議論されるべきであろう。租税法解釈論のあり方として，文理解釈が言われ，換言すれば，厳格な解釈であり，その意味するところは，日本語の通常意味するところに従って文言解釈を行うということである(8)。これは，租税法における解釈に係る公式と言いうるものである。この公式によれば，課税庁と納税義務者との間で解釈に違いが生じることは考え難いのであって，法解釈を巡る両者間での紛争はそもそも生じえないことになる。何故なら，法律の文言から導かれる解釈論的帰結は一つであり，その結果，課税庁の解釈（＝それは法律の内容に整合性を持つので，適法である）が課税前に同様に納税義務者に分かるので，納税義務者にとっては予測可能性・法的安定性が高度に確保されるからである(9)。

ところが，現実には以上のような公式により租税制度は機能するわけではない。法律の条文からは課税のあり方が必ずしも明確でない場合もあり，種々の法形式で法律が円滑に執行されるように補完する必要がある。これが

---

(5)　なお，碓井光明「課税要件法と租税手続法との交錯」租税法研究 11 号 25 頁は，租税手続法と民事法における債権の実現過程との類似性を見出し，課税庁と納税者との間の衡平・正義に基づく法創造・法発見の余地を示す。
(6)　手塚貴大「ドイツのネゴシエーション」日税研論集 65 号 49 頁。
(7)　谷口・前掲注（2）14，30 頁。
(8)　谷口・前掲注（2）40-41 頁。
(9)　谷口・前掲注（2）41 頁。

行政基準[10]，さらには，ソフトロー等である。そこで，前叙のように，こうした法律ではない諸規範の税務行政過程における機能を明確にし，法原則との整合性を確保した上でかかる過程に投入されるべきである。ここで，税務行政に係る行政過程論に着目すると，行政過程においては，行政活動に際して特定の行政目的の実現のため複数の行政の行為形式が投入されるわけであり[11]，まず，課税処分が想起される。これは，行政過程論に言うところの行政行為であって，行政法総論においては，これは一方的かつ直接に国民の権利義務について法的影響力を及ぼすから，私人に対する法的影響という点で，理論上は行政過程において中心的地位を占めうるものである。では，税務行政過程においては如何であろうか。ここで租税債務関係説を参照すべきであろう。この立場に基づき構築された租税実体法を前提とする租税手続法においては，課税処分もなお重要性が高いが，租税法律関係の本質は課税処分をできるだけ排除することを指向するものであることとなる[12]。そこで，税務行政過程において投入される行為形式として着目すべきは，その他のものとなる。そして，一に，本稿での検討課題として次のものを挙げる。行政基準のあり方，パブリック・コメントの租税法における意義，財産評価の準則を法律で制定すべきか否か，和解の許容性等である。

そして，二に，遡及立法の許容性である。公共政策法としての租税法の位置づけが想起されるべきである[13]。例えば，租税特別措置等の改廃は漸次行われるのであり，一定の事情のもと（＝必要性）遡及立法は配備されると考えられる。この場合，立法過程の議論も検討の視野に入りうる。そもそも，立法作用は行政過程論において議論の範疇に含まれてよいかという点が問題

（10） 本稿では，宇賀克也『行政法概説Ⅰ　第6版』（有斐閣，2017年）273頁以下に倣い，行政基準を行政立法および行政規則を総称するものとする。また，本稿で引用する文献に応じては，右の分類に拠らないものもある。それ故，用語法の統一は必ずしもなされていない点につき，ご海容を賜りたい。

（11） 塩野・前掲注（4）96頁。

（12） 谷口・前掲注（2）13頁。

（13） 中里実編著『租税法概説　第3版』（有斐閣，2018年）4頁。

となりうるが，立法過程の行政官僚の支配を直視すれば，係る問題は提示不可能とは言い切れない。すなわち，納税義務者の納税義務に具体的に影響を与える租税政策が法律上規律され，それが行政官僚の営為に拠るとすれば，その段階から議論の視野に入れることはむしろ必要であろう。具体的には，遡及立法の意義と実態，さらに関連する判例にも触れるが，これらは，予測可能性・法的安定性の確保のあり方を議論するには重要な素材であろう。

三に，租税回避の否認と租税法律主義との関係についても触れるべきであろう。理論の到達点によれば，租税回避の否認については，個別的否認規定の必要性が論証されているところ，一般的否認規定では不十分であると解する立場もある。例えば，所得税法157条等がそうであるが，そうした条文に基づく否認を可とする判例は多い。そこで，一般的否認規定のあり方を探る必要性はある。

Ⅱ　行政基準の定立と租税法律主義

ここでは，行政基準に係る議論を検討することとしたい。税務行政過程においては，多くの行政基準が投入され，その機能性が維持されていることは，他の行政法各論分野と同じであろう。侵害行政作用としての性質を持つ税務行政においては，租税法律主義のもと，法律と下位の法令との間での規律事項の識別は非常に重要である。そこで，いくつかの実例を参考にしつつ，そうした識別のあり方を示すこととしたい。

1　税務行政と委任立法ー法律と下位の法令との間の境界ー

⑴　委任の方法および内容

そもそも行政法総論の議論を参照すれば，法律による行政の原理の意義は，現代社会においても減じられることはなく，古典的な議論と比較し，例えば法律の留保の範囲は少なくとも拡張的であるべきと思われる（通説としての権力留保説）[14]。税務行政はその性質上法律の留保学説に係るいずれの立場に与しても，法律の留保のもとに厳格に置かれるべきものである。とはいえ，前叙のごとく，法律レベルの規律のみで公共政策の完全な実施は不可能であり，下位の法令を通じた補完によって，はじめて公共政策は実効的に機能する。その点，法律のあり方のみでなく，下位の法令にも着目した上で，行政法の基本原理に係る自由主義は議論されるべきである。そこで，例えば，委任の際には，その個別具体性が要求されるのであり，委任立法の定立の際には，立法者によるその旨の明確な表明が法律上要求されるわけであり，これが委任の個別性・具体性であろう。これらが充足されてはじめて法律による行政の原理は貫徹されることになる。これが委任の方法[15]の問題であり，実際に，委任立法の定立の際には，委任をした立法者の意思に反してはならない。これが委任の内容[16]の問題である。租税法の領域においても，右の定式は妥当するものと解される。

さて，課税要件法定主義によれば，課税要件が法律上規定されるべきであることは言うまでもないが，現実には，右の定式が首尾よく制度上実現されていないと考えられることがある。例えば，法律上の委任文言が必ずしも明確ではなく，政令において課税要件が規定されるとは判読できない場合があり，その際，政令上の要件を充足しないことを以て一定の優遇税制の適用が排除されることは許されないと考えられる。この点，好例として，東京高判平成 7 年 11 月 28 日判時 1570 号 57 頁がある。判旨は次のように言う。曰く，「……手続的課税要件以外の課税要件は，本件軽減規定の場合，法律の中で規定されているから，本件軽減規定において法律が政令に委任するという文言は，新たに手続的課税要件を政令で定めることの委任以外には考えられず，したがって，本件軽減規定は，その明文にはないが手続的要件を課税要件としたものと解釈できると主張している。

(14) 稲葉馨／人見剛／村上裕章／前田雅子著『行政法　4 版』（有斐閣，2018 年）28-29 頁以下。
(15) 塩野・前掲注（4）107 頁。
(16) 塩野・前掲注（4）107 頁。

しかし，いわゆる租税法律主義を規定したとされる憲法84条のもとにおいては，租税の種類や課税の根拠のような基本的事項のみでなく，納税義務者，課税物件，課税標準，税率などの課税要件はもとより，賦課，納付，徴税の手続もまた，法律により規定すべきものとされており（最高裁大法廷昭和30年3月23日判決民集9巻3号336頁，最高裁大法廷昭和37年2月21日判決刑集16巻2号107頁），租税の優遇措置を定める場合や，課税要件として手続的な事項を定める場合も，これを法律により定めることを要するものである。そして，このような憲法の趣旨からすると，法律が租税に関し政令以下の法令に委任することが許されるのは，徴収手続の細目を委任するとか，あるいは，個別的・具体的な場合を限定して委任するなど，租税法律主義の本質を損なわないものに限られるものといわねばならない。すなわち，もし仮に手続的な課税要件を定めるのであれば，手続的な事項を課税要件とすること自体は法律で規定し，その上で課税要件となる手続の細目を政令以下に委任すれば足りるのである。第一審被告国は，包括的な委任文言を採用して課税要件の追加自体を政令に委任しないと，変転してやまない経済現象に対処できない弊害が生じるとするが，前記のような規定の方法によったからといって，所論のような弊害が生じるとは考え難い。

そして，租税法律主義のもとで租税法規を解釈する場合には，ある事項を課税要件として追加するのかどうかについて法律に明文の規定がない場合，通常はその事項は課税要件ではないと解釈すべきものである。それにもかかわらず，「政令の定めるところによる」との抽象的な委任文言があることを根拠として，解釈によりある事項を課税要件として追加し，政令以下の法令においてその細目を規定することは，租税関係法規の解釈としては，許されるべきものではない。第一審被告国は，法律上手続的な事項が課税要件とされていないことと，政令への委任文言があることを根拠に，法律は手続的事項を課税要件としているものと解釈すべきであると主張する。しかし，手続的事項は手続的効果を有するにとどめ，これを課税要件としない立法政策があることを考慮すると，このような解釈は成り立ち得ないものである。

そして，憲法の租税法律主義がこのようなものである以上，本件の委任文言は，その抽象的で限定のない文言にかかわらず，これを限定的に解釈すべきものであり，追加的な課税要件として手続的な事項を定めることの委任や，解釈により課税要件を追加しその細目を決定することの委任を含むものと解することはできない。」（傍線は筆者。以下同じ。）と。以上の（傍線部を中心に）判文を見ると，先の学説と同様の立場に立っていると理解することができよう。すなわち，課税要件は法律上明示的に規定されるべきであり，そして課税要件の委任がなされる場合には，委任の個別具体性が要求され，この事案のもとでは法律上かような課税要件の委任につき個別具体性を以て示す文言が見出しえないという点が事案の重要な点であろう。

(2) 租税法律主義を取り巻くもの－租税公平主義との関係－

ここで議論を一般論に振ろう。税務行政の場面における合法性の原則としては，法律に厳格に羈束されつつ，税務行政がなされるべきことが要請されるわけであり，これは法律と行政活動との適合性を求める右原則の意味内容そのものを指す。ところが，合法性の原則が貫徹されることにより，課税の平等ももたらされる。すなわち，法律に厳格に羈束されつつその執行がなされれば，納税義務者全体に等しく当該法律が適用されるので，課税も平等となるわけである[17]。この点，租税法律主義は租税公平主義も実現する機能を持つと考えることができよう。租税法律主義によれば，法律の文言に係る意味内容はいずれの者にとっても一義的に明確であるため（課税要件明確主義），法律をいわば機械的に執行することによる法効果の平等の獲得という図式は租税法においては特にあてはまろう。この点，租税法律主義に基づく法執行が租税公平主義を実現するという関係をそこに見出すことが可能であるため，以上によれば，租税法律主義と租税公平主義との間には相克するところはなく，両者が二律背反的な関係に立つというケースは想定できそうもない。

---

(17) なお，参考までに，手塚・前掲注（6）58-59 頁。

ところが，次のような問題がある。全国的に法律に違反する違法な関税の課税がなされ（低い関税率による課税），適法なそれ（高い関税率による課税）は一部であったという場合，後者の課税がなされた納税義務者は前者の例を引き合いに出し，自身に対する課税の違法を主張することができるか，というものである。すなわち，仮に違法な行政活動が一般化し，適法な行政活動が部分的にしかなされない場合に，いずれの行政活動が正当とされるのか。大阪高判昭和44年9月30日判時606号19頁は次のように言う。曰く，「……憲法84条は租税法律主義を規定し，租税法律主義の当然の帰結である課・徴税平等の原則は，憲法14条の課・徴税の面における発現であると言うことができる。みぎ租税法律主義ないし課・徴税平等の原則に鑑みると，特定時期における特定種類の課税物件に対する税率は日本全国を通して均一であるべきであつて，同一の時期に同一種類の課税物件に対して賦課・徴収された租税の税率が処分庁によつて異なるときには，少くともみぎ課・徴税処分のいづれか一方は誤つた税率による課・徴税をした違法な処分であると言うことができる。けだし，収税官庁は厳格に法規を執行する義務を負つていて，法律に別段の規定がある場合を除いて，法律の規定する課・徴税の要件が存在する場合には必ず法律の規定する課・徴税をすべき義務がある反面，法律の規定する課・徴税要件が存在しない場合には，その課・徴税処分をしてはならないのであるから，同一時期における同一種類の課税物件に対する二個以上の課・徴税処分の税率が互に異なるときは，みぎ二個以上の課・徴税処分が共に正当であることはあり得ないことであるからである。そしてみぎ課税物件に対する課・徴税処分に関与する全国の税務官庁の大多数が法律の誤解その他の理由によつて，事実上，特定の期間特定の課税物件について，法定の課税標準ないし税率より軽減された課税標準ないし税率で課・徴税処分をして，しかも，その後，法定の税率による税金とみぎのように軽減された税率による税金の差額を，実際に追徴したことがなく且つ追徴する見込みもない状況にあるときには，租税法律主義ないし課・徴税平等の原則により，みぎ状態の継続した期間中は，法律の規定に反して多数の税務官庁が採用した軽減された課税標準ないし税率の方が，実定法上正当なものとされ，却つて法定の課税標準，税率に従つた課・徴税処分は，実定法に反する処分として，みぎ軽減された課税標準ないし税率を超過する部分については違法処分と解するのが相当である。したがつて，このような場合について，課税平等の原則は，みぎ法定の課税標準ないし税率による課・徴税処分を，でき得る限り，軽減された全国通用の課税標準および税率による課・徴税処分に一致するように訂正し，これによつて両者間の平等をもたらすように処置することを要請しているものと解しなければならない。」と。

引用した判文のうち前段の傍線部は，租税法律主義の要請するところを示しているが，前叙の法律の機械的執行を前提とすれば，同一の事実関係について異なる課税要件の適用・充足はありえないことになるわけで，その点で判文の言明は正当であると言えよう。問題は後段の傍線部であるが，違法な課税が多数である場合には，一定の要件のもと，違法な課税が適法な課税として性質決定される旨が述べられているのである。加えて，その根拠として，課税の平等のみならず，租税法律主義も挙げられている。この点を如何に解すべきか。端的に，租税法律主義を根拠とする見方に対しては，違法な課税処分が，根拠法律に違反するにも拘わらず，適法になることはありえないので，誤謬と断ずることも不可能ではない。ところが，判文では，課税の平等も併せて言及されているので，平等課税を重視し，それ故，平等課税の当てはめの結果違法な処分も適法視されることになったため，結果として租税法律主義にも反しない，ということを述べていると見ることもできよう。とはいえ，形式上は課税は根拠法律に違反するので，こうした解釈は極めて例外的なものと理解するべきかもしれない。この点，判文も，少なくとも一定期間軽税率による課税が継続し，違法な課税処分に係る追徴課税がなく，今後もその見通しがないという要件の充足も併せて，はじめてこうした解釈ができると解しているのであろう。

また，この事案を敷衍して得られる知見として次のことを指摘しよう。すなわち，租税法律主義は，租税公平主義との関係において，あくまで一つの原則に過ぎないということである。換言すれば，一定の場合には，両者はトレードオフの関係に立ち，租税法律主義が劣位することもある，ということである。租税法律主義を徹底すれば，先の事案でも軽税率の課税が適法視される余地はほとんどないように思われる。ところが，一定の場合には，判文のように捉える可能性があるということは，当該事案では租税公平主義が租税法律主義に優越したということではないか。そのように考えれば，前叙の，税務行政の場面における租税法律主義（合法性の原則）による租税公平主義の実現という図式は，絶対的なものではない。

(3)　関税法と租税法律主義

関税は財政関税と保護関税とに識別される(18)。前者については財政収入を獲得することを企図するもので(19)，租税法律主義が及ぶことに異論はない。ところが，後者については，国内産業保護を企図して課されるものであるため(20)，財政収入を獲得することは想定されていない。この点，租税の定義には厳密には包摂されず，それ故，租税法律主義が及ぶとは必ずしも言いえない。とはいえ，最判平成18年3月1日民集60巻2号587頁は，まず，租税の意義につき，「……国又は地方公共団体が，課税権に基づき，その経費に充てるための資金を調達する目的をもって，特別の給付に対する反対給付としてでなく，一定の要件に該当するすべての者に対して課する金銭給付は，その形式のいかんにかかわらず，憲法84条に規定する租税に当たるというべきである。」とした上で，「……憲法84条は，課税要件及び租税の賦課徴収の手続が法律で明確に定められるべきことを規定するものであり，直接的には，租税について法律による規律の在り方を定めるものであるが，同条は，国民に対して義務を課し又は権利を制限するには法律の根拠を要するという法原則を租税について厳格化した形で明文化したものというべきである。したがって，国，地方公共団体等が賦課徴収する租税以外の公課であっ

(18)　金子宏『租税法　第22版』（弘文堂，2017年）12頁。
(19)　金子・前掲注（18）12頁。
(20)　金子・前掲注（18）12頁。

ても，その性質に応じて，法律又は法律の範囲内で制定された条例によって適正な規律がされるべきものと解すべきであり，憲法 84 条に規定する租税ではないという理由だけから，そのすべてが当然に同条に現れた上記のような法原則のらち外にあると判断することは相当ではない。そして，租税以外の公課であっても，賦課徴収の強制の度合い等の点において租税に類似する性質を有するものについては，憲法 84 条の趣旨が及ぶと解すべきであるが，その場合であっても，租税以外の公課は，租税とその性質が共通する点や異なる点があり，また，賦課徴収の目的に応じて多種多様であるから，賦課要件が法律又は条例にどの程度明確に定められるべきかなどその規律の在り方については，当該公課の性質，賦課徴収の目的，その強制の度合い等を総合考慮して判断すべきものである。」とするので，保護関税についても，租税法律主義の適用可能性を前提として，現実の制度が租税法律主義の範囲内に構築されているか否かを議論することはできる。また，その際には，保護関税という制度の属性に着目した上での租税法律主義の適用のあり方を議論することができる[21]。

いわゆる特殊関税があるが，わが国で議論が見られるのは，いわゆる不当廉売関税，緊急関税である[22]。例えば，不当廉売関税は，関税定率法 8 条に規定があり，わが国の輸入貨物で不当廉売がなされている場合で，本邦の産業に与える実質的な損害等の事実により，当該本邦の産業を保護するため必要があると認められるときは正常価格と不当廉売価格との差額を上限として課されるものである（8 条 1 項）。この際，大枠は法律に規定されているが，

(21) 本文中の議論については，既に水野忠恒／小寺彰／中川丈久／増井良啓／塚越保祐／松岡裕之「関税法研究会「とりまとめ」座談会」貿易と関税 2006 年 10 月号 12 頁（増井良啓発言）にある。さらに，関税と租税法律主義との関係については，新井隆一『租税法の基礎理論［第 3 版］』（日本評論社，1997 年）60 頁以下，財務省関税局『関税制度の新たな展開－関税法研究会とりまとめ－』（日本関税協会，2007 年）12 頁。

(22) これらの詳細な仕組みについては，『新訂　特殊関税コンメンタール』（日本関税協会，2014 年），中川淳司／清水章雄／平覚／間宮勇著『国際経済法【第 2 版】』（有斐閣，2016 年）103 頁以下。

不当廉売関税の課税につき，税率，課税の期間，課税の対象となる貨物等につき，政令に委任されている。この点，租税法律主義との整合性が問題となる。こうした制度につき，具体的には，緊急性がその正当化根拠とされている[(23)]。不当廉売価格での輸入があればそれを早急に止める等して，国内での不当廉売価格での流通を止める必要はあろう。また，前叙のごとく大枠は法律で規定されており（例，課税の必要性がなくなった場合の即時撤廃，税率は法律の範囲内であること），行政府の裁量は限定的であるため，かような制度は租税法律主義には反しないとされる[(24)]。そして，緊急関税[(25)]は，特定貨物の輸入増加の事実により，本邦の産業に与える重大な損害等の事実が生じ，国民経済上緊急に必要があると認められるときに，課税できる（9条1項）。これについても，税率，課税の期間，その対象等につき政令に委任されている。

この点，租税法律主義につき，前叙の特殊関税の特殊性を以て正当化することも不可能ではないと考えるが，課税の手続を整備することを以て実体的要件の不明確性，政令委任を正当化する立場もある[(26)]。但し，一般論に傾斜するが，緊急性が求められる特殊関税の課税という場面において手続を厳重にしつつ，課税の実効性を確保することには一定の困難を伴うし，加えて，そうした要請に配慮しつつ，個々の手続を以て恣意的課税の排除という租税法律主義を補完することが可能か否かを検証する必要がある。

---

(23)　詳細は，財務省関税局・前掲注（21）11頁。

(24)　財務省関税局・前掲注（21）23頁。

(25)　この問題については，増井良啓「緊急関税と租税法律主義」佐藤英善／首藤重幸編著『行政法と租税法の課題と展望　新井隆一先生古稀記念』（成文堂，2000年）393頁以下。

(26)　前掲注（21）14頁（中川丈久発言）。また，増井・前掲注（25）415頁にも同様の見解は示されていようか。

2　税務通達とその統制

(1)　税務通達の税務行政過程における機能

言うまでもなく，税務通達の税務行政におけるその機能は重要である。同じく，通達は法規ではなく，近時でも，「……本件通達は，いずれも，その内容に照らし，国税庁長官が，その権限に基づき，国税局長に対し，国税庁の所掌事務について，租税特別措置法又は消費税法を含む関係法令の解釈及びその運用に係る命令又は示達をするために発したものと認められる……。また，通達は，一般に，法規の性質を有するものではなく，行政機関内部において命令又は示達をするためのものにすぎないから（国家行政組織法 14 条 2 項参照），当該行政機関の所管に係る諸機関及び職員がそれに拘束されることはあっても，一般の国民が直接これに拘束されるものではなく，このことは，通達の内容が，法令の解釈や取扱いに関するもので，国民の権利義務に重大な関わりを持つようなものである場合においても別段異なるところはない」（東京地判平成 25 年 3 月 6 日 LEX／DB25506351）とされるように，行政内部規範であるに過ぎないにも拘わらず，税務行政を規定するものである。換言すれば，法源ではないけれども，税務行政に蔓延る。そして，その機能としては，まず，課税庁の税務執行の統一であって，全国に分散する課税庁ごとに事案処理が異なることを防止する。すなわち，通達の整備は平等課税を指向するものであり，通達による画一的な事案処理がなされる。その他にも，周知説明機能があり，判例上も，「……このような問題について，課税庁が従来の取扱いを変更しようとする場合には，法令の改正によることが望ましく，仮に法令の改正によらないとしても，通達を発するなどして変更後の取扱いを納税者に周知させ，これが定着するよう必要な措置を講ずべきものである。」（最判平成 18 年 10 月 24 日判時 1952 号 76 頁）とされる。これを敷衍すれば，納税義務者も課税庁の税務執行に係る予測可能性を得るということであろう[27]けれども，税務通達の内容が適法とは限らず，裁判所で争われう

(27)　例えば，増井良啓『租税法入門　第 2 版』（有斐閣，2018 年）38 頁。

ることにも付言する必要があろう。

(2) 外部化現象の諸問題

ここで触れるべきは，通達の外部化現象(28)であろう。外部化現象とは端的には（国民・納税義務者に対して）法的拘束力を持たないはずの通達が実質的にそうした拘束力を持つということである。であるから，本来その性質上内部効（行政機関を拘束する）を有するに止まるはずのものが，何故外部効を有するのか（国民に拘束力を発揮する）という点が問題となる。さて，行政法学で言うところの外部化現象に触れておくが(29)，外部効が問題となる場合について，例えば，①公共施設の利用規則，公立学校の校則，②高度の専門技術的判断に係る裁量基準，③（通達で定めるところと異なる執行がなされた場合の）平等原則違反が挙げられている。ここで租税法に関係があるのは，③の具体的事案において平等原則違反をもたらす解釈基準からの乖離であろう(30)。解釈基準は学説上裁量基準と並んで触れられるが，いずれも行政庁が具体的意思決定の際にその基準とするものである。そして，裁量基準と解釈基準の違いとしては，裁量基準は行政上の意思決定につき行政の判断に委ねられた部分が多いため，裁判所の判断は裁量基準に不合理な点があるか否かに止まるが，解釈基準については，裁判所によるいわば判断代置が可能となるのである(31)。このように，行政規則といえども，いずれも私人の権利義務とまったく無関係ではない(32)。税務行政にこれを当てはめるとするならば，具体的な事案に租税法律を当てはめる際に，税務通達の内容がその作業の基準となるということである。

その場合，次のことが問題となる。通達に違反する課税処分の違法性である。先にも触れたが，通達には課税要件を規定することができないため，課

(28)　塩野・前掲注（6）114頁。
(29)　稲葉／人見／村上／前田・前掲注（14）62頁以下。
(30)　宇賀・前掲注（10）292頁。
(31)　なお，この点，平岡久『行政立法と行政基準』（有斐閣，1995年）225頁も参照。
(32)　平岡・前掲注（31）9頁，114頁。

税の根拠足りえないのであって，それに違反するから違法な課税であるとは如何なる論理かが問題となる。もし，通達の内容とは異なる事案処理を課税庁が行う場合には，理論上は，端的には平等原則違反であると考えられ(33)(34)，それを正当化する根拠が必要であると解される。この点，学説上も通達に係る裁判への規範性が議論されることがあり(35)，行政処分について通達違反が観念される際には，それが平等原則違反を導く一経路であると言われることもある(36)。判例については，例えば，名古屋地判平成27年1月29日LEX／DB25541486（控訴審：名古屋高判平成27年9月11日LEX／DB 25541394）を挙げることができる。曰く，「……世間一般で行われているいわゆる民間療法の類の事業は，多種多様なものである上，本件各免許が必要とされる事業（あん摩，マッサージ又は指圧，はり，きゆう，柔道整復の事業）の外延も，必ずしも一義的に明確であるとはいえないから，これら民間療法を行っている個人の事業内容を個別的，具体的に調査して客観的には本件各免許を必要とする事業（あん摩，マッサージ又は指圧，はり，きゆう，柔道整復の事業）に当たるかどうかを判定するのは容易ではなく，一定の明確な基準の下に上記判定を行うのでなければ，事案ごとに区々な判定となる事態を招来したり，課税事務の迅速な処理が困難になったりするおそれがある。そこで，被告は，地方税法72条の2第10項5号所定の事業に該当するか否かに関する判断基準の明確性を確保し，大量の課税事務を迅速かつ適切に処理するという観点から，本件通達を発するとともに本件運用基準を定め，本件各免許

(33)　例えば，宇賀・前掲注（10）297頁。

(34)　大橋洋一『行政法Ⅰ　第3版』（有斐閣，2016年）146頁における“行政の自己拘束論”も参照すべきである。

(35)　野口貴公美『行政立法手続の研究　米国行政法からの示唆』（日本評論社，2008年）180頁以下，同「行政立法－「裁判規範性」に関する一分析－」磯部力／小早川光郎／芝池義一編著『行政法の新構想Ⅱ　行政作用・行政手続・行政情報法』（有斐閣，2008年）25頁以下。また，“通達による裁判”の可能性の指摘として，平岡久『行政法解釈の諸問題』（勁草書房，2007年）12頁。

(36)　稲葉／人見／村上／前田・前掲注（14）63頁。

の有無によって同号所定の事業を営む者として個人事業税の課税対象者に該当するかどうかを判断することとし，整体業等を行う個人に対しては，本件各免許を有する場合に限って個人事業税を賦課する取扱いをしてきたものである。このような本件通達及び本件運用基準の制定目的は，納税者間の公平や徴税費用の節減等の見地から合理的なものであり，その内容も，社会通念に照らして合理性を有するものということができる。

そうすると，名古屋東部県税事務所長としては，特段の事情がない限り，本件通達及び本件運用基準の定める判定基準に従って地方税法72条の2第10項5号所定の事業に該当するか否かを判定すべきであり，特段の事情がないにもかかわらず，上記判定基準によらずに個人事業税の賦課決定処分をした場合には，当該賦課決定処分は，平等原則違反により違法となるというべきである。そして，違法な賦課決定処分をした名古屋東部県税事務所長が，これによって損害を被ったと主張する者に対して負う職務上の法的義務に違反したと認められる場合には，名古屋東部県税事務所長による当該賦課決定処分は，国家賠償法上違法な行為に該当することになるから，被告は，国家賠償法1条1項に基づく損害賠償義務を負うことになる。」と。傍線部を見ると，通達の税務行政における有意な機能性に触れられ，通達の合理性も論証されているので，その通達を当てはめて課税をすることが求められている。換言すれば，判文上通達課税として論難されることはない。何故なら，通達の内容として出現している解釈が合理的であるからである。

次に，通達の外部効果を，例えば，法規命令の効力と同質視できるか否かという問題もある。この点，最高裁は，「……本件の課税がたまたま所論通達を機縁として行われたものであつても，通達の内容が法の正しい解釈に合致するものである以上，本件課税処分は法の根拠に基く処分と解するに妨げがな」いとしている（最判昭和33年3月28日判時145号15頁）。法律の正しい解釈に合致すれば，通達を機縁とするように見えても，法律に基づく課税と言いうるわけである。つまり，通達は法律の解釈内容が示されたものであり，通達の内容に係る合理性の承認は法律の解釈が適正であることと同義と考えられる。とするならば，裁判所に当てはめて言えば，実際の事案解決の際に，通達の内容を必ず無視すべきということはなく，その内容が法律の解釈として正当であれば，結果としてその解釈に与すべきであることになる(37)。したがって，この場合に通達違反の行政処分につき，平等原則違反を論ずる必要は必ずしもない。何故なら，そうした課税処分は結局法律に違反するものとして違法であると導けるからである。勿論，平等原則，法的安定性・予測可能性(38)の援用を通じて通達からの乖離を問題視する途はありうるのであって，かかる際には，その正当化根拠を問う作業が必要である。例えば，通達の適用場面ではない，乖離の余地を残す通達上の規定の存在(39)がそれであろう。確かに，前掲・最判昭和33年3月28日の判文からは通達が法規たる性質を持つものとは言い難く，これは学説が言うところの「間接的な外部」的機能を持つことを意味しよう(40)。この点，通達は法規命令と同視しえない。そして，正しい法解釈と通達内容が整合性を持つならば，通達の内容に従った行政活動が行われることになり，もし，通達の内容が違法であれば，逆に通達からの乖離が要請される(41)。問題は，かような場合であっても，通達の内容に依拠した裁判が行われることであろう(42)。とするならば，裁判所が通達に拘束されないというのは，違法な通達には拘束されないということを意味しよう。何故なら，通達の内容に誤りがあれば，そうした通達に係る課税は法律の解釈の誤りとなるからである。また，裁判所が法解釈を

(37) 同旨，平岡・前掲注（31）225頁。
(38) 中里実「通達に反する課税処分の効力」ジュリスト1349号88頁。
(39) 中里・前掲注（38）89頁以下。
(40) 平岡・前掲注（31）182-183頁。
(41) 野口・前掲注（35）42-43頁にもあるが，行政規則と上位法令との整合性に係る審査は行われる。この点，塩野・前掲注（4）114頁は，「ある通達に示された解釈に従って行政処分がなされ，その適法性が裁判所で問題となったときには，裁判所は独自の立場で法令を解釈・適用して，処分の適法・違法を判断すべきであって，通達に示されたところを考慮する必要はなく，むしろ考慮してはならないのである」とする。
(42) こうした問題意識の提起として，平岡・前掲注（31）229頁，241頁，242頁，244頁。

自律的に行ない，その結果が通達内容と一致すれば，通達に従った行政活動が是認される。これは通達が裁判所を拘束することを意味しない。

なお，通達により形成された慣行の変更は法律の根拠が必要であるかという問いもあるが，わが国の租税法において行政先例法の成立は極めて承認し難いとすれば(43)，その必要はないと考えられる。

以上に関連して，通達の租税実務における前叙の重要性を直視して，通達の内容を争う訴訟が如何なる形態で可能であるか否かも問われる。これは通達の統制に係る問題であって，法令との整合性確保が問われる。具体的には，通達に係る取消訴訟の可否が問題となる。この点，行政法の議論によれば，通達には処分性がないため，それは一般論として困難である。近時の判例を挙げると，「……無効等確認の訴え（行政事件訴訟法3条4項）の対象となり得る行政行為は，同条2項の行政庁の処分その他公権力の行使に当たる行為，すなわち，その行為によって，直接国民の権利義務を形成し又はその範囲を確定することが法律上認められているものでなければならない（最高裁昭和37年（オ）第296号同39年10月29日第一小法廷判決・民集18巻8号1809頁参照）ところ，上記のような本件通達の形式及び内容並びに通達一般の性質に照らすと，本件通達がそのようなものであるとは認められず，他に，本件通達がそのようなものであることを認めるに足りる事情等も格別見当たらない」（前掲・東京地判平成25年3月6日）とされる。但し，傍線部を参照すると，通達が行政過程において実際上行政処分と同様の機能を持つ場合には，例外的にそれに対する抗告訴訟が認められうるとも解釈可能である。確かに，この点，かつても「……元来，通達は，上級行政機関がその所掌事務について関係下級行政機関およびその職員に対しその職務権限の行使を指揮し，職務に関して命令するために発するものであつて（国家行政組織法第14条第2項），行政組織の内部的規律にすぎないものであることからすれば，国民との関係についていう限り，通達そのものは，たとえそれが国民の権利，義務ないし

(43)　塩野・前掲注（4）70頁。

法律上の利益に関係のあることがらを内容とするものであつても，一般的には，いまだ個人の具体的な権利，義務ないし法律上の利益に変動を生ぜしめるものではないから，これを具体的な法律上の紛争があるものとして司法審査の対象とすることはできないものといわなければならない。そして，このように解したとしても，通常は通達に基づいてなされた具体的な行政処分の適否についての訴訟によつて国民の利益を保護することが充分可能であるから，国民の権利救済に欠けるところはないというべきである。」，「……しかし，現実の行政事務の運営において通達がはたしている役割・機能の重要性およびその影響力も無視しえないのであつて，こうした点をも併せ考えると，通達であつてもその内容が国民の具体的な権利，義務ないし法律上の利益に重大なかかわりをもち，かつ，その影響が単に行政組織の内部関係にとどまらず外部にも及び，国民の具体的な権利，義務ないしは法律上の利益に変動をきたし，通達そのものを争わせなければその権利救済を全からしめることができないような特殊例外的な場合には，行政訴訟の制度が国民の権利救済のための制度であることに鑑みれば，通達を単に行政組織の内部的規律としてのみ扱い，行政訴訟の対象となしえないものとすることは妥当でなく，むしろ通達によつて具体的な不利益を受ける国民から通達そのものを訴訟の対象としてその取消を求めることも許されると解するのが相当である。」（東京地判昭和46年11月8日判時652号12頁）とするものもあり，そうした例外の探求可能性が解釈論上もありうるのであろう。尤も，この判文に基づいて，租税法においてこうした例外に当たる事例は目下筆者にとって不明である(44)。

⑶　その他の諸問題

以下に，税務通達に関する残された問題について触れることとしよう。

一に，通達事項の法制化の可能性である（ここでは，便宜上，法規命令とさ

(44)　但し，公法上の確認訴訟を通じて，かような通達の違法性を争う途もあるとする立場が，行政法では見られる。例えば，稲葉他著・前掲注（14）64-65頁。私見では，税務通達にはこの議論は当てはまらないと考えられる。

れる固定資産評価基準も含めて議論する)。財産評価基本通達があるが，端的には，法律上の「適正な時価」に関する技術的細目的事項であって，この点のみ着目すれば，決して法律上規定されるべき事柄ではないとも考えられ，下位の法令への委任の途が開かれる（また，やや強引ではあるが，適正な時価に係る評価作業に際して，いわゆる7割評価，8割評価が行われ，それらが堅めの評価であるから，評価額がこの枠組みのもとでは一応時価を越えることはなく，それ故法律レベルで規定がなされなくても問題視はされ難いという事情もありうるのか)。

ところが，学説上は，財産評価基本通達について，本来は法律で規定すべきこと(45)を指摘する立場もある。これは財産評価基本通達の法制化の問題である。この問題を検討するに際して，言われることは財産評価という作業に認められる属性であって，それは事実問題としての財産評価である(46)。要するに，財産の価額を解明する作業は必ずしも法的評価が伴うものではなく，ある財産に認められる価値は事実として観念されるものであろう。これを前提とすれば，先の法制化の作業は論理必然的なものではなくなる。

但し，議論は以上に尽きると考えるべきでなく，法律の留保との関係に着目すれば，次のように言いうる。例えば，重要事項留保説を前提とすれば少なくとも財産評価の基本的な仕組みは法律で定めるべきものと考えることもできるかもしれない。また，権力留保説を以ても，財産評価が課税処分の前段階の作業とすれば，その法律による規律について論証可能であると考える(47)。

尤も，以上の法律の留保との関係を視野に入れた場合，敢えて法律で規定

(45)　碓井・前掲注（5）32頁，玉國文敏「通達課税の一側面－相続財産評価基準とその変容－」小早川光郎／宇賀克也編著『行政法の発展と変革　下巻』（有斐閣，2001年）477頁。

(46)　碓井光明「相続財産評価方法と租税法律主義」税経通信45巻15号10頁，岩崎政明「財産評価通達の意義と役割」ジュリスト1004号29頁，高野幸大「相続財産の評価と納税」租税法研究23号29頁。

(47)　これは，固定資産評価基準についても当てはまると考える。参照，手塚貴大「日本における財産評価法制定の可能性－ドイツ財産評価法の検討を踏まえて－」日税研論集68号301頁以下。

しないことの根拠を探求するならば，規定内容の技術性・専門性・柔軟な改正の必要性がそれでありうる。この議論は先のように財産評価を事実問題と性質決定することとは必ずしも同じではない。ここでは，規定内容に着目して，法律よりも下位の法令で規定することの正当性という作業が要求されうる。

二に，緩和通達を如何にして捉えるかである。緩和通達は法律上の明文の根拠なく非課税規定を配備するもので（いわゆる“課税しなくて差し支えない”），租税法律主義の観点から問題となりうる。それ故，緩和通達に係る正当化の可能性が問われる。

この問題には2つの解答がありうる。まず，租税法律主義を厳格に解釈すれば，法律上の根拠なく課税すべきものを課税しないと行政が処理することは違法であると解するものである(48)。いまひとつは，租税法律主義も租税法における一原則であり，例外としての正当化根拠の援用は可能であると解する立場である。すなわち，税務行政の構築に際して，複数の原則間での調整を行い，一定の場合には租税法律主義とは異なる原則を優位させるということもありうると立論するのである。ここで可能性としての効率性原則（行政法の体系書でも言及がある(49)）を挙げることができようし，具体的には，効率性を視野に入れた獲得可能税収と租税法律主義を徹底することに伴い生じる徴税費用との釣り合いに着目し，両原則間の調整を行うのである。但し，こうした調整・判断を課税庁のみにより行うことが可能か否かは別問題として提起しうる。換言すれば，立法者（＝法律）の判断が必要ではないかということである。ここで立法者の判断を要するとすれば，それは法律と下位の法令との境界を論ずることに繋がる。

三に，通達という形態を採るソフト・ローの問題がある。行政立法一般に言えることではあるが，課税の場面で何故かくも通達が用いられるのかという問いが提起できるが，その説明の仕方として，いわゆる法律の不完備性に

(48) 例えば，谷口・前掲注（2）37頁。
(49) 宇賀・前掲注（10）63-64頁。

言及がなされる[50]。こうした不完備性は決して租税法という領域においてのみ観念されるわけではないが，不完備性は必然のものと考えられよう。すなわち，適用対象（および将来適用対象になるであろう）事項をすべて完全に規律しつくすことはないという点で法律は完全ではないし，詳細な規律が配備されすぎると，要するに，法律自体が長大なものになるという指摘がある[51]。所論は，包括的所得概念に言及するが[52]，あらゆる課税の対象となる所得（稼得形態）を法律に規律することは，法律を先に述べたような長大なものにするであろう。とするならば，通達の増加は法律の性質からして必然的なものであることになる。

とはいえ，次のような留意事項はあろう。すなわち，通達を通じて課税という作用の機能は向上するが，法律に規律すべきであり，詳細に規律できる事項を戦略的に法律上の規律ではなく，通達を用いることはできないと考えるべきであろう。これは前叙の法律と下位の法令との間での規律媒体の選択に係る問題である。次に，通達改正は，行政の判断で行いうるため，容易であり，迅速な事態対処が可能となるが，法律上はルールの策定が原則で，スタンダード（例，不確定法概念）の配備は例外とされるべきであろう。これは課税要件明確主義に照らせば，導ける立場である。

3　税務行政とパブリック・コメント
－行政手続法における意見公募手続－

⑴　パブリック・コメントの意義－行政法の視点から－

わが国では，いわゆるパブリック・コメント手続として，行政手続法において意見公募手続が配備されている。それは，凡そ命令等制定機関は，命令等を定めようとする場合には，当該命令等の案及びこれに関連する資料をあらかじめ公示し，意見の提出先及び意見の提出のための期間を定めて広く一

(50)　岡村忠生「租税法律主義とソフト・ロー」税法学563号148-149頁。
(51)　岡村・前掲注（50）148頁。
(52)　岡村・前掲注（50）145-146頁。

般の意見を求めなければならないというものである（行政手続法39条1項）。このパブリック・コメントについては，学説上その機能について，次のようなものが挙げられている。行政立法の内容の公正・妥当さの確保，行政立法の内容に利害関係を持つ国民の法益の事前の保護，「立法」に関する国民主権主義ないし住民自治の実質化等に役立つ(53)といった具合である。この点，行政立法・行政基準の制定については（引用文献では，行政基準）行政裁量が認められており(54)，この点を直視すれば，かような行政による規範定立に対する統制を可能とするのがパブリック・コメントであると言えよう(55)。そして，この制度と税務行政との結びつきの一端を述べるとすれば，やはり，通達が課税実務において有する前叙の機能からすれば，その改廃に係る予測可能性が必要であること(56)，さらには，通達の内容の合理性につき納税義務者が争訟を通じてのみ事後的に争うことの不合理さ(57)は指摘されるべきであろう。

さて，行政立法への統制という視点であるが，それは，民主的統制を指そうか。すなわち，行政手続法における目的規定として，行政運営の公正の確

(53) 平岡・前掲注（31）58-59頁。また，大橋洋一『対話型行政法学の創造』（弘文堂，1999年）35頁は，閉鎖的であった行政立法の制定過程が公開される点に意義を見出す。これは，平岡・前掲58頁も触れる。さらに，同書では，行政立法に対する司法統制が困難である点に着目し，行政立法手続をその代償的措置と見なす（36-37頁）。さらに，角松生史「手続過程の公開と参加」磯部／小早川／芝池・前掲注（35）292頁。

(54) 大橋・前掲注（34）138頁以下。

(55) なお，この制度については，目下行政手続法本体において規定されているが，その前身として，中央省庁等改革基本法（平成10年法律第103号）50条2項に基づく「規制の制定又は改廃に係る意見提出手続」（平成11年3月閣議決定）による運用があり，その後の「規制改革・民間開放推進3か年計画」（平成16年3月閣議決定）がある。制度改正の経緯等につき，阿部泰隆「パブリック・コメント手続導入で求められる税制論議の将来」税理42巻9号2頁以下。

(56) 首藤重幸「パブリック・コメント制度と税務通達」税務弘報47巻3号6頁以下。

(57) 首藤重幸「金融通達廃止を契機に求められる税務通達作成過程の見直しの視座」税理41巻9号4-5頁。

保と透明性の向上（＝行政上の意思決定について，その内容および過程が国民にとって明らかであること[58]），そしてそれを以てする国民の権利利益の保護（行政手続法1条）があり，これは意見公募手続にも当てはまると考えられる[59]。こうした手続を踏むことにより，不合理な内容の行政立法を防止することが可能となりうるのであり[60]，それは行政立法という行政解釈に対する争訟以外の，行政立法に対する統制[61]，行政機関の判断の適正確保，国民の行政過程への参加推進を可能とし[62]，行政立法の内容を分かりやすく国民に知らせることになろう[63]。これは結局国民にとっての予測可能性・法的安定性に資するということを意味しよう[64]。

また，そうした行政統制としての側面のみではなく，行政にとっての情報収集手続としての側面の重視もありうる[65]。この意見公募手続では，意見の中に国民の考えのみではなく，情報も含まれているのであって[66]，広くは国民の参加手続と見ることもできる[67]。この参加という視点は重要であって，意見公募手続は，この結果，「行政を起点とする一往復半の過程」[68]と言われるように[69]，行政上の意思決定に係る国民の意思反映の手続の一つのチャンネルと見なすことが可能となる。以上を見ると，意見公募手続は

(58)　宇賀克也『行政手続法の解説　第6次改訂版』（学陽書房，2013年）40頁。
(59)　IAM＝行政管理研究センター編『逐条解説　行政手続法　改正行審法対応版』（ぎょうせい，2016年）294頁。
(60)　平岡・前掲注（35）32頁。
(61)　平岡・前掲注（35）11頁。
(62)　室井力／芝池義一／浜川清編著『行政手続法・行政不服審査法　第2版』（日本評論社，2008年）282頁以下。
(63)　宇賀克也『改正行政手続法とパブリック・コメント』（第一法規，2006年）16-17頁。
(64)　泉絢也「租税法領域におけるパブリック・コメント制度（意見公募手続制度）の意義と展望」国士舘法研論集14号30-31頁。
(65)　曽和俊文『行政法総論を学ぶ』（有斐閣，2014年）112頁，大橋・前掲注（34）424頁。
(66)　IAM＝行政管理研究センター編・前掲注（59）298頁。
(67)　芝池義一『行政法読本　第4版』（有斐閣，2016年）90頁，218頁。
(68)　角松・前掲注（53）305頁。

判断材料の豊富化をもたらし，説明責任を果たす手段であると性質決定することが可能となる(70)。

なお，そもそも，学説の整理としての行政手続の意義を見ると，事実認定・情報収集，民主的正当性の獲得，早期の権利保護が言われるのであって(71)，意見公募手続はそうした行政手続の機能論とも整合性を持つと言えよう。

⑵ 意見公募手続の仕組み

ここでわが国における意見公募手続の仕組みを概観し，それを基に検討を行うこととしたい。

一に，意見公募手続について，どの主観的範囲に意見提出を認めるかという問題がある。これについては，学説上複数の考え方がありうる(72)。それは，国民一般に広げるか，または利害関係人(73)というように限定をかけるかである。その範囲を国民として広くとれば，判断の適正化をもたらす情報収集手段として合理的であるし(74)，行政立法手続を参加権に係るものとすることと整合する(75)。また，学説の指摘に基づけば(76)，社会に散在する諸利益を広く行政立法過程において汲み取ることが可能となろう。これは，利益調整作業または結果の公正性，説得性を高めることに繋がろう(77)。本稿の検討事項との関係で言えば，こうした諸事が租税法において，何処まで求

---

(69) なお，高木光／常岡孝好／須田守著『条解　行政手続法　第2版』（弘文堂，2017年）547頁（常岡孝好執筆）は，これが不十分であれば工夫の余地があるという。泉・前掲注（64）36頁では，公聴会が提案される。

(70) 角松・前掲注（53）307-308頁。

(71) 芝池・前掲注（67）216-217頁。

(72) 常岡孝好編『行政立法手続』（信山社，1998年）127頁。所論曰く，「……程度の差はあれ何らかの利害関係者の関与制度があるというふうにまとめることができる」と。

(73) 平岡・前掲注（35）44-45頁。

(74) 宇賀・前掲注（10）453頁。

(75) 同旨，平岡・前掲注（31）62頁。

(76) 大橋・前掲注（53）59頁，角松・前掲注（53）294頁，296頁。

(77) 大橋・前掲注（53）62頁。

められるかが問題となろう。ここで意見公募手続における適用除外に触れておこう。具体的には，行政手続法39条4項2号がある。そこでは，納付すべき金銭について定める法律の制定又は改正により必要となる当該金銭の額の算定の基礎となるべき金額及び率並びに算定方法についての命令等その他当該法律の施行に関し必要な事項を定める命令等を定めようとするときには，意見公募手続の適用が除外されている。これは，租税法律主義のへの配慮であって，具体的には，国会審議の尊重を意味する。すなわち，法律の制定または改正の国会審議に際して，命令等の案が公にされて国会審議されている[78]，国会の意思を精確に把握し，それを正確に実現することが必要であると考えられるのである[79]。このように，いわば立法過程で調整済みの事項について改めて意見公募手続が実施されることはない。とするならば，租税法における意見公募手続の意義は何処に見出されるべきかという問いが提起されるが，この点，逆に，法律改正に伴わない行政立法の改正には意見公募手続の適用がある[80]。さらに行政手続法43条5項1号，2号においては，命令等制定機関は，第39条第4項各号のいずれかに該当することにより意見公募手続を実施しないで命令等を定めた場合には，当該命令等の公布と同時期に，命令等の題名及び趣旨（1号），意見公募手続を実施しなかった旨及びその理由（2号）を公示しなければならないとしている。

二に，どの範囲の行政立法についてパブリック・コメントを認めるかが問題となる[81]。これについての鍵概念として，いわゆる規準が挙げられる。これは，①命令による定めであって，国民の権利又は義務について定めるも

---

(78)　室井／芝池／浜川・前掲注（62）288頁，白岩俊「行政手続法の一部を改正する法律」ジュリスト1298号65頁。

(79)　IAM＝行政管理研究センター編・前掲注（59）305-306頁。常岡・前掲注（72）130頁も行政リソースの有限性という与件のもとで行政立法手続の構築がなされることを指摘する。

(80)　一高龍司「租税に関する命令等と意見公募手続－米国の議論を参考に－」税法学566号71-73頁，泉・前掲注（64）31-33頁では，法律改正に伴う命令等の制定・改定かの識別は実際には容易ではないとする。

(81)　平岡・前掲注（35）38頁。

の，そして，②①以外であって，処分又は行政指導に際し行政機関が拠るべきこととされている基準，指針その他これに類するもの[82]，である。この規準については「意見提出を義務付けるためには，国民の関心の対象であり，国民の意見が期待でき，その意見を考慮することの必要性が認められる場合でなければならない。国民の権利又は義務に関する定めや，行政処分や行政指導に際して考慮すべき事項を内容とする行政立法であれば，一般的にはこれに該当する」[83]とされる。前叙の①については，法規命令に相当し，意見公募手続の適用対象であることは相当である。加えて，②については，行政規則に相当すると考えられるが，「訓令・通達のような内部的な効果を持つにとどまる形式の行政立法であっても，それらのすべてを義務付けの対象外とするのは適切ではない。それらに示された基準や解釈に沿って行われる行政機関の事務処理が，結果的に国民の権利又は義務に大きな影響を与えるものもあるからである」[84]とされ，適用対象とされている。これはいわば広く行政規則の外部効に着目するものとも考えられ，それらの実質的効果に基づく，いわば法規命令と行政規則との峻別論を克服するもの[85]とも解されるのである。これにより税務通達も意見公募手続の適用対象となりうる。

三に，意見公募手続の具体的仕組みを通覧することとしよう。39条2項では，命令等の案は，具体的かつ明確な内容のものであって，かつ，当該命令等の題名及び当該命令等を定める根拠となる法令の条項が明示されたものでなければならないとする。ここで，意見公募手続においては，公示される案が抽象的なものよりも，相当程度具体化された案に対して意見を求める方が生産的であるという判断がある[86]。すなわち，命令等制定機関として十分な検討を経て練られたもので，当該案を公示する段階で最終的に命令等に

(82) 行政手続法検討会『行政手続法検討会報告』(平成16年12月17日) 7頁。また，宇賀克也『行政手続・情報公開』(弘文堂，1999年) 57頁も参照。
(83) 行政手続法検討会・前掲注 (82) 7頁。
(84) 行政手続法検討会・前掲注 (82) 7頁。
(85) 大橋・前掲注 (53) 35頁，36頁。
(86) 宇賀・前掲注 (58) 176頁。

おいて定めようと考えている事項が，具体的かつ明確に記載されているものを指す(87)。但し，特段の形式は定められておらず，命令等制定機関の裁量に委ねられており(88)，当初の案があまりに具体化しすぎると修正が困難になる可能性もあろう(89)。そこで，最終的意思決定を経る直前のものをいうのではなく，要するに，定めようとする内容が示されたもの全般をいうものである(90)。これは，個々の事態に柔軟に対処することを許すものであるけれども(91)，この場合には，意見公募手続の再実施に繋がりうる。そして，関連する資料も公示されるが，ここで関連する資料とは，当該事項に関して作成された説明資料・政策評価結果資料等を指す(92)。ここでは，命令等を定める趣旨，目的，背景，経緯も明らかにされるので(93)，前叙の法的安定性・予測可能性の確保が可能である。そして，命令等と法律との整合性の論証も求めていくこともありうる(94)。

行政手続法39条3項によると，第1項の規定により定める意見提出期間は，同項の公示の日から起算して30日以上でなければならない。この趣旨は，平成11年の閣議決定に基づくいわゆるパブリック・コメント手続においては，意見・情報の募集期間については1か月程度を一つの目安としていたことを踏まえ，意見公募手続の実効性の確保という要請と，命令等制定機関に過大な負担を課することによる行政運営の停滞の防止という要請の調和を図るものである(95)。そして，これには例外があり，行政手続法40条1項

(87)　IAM＝行政管理研究センター編・前掲注（59）296-297，300頁。
(88)　IAM＝行政管理研究センター編・前掲注（59）296頁。
(89)　高木／常岡／須田・前掲注（69）513頁（常岡執筆）。また，泉・前掲注（64）39頁は，修正の硬直化を指摘する。
(90)　IAM＝行政管理研究センター編・前掲注（59）296頁。
(91)　宇賀・前掲注（63）26-27頁。詳細は，総務省行政管理局長『行政手続法第6章に定める意見公募手続等の運用について』（総管第139号　平成18年3月20日）の【4．意見公募手続】の〈「関連資料」について〉。
(92)　宇賀・前掲注（58）176頁。
(93)　前掲注（91）の総務省資料。
(94)　泉・前掲注（64）34頁。
(95)　IAM＝行政管理研究センター編・前掲注（59）302頁。

によると，命令等制定機関は，命令等を定めようとする場合において，30日以上の意見提出期間を定めることができないやむを得ない理由があるときは，30日を下回る意見提出期間を定めることができ，その場合においては，当該命令等の案の公示の際その理由を明らかにしなければならないとする。これは機動的な行政立法の制定余地を残すことを帰結するが，その趣旨は，命令等制定機関による特例適用の適正を制度的に担保するところにある(96)。ここで，「やむを得ない理由」の提示は命令等制定機関による恣意的判断の有無の検証の機会を担保するためのものであるとされ(97)，具体的事実及び当該事実に基づく「やむを得ない理由」であると判断した具体的根拠を明らかにすべきであり，「早急に定める必要があるため」，「施行日が迫っているため」等としたのでは不十分であるとの見解がある(98)。確かに，行政立法の制定過程を見ると，法律案に後行するという実務(99)があるにしても，早期施行の必要性を強調することにより，意見公募手続の潜脱が可能となるかもしれない。この議論を敷衍すると，法律案の可決と施行日との間の期間の問題であって，抽象的定式に過ぎないが，行政の都合による意見公募手続の潜脱は許されないと考えられよう。この点個別に事例をあげ許否を論ずるのは困難であるが，その正当化理由として，例えば，“根回しに時間がかかり法律執行のため，早急に命令制定を行う必要がある”で足りるか否かという問題提起は可能であろう。租税法においてかようなことが生じうるか不明であるが，行政側の都合による法律制定過程の遅延は理由として不十分であると言えよう。

行政手続法42条では，命令等制定機関は，意見公募手続を実施して命令等を定める場合には，意見提出期間内に当該命令等制定機関に対し提出された当該命令等の案についての意見（以下「提出意見」という。）を十分に考慮し

(96) IAM＝行政管理研究センター編・前掲注（59）317頁。
(97) IAM＝行政管理研究センター編・前掲注（59）317頁。
(98) IAM＝行政管理研究センター編・前掲注（59）318-319頁。
(99) 白岩俊「パブリック・コメントについての政府の取組とその意義」自治研究81巻12号20頁以下。

なければならないとされる。この“考慮”の意味するものが問題となるが，提出意見の内容をよく考え，定めようとする命令等に反映すべきかどうか，反映するとしてどのように反映すべきかについて適切に考慮しなければならない[100]ということである。

行政手続法43条1項では，命令等制定機関は，意見公募手続を実施して命令等を定めた場合には，当該命令等の公布と同時期に，命令等の題名（1号），命令等の案の公示の日（2号），提出意見（提出意見がなかった場合にあっては，その旨）（3号），提出意見を考慮した結果（意見公募手続を実施した命令等の案と定めた命令等との差異を含む。）及びその理由（4号）を公示しなければならないとされる。この規定により，提出意見，考慮の実態，（非反映も含めて）反映の実態，命令等の内容についての命令等制定機関の考え方が認識できるし，そしてその考え方が合理的か否か，考慮は十分であったか否かが検証可能となるとされる[101]。すなわち，意見公募手続の実効性確保が企図されているし，とりわけその手段は制度運営の透明性であることを意味する。この点，特に，4号が意図するのは，提出意見を命令等に反映させた理由，させなかった理由，何故そのような反映のさせ方をしたのかに係る理由の提示である[102]。こうした提出意見の帰趨に係る詳細を国民の可視的な状況に置くことにより，前叙の実効性が担保されることにはなる。

行政手続法43条1項4号によれば，命令等制定機関は，意見公募手続を実施して命令等を定めた場合には，当該命令等の公布と同時期に，提出意見を考慮した結果（意見公募手続を実施した命令等の案と定めた命令等との差異を含む。）及びその理由を公示しなければならないとする。この点，類似手続が前叙の閣議決定に拠っていた際には，命令等の公布前に行政手続法43条1項3号，4号に相当する事項を公示していたが，意見公募手続においては，

---

(100)　IAM＝行政管理研究センター編・前掲注（59）325頁。
(101)　IAM＝行政管理研究センター編・前掲注（59）329-330頁。大橋・前掲注（53）62頁も，こうした運用が求められるとする。
(102)　IAM＝行政管理研究センター編・前掲注（59）333頁。

命令等の公布時としている。これは，命令等の公布前であると対応関係を一般国民が理解するのに難しいという事情が考慮されたためであるという[103]。さらに，行政手続法43条2項は，命令等制定機関は，前項の規定にかかわらず，必要に応じ，同項第3号の提出意見に代えて，当該提出意見を整理又は要約したものを公示することができるとする。そして，この場合においては，当該公示の後遅滞なく，当該提出意見を当該命令等制定機関の事務所における備付けその他の適当な方法により公にしなければならないとする。この規定によれば，要約された提出意見と実際に提出された意見を比較することが可能となろう。この趣旨は提出意見についての命令等制定機関の恣意的な整理・要約を防止する[104]ということである。

四に，意見公募手続が実施されない場合の実効的統制について検討しよう。そもそも意見公募手続が実施されない場合の行政立法に係る効果，制裁等は行政手続法自体には規定されておらず，それは学説・判例に委ねられることが予定されている[105]。では，次に，行政手続法に規定される手続を履践しなかった場合の効果は如何なるものであるのか。まったく履践しないのは違法であると解されうるが，それが不十分である場合にはどうなるのか。例として，考慮義務違反があるが（学説・判例に委ねられるのであろうけれども），意見公募手続の制度趣旨を基点として議論することは可能であるという見方[106]がある。この点，情報収集手続と見れば，必ずしも違法ではないとする立場もありうる[107]。必ずしも明確ではないが，おそらく，これは，情報収集は別の手段を通じても実施可能であるとするのか，または既に何らかの手段で情報を獲得しているということであろうか。ところが，意見公募手続

(103) 宇賀・前掲注（82）181頁。
(104) IAM＝行政管理研究センター編・前掲注（59）335頁。
(105) 宇賀・前掲注（63）30頁。同・前掲注（82）58頁は，行政立法に対する不服申立ての可能性を提示する。高木／常岡／須田・前掲注（69）580頁は，おそらく確認訴訟による争いを想定していようか。
(106) 曽和・前掲注（65）112頁。
(107) 曽和・前掲注（65）112頁。

は国民の権利保護に資するものであるという点を重視すれば，意見の提出が特に手続的権利であると構成すれば，違法となりうると立論可能であろう。さらに，命令等の案を公表し，その後，命令等制定機関が見落としていた重要な論点の指摘があったり，公示した案の前提となっていた事実認定を覆すような情報の提出があったとして，公示した案の大幅修正が必要となった場合に，意見公募手続を再度実施する必要があるかという問題もある。これについては，手続の再実施の必要性があると解されている(108)。私見もそれに与するものである。その理由として，意見公募手続の基本構造として，行政機関の提示した案に対する国民の意見を汲むというものがあり，それを以て手続が完了するので，当初案の大幅変更がなされる場合には，変更後の案に意見が提出される必要があろう点を挙げることができる。

Ⅲ　税務上の和解と租税法律主義(109)

1　和解の意義－税務行政における受容－

和解とはそもそも互譲であり，これを租税法に当てはめると，課税庁による課税放棄にも繋がる。そこで，こうした和解は，法律の厳格な執行の要請があるとすれば，合法性の原則からは許されないことになる。和解の他にも，合意，ネゴシエーションという言い方もできる。これについて，わが国では，訴訟上の和解の可否(110)が最も議論になろうが，比較法的に租税手続上の合意もありうる(111)。こうした和解等が可能であるか否かが具体的問いである

(108)　宇賀・前掲注（58）182頁。
(109)　この論点については，手塚貴大「納税者と課税庁の合意」論究ジュリスト26号76頁以下で触れた。詳細については拙稿を参照いただきたい。したがって，本稿ではその重要な議論のみを検討したい。
(110)　近時の議論の整理として，交告尚史「行政訴訟における和解」高木光他編著『行政法の争点』（有斐閣，2014年）132-133頁。諸説の整理として，栗本雅和「行政訴訟における和解－諸学説の整理と展望－」南山法学23巻1・2号69頁以下。
(111)　手塚・前掲注（6）。

が，多くの場合には否定的に解される。

ここで具体例を見ることとする。租税手続上の合意については以下の判例がある。例えば，「……納税義務の成立，内容は，もつぱら法律がこれを定めるものであつて，課税庁側と納税者側との間の合意又は納税者側の一方的行為によつて，これを動かすことはできないというべきである。したがつて，仮に，上告人……と被上告人との間の……合意に……約旨が含まれているとしても，そのことのゆえに，同上告人のした本件の固定資産税及び都市計画税の賦課処分が当然に適法となるものでないことは明らかであ」る（最判昭和49年9月2日判時757号58頁）とされ，納税義務者が，固定資産税等に係る非課税資産に該当する固定資産を有するとして，そうした非課税特権を放棄する旨の合意には拘束力はないことになる。さらに，「……納税義務の成立，内容は，もっぱら法律がこれを定めるものであって，課税庁側と納税者側との合意又は納税者側の一方的行為によって，これを動かすことはできないというべきである」という前掲・最判昭和49年9月2日に拠った上で，「……地方税である特別土地保有税の徴収手続については，地方税法及び同法613条6項により包括的に準用される国税徴収法の規定によるべきであって，地方税法又は国税徴収法に定めない手続によって特別土地保有税（町税）を徴収することは許されないと解される」ので，「……市町村が，上記の規定によらないで，一般私人との間に私法上の保証契約を結び，その保証契約に基づいて特別土地保有税を徴収することは許されないというべきである。」（大津地判平成18年6月19日判例自治286号65頁）ともされる。ここでは，租税の徴収方法についても法律上の仕組みに基づいてなされるべき(112)という立場が導出される。こうした判示は極めて形式主義的ではあるが，既存の制度を前提とした解釈論が展開されているわけであり，法律の定めるところに機械的に従って課税・徴収がなされるべきことになる。公法の領域においては，法律の配備した制度がある以上，法解釈の帰結としてそれに拠って制

---

(112)　同旨，藤田宙靖『行政法総論』（青林書院，2013年）314頁。

度運営がなされるべきことが要請されるということであろう。

また，訴訟上の和解[113]についても，互譲による課税権の全部または一部の不行使は合法性の原則からすれば許されないと考えられる。このように考えると，租税法の領域における法律への拘束は極めて厳格であり，互譲としての性質を持つ納税者と課税庁との間の行為はその余地を有しないと言いうる。

2　税務上の和解の可能性－事実に関する合意－

ところが，租税実務においては，和解等は行われている。例えば，租税手続において課税庁と納税義務者との間の手打ちであって，具体的には，真偽不明な事実関係を措定して，それに基づいて課税を行うというものである。比較法的知見に基づくと[114]，こうした事実問題に関する合意は租税法律主義に反するものではない。何故なら，事実関係の明確化は法律の解釈・適用とは別次元の作業だからである。それに加えて，次のようにも言われる。こうした合意は課税庁にとってのコストを削減することに繋がるのである。すなわち，例えば，課税要件に係る事実が真偽不明である場合には課税できないため，それを措定することが可能であれば，課税可能となるといった法律の執行コストのみではなく，事後的な争訟発生・対応コストを引下げるということである。これは比較法的には事実に関する合意と呼ばれる。こうしたことは訴訟レベルでも行われうる。

そして，この場合の合意の法形式であるけれども，一に，行政契約論から考える途がありうる。この点，わが国の行政契約論に係るドグマーティクの蓄積は必ずしも豊饒であるとは言いえない。要するに，例えばドイツとは異なり，行政契約は個別法に特別の規定があるだけで，私法上の契約と並立しうるような体系を有するわけではないことがその特徴である。そこで，行政

(113)　これについては，例えば，長崎地判昭和36年2月3日行裁例集12巻12号2505頁。

(114)　以下，手塚・前掲注（6）46頁。

契約が如何なる場合に，如何なる要件のもとに締結可能か否か等(115)の実践的投入に必要な事項は必ずしも明確ではない。いわゆる公法契約の存在可能性は肯定できるとしても，如何なるものがそれに当てはまるのか(116)は不明である。おそらく前叙の事実に関する合意についての議論に基づく租税法律主義との相克が克服可能である場合には，こうした税務上の行政契約は可能であると考えられる。いくつかの議論が可能であろうが，わが国における公法契約に関する一般的な実定法規範の欠如を法の欠缺と捉え，それを目下の行政法理論を通じて埋めるという作業(117)が考えられるし，加えてこうした行政契約が排除されると考える根拠はない。すなわち，法律上の根拠がなければかような契約の締結ができないとは考えられない。

二に，合意の根拠を信義則に求めることも可能である。この信義則を根拠とする場合には，例えば，信義則を適用し，課税庁と納税義務者との間に拘束的関係を構築するための要件に関する議論を行う必要がある。この点，次の判例に触れるべきであろう。最判昭和60年10月30日集民第152号93頁であるが，曰く，「租税法規に適合する課税処分について，法の一般原理である信義則の法理の適用により，右課税処分を違法なものとして取り消すことができる場合があるとしても，法律による行政の原理なかんずく租税法律主義の原則が貫かれるべき租税法律関係においては，右法理の適用については慎重でなければならず，租税法規の適用における納税者間の平等，公平という要請を犠牲にしてもなお当該課税処分に係る課税を免れしめて納税者の信頼を保護しなければ正義に反するといえるような特別の事情が存する場合に，初めて右法理の適用の是非を考えるべきものである。そして，右特別の事情が存するかどうかの判断に当たつては，少なくとも，税務官庁が納税者に対し信頼の対象となる公的見解を表示したことにより，納税者がその表示を信頼しその信頼に基づいて行動したところ，のちに右表示に反する課税処

(115) 藤田・前掲注（112）312頁。
(116) 藤田・前掲注（112）311頁。
(117) 平岡・前掲注（35）21，23頁。

分が行われ，そのために納税者が経済的不利益を受けることになつたものであるかどうか，また，納税者が税務官庁の右表示を信頼しその信頼に基づいて行動したことについて納税者の責めに帰すべき事由がないかどうかという点の考慮は不可欠のものであるといわなければならない。」と。

この判示は非常に重要であるが，あくまでも，租税法律主義に反する行政活動がなされた場合が想定されていると見るべきである。課税庁が合意に応じる旨の表示行為を行ったとした場合，そこに信義則の適用を行うわけであるが，違法な表示行為に基づく合意には前叙の判例に言うような極めて限定された成立可能性を認めることになるが，仮に，個別の合意の内容と租税法律主義との間の相克がないとすれば，信義則の適用を必ずしも限定的に捉える必要性はないのではないか(118)。

なお，以上の拘束力を行政先例法に依拠して認めることは困難であろうと考えられる(119)。何故なら，その成立可能性は学説上極めて限定的に解されるところ，課税庁と納税義務者との間で合意以前に相当程度の相互交渉がなされたとしても，一個の合意で以て行政先例法の成立を論ずるのはいかにも無理であろう。

次に，合意の実施に対する統制も検討事項であろう(120)。例えば，租税手続における合意については，合意が成立し，課税庁がそれに則った行政活動を行えば，合意の内容は争訟で争われる可能性はない。比較法的に合意に際して事実問題のみではなく，法律問題にもそれが及ぶ可能性が指摘されているので，内容上の合理性を確保する手段は必要かもしれない。この点，比較法的には，いくつか考えられるが，例えば，合意がなされた場合には，それを記録として文書化し，それを課税庁間で共有することとし，組織的チェック体制とすることがありうる。これにより，課税庁職員は先例を参照することが可能となり，その限界，さらには課税庁ごとに判断が区々となることが

(118)　この点，手塚・前掲注（109）80頁。
(119)　この点，手塚・前掲注（109）80頁。
(120)　この点，手塚・前掲注（109）82頁。

回避可能になると言いうる。

Ⅳ　遡及立法と租税法律主義

1　租税法における遡及効

法律の遡及効とは，法律が施行日よりも遡って適用されることを意味する。これを租税法の場合に当てはめると，課税という国家作用の特徴は，侵害行政としての性格を持つ故，税負担を増加させる課税要件を持つ法律が遡及すると，罪刑法定主義のもとにおける刑罰法規の遡及適用と同様の効果を持つと考えられる。これは，端的には，納税義務者の予測可能性・法的安定性の保障との相克を生じさせるということができよう。具体的には，納税義務者の取引につき，当初想定した税負担とは異なる税負担が事後的に生じることを意味するのであって，納税義務者にとっての不利益は大きい。

但し，例外なく禁止されるわけではなく，結局，必要性等の正当化理由があればそれも可能であると解することになろう。問題としては，一に，如何なる場合にそれが可能であるのかという問いである。二に，年度内遡及である。第二の点を敷衍しよう。そもそも，わが国では，直後の判例でも触れられるが，所得税納税義務について暦年の終了時点で成立する。この点，今年度の税制改正を前年度に遡って適用すれば，これは遡及適用の問題となる。加えて，その税制改正が税負担を加重する内容である場合には，納税義務者の予測可能性・法的安定性に対する侵害となるであろう。次に，もし，年度途中で（納税義務者の税負担を加重する）税制改正があり，それが年度の当初に遡って適用されるとすれば，年度途中で実施された取引につき納税義務が未成立であるとしても，当該納税義務者の取引時点での税制からは予測できない納税義務の加重となる。これは純然たる遡及適用では必ずしもないが，前叙の予測可能性・法的安定性を侵害すると解される(121)(122)。

---

(121)　田中治「租税法律主義の現代的意義」税法学566号252頁，265頁，山田二郎「「不利益遡及立法と租税法律主義」再論」税法学563号401頁以下。

こうした年度内遡及（不真正遡及効）について，租税法律主義の観点から以上の議論を展開し得るが，判例は必ずしもそうではない。そこで，次に判例の動向の把握とその特徴の指摘を試みたい。

2　具体例の検討

これについての検討素材として，最判平成 23 年 9 月 22 日判時 2132 号 34 頁（原審：東京高判平成 20 年 12 月 4 日 LEX／DB25440930，一審：千葉地判平成 20 年 5 月 16 日 LEX／DB25440143）がある。事案の内容としては，暦年途中で税制改正がなされ，その改正措置が年度当初に遡って適用されることになったため，前年より計画し，当該年度内に実行した取引につき，自らに有利な内容の租税特別措置の適用が受けられなくなったというものである。ここで論点はそうした遡及適用が租税法律主義との関係で許容されるか否かである。判旨は次のように言う。曰く，「……所得税の納税義務は暦年の終了時に成立するものであり（国税通則法 15 条 2 項 1 号），措置法 31 条の改正等を内容とする改正法が施行された平成 16 年 4 月 1 日の時点においては同年分の所得税の納税義務はいまだ成立していないから，本件損益通算廃止に係る上記改正後の同条の規定を同年 1 月 1 日から同年 3 月 31 日までの間にされた長期譲渡に適用しても，所得税の納税義務自体が事後的に変更されることにはならない。しかしながら，長期譲渡は既存の租税法規の内容を前提としてされるのが通常と考えられ，また，所得税が 1 暦年に累積する個々の所得を基礎として課税されるものであることに鑑みると，改正法施行前にされた上記長期譲渡について暦年途中の改正法施行により変更された上記規定を適用することは，これにより，所得税の課税関係における納税者の租税法規上の地位が変更され，課税関係における法的安定に影響が及び得るものというべきである。」と。以上の判文を見ると，納税義務の成立が暦年の終了時点であることを根拠に，納税義務の事後的変更にならないとするので，この税制改

(122)　外国法につき，木村弘之亮「租税法規遡及立法の禁止法理と新展開－信頼保護による法的安定性」税法学 563 号 189 頁。

正が遡及適用には厳密には該当しないということを示唆しようか。ところが，納税義務の事後的変更ではないとしても，取引時点の税制が適用されなくなるため，租税法規上の地位の変更が生じるとするのであり，それは法的安定に影響が生じるとする。続けて，次のように言う。曰く，「……憲法84条は，課税要件及び租税の賦課徴収の手続が法律で明確に定められるべきことを規定するものであるが，これにより課税関係における法的安定が保たれるべき趣旨を含むものと解するのが相当である（最高裁平成12年（行ツ）第62号，同年（行ヒ）第66号同18年3月1日大法廷判決・民集60巻2号587頁参照）。そして，法律で一旦定められた財産権の内容が事後の法律により変更されることによって法的安定に影響が及び得る場合における当該変更の憲法適合性については，当該財産権の性質，その内容を変更する程度及びこれを変更することによって保護される公益の性質などの諸事情を総合的に勘案し，その変更が当該財産権に対する合理的な制約として容認されるべきものであるかどうかによって判断すべきものであるところ（最高裁昭和48年（行ツ）第24号同53年7月12日大法廷判決・民集32巻5号946頁参照），上記……のような暦年途中の租税法規の変更及びその暦年当初からの適用によって納税者の租税法規上の地位が変更され，課税関係における法的安定に影響が及び得る場合においても，これと同様に解すべきものである。なぜなら，このような暦年途中の租税法規の変更にあっても，その暦年当初からの適用がこれを通じて経済活動等に与える影響は，当該変更の具体的な対象，内容，程度等によって様々に異なり得るものであるところ，上記のような租税法規の変更及び適用も，最終的には国民の財産上の利害に帰着するものであって，その合理性は上記の諸事情を総合的に勘案して判断されるべきものであるという点において，財産権の内容の事後の法律による変更の場合と同様というべきだからである。

したがって，暦年途中で施行された改正法による本件損益通算廃止に係る改正後措置法の規定の暦年当初からの適用を定めた本件改正附則が憲法84条の趣旨に反するか否かについては，上記の諸事情を総合的に勘案した上で，このような暦年途中の租税法規の変更及びその暦年当初からの適用による課税関係における法的安定への影響が納税者の租税法規上の地位に対する合理的な制約として容認されるべきものであるかどうかという観点から判断するのが相当と解すべきである。」と。以上の判文を見ると，法的安定の確保は租税法律主義の要請であるとしつつ，ここでの租税法規上の地位の変更が財産権の法律による事後的変更と同様の影響を与えるものであって，それに係る最高裁判例を引用し(123)，当該判例の示す基準に従って，財産権に対する合理的制約か否かの判断をすべきであるとするのである(124)。

そして，前掲・東京高判平成20年12月4日および前掲・千葉地判平成20年5月16日では，いずれも，ここで問題となる遡及適用が厳密な意味での遡及適用には該当しないとする。例えば，東京高判曰く，「……遡及立法は，納税義務が成立した時点では存在しなかった法規をさかのぼって適用して，過去の事実や取引を課税要件とする新たな租税を創設し，あるいは，既に成立した納税義務の内容を納税者に不利益に変更する立法であり，法律の根拠なくして租税を課することと同視し得ることから，租税法律主義に反する」が（ここでは真正遡及適用が言及されている），「……所得税は，いわゆる期間税であり，暦年の終了の時に納税義務が成立するものと規定されている（国税通則法15条2項1号）。したがって，暦年の途中においては，納税義務は未だ成立していないのであり，そうとすれば，その暦年の途中において納税者に不利益な内容の租税法規の改正がなされ，その改正規定が暦年の開始時（1月1日）にさかのぼって適用されることとされたとしても……，このような改正（立法）は，厳密な意味では，遡及立法ではない。」と。以上は，例えば，ここで問題となる年度内遡及も遡及適用であるとする福岡高判平成20年10月21日判時2035号20頁（原審：福岡地判平成20年1月29日判時2003号43頁）とは異なる。とはいえ，不真正遡及適用にもまったく配慮がな

---

(123)　先行する最判引用の意義につき，小林宏司「時の判例」ジュリスト1441号113頁。

(124)　渋谷雅弘「租税法律における遡及的立法の合憲性」ジュリスト1440号222頁は，本判決の判断を厳しい審査ではないとする。

いわけではなく，「……厳密な意味では遡及立法とはいえないとしても，本件のように暦年当初への遡及適用……によって納税者に不利益を与える場合には，憲法84条の趣旨からして，その暦年当初への遡及適用について合理的な理由のあることが必要であると解するのが相当であ」り，具体的には，「……立法府の判断がその合理的裁量の範囲を超えると認められる場合に初めて暦年当初への遡及適用が憲法84条の趣旨に反するものということができるものというべきである。」とするが，その際，最判昭和60年3月27日判時1149号30頁を引用するので，立法裁量を広く認めた上での合理性が求められることになる。この点，千葉地判も，（前掲・最判昭和60年3月27日の明示的引用はないが）同様の判示をするけれども，その際，「……納税義務者に不利益に租税法規を変更する場合は，その立法目的が正当なものであり，かつ，当該立法において具体的に採用された措置が同目的との関連で著しく不合理であることが明らかでない限り，憲法違反となることはないと解するのが相当である。そして，当該立法措置が著しく不合理かどうかを検討するに際しては，それが厳密には納税義務者に不利益な遡及立法とはいえないとしても，不利益に変更される納税者の既得利益の性質，その内容を不利益に変更する程度，及びこれを変更することによって保護されるべき公益の性質，納税者の不利益を回避するためにあらかじめ取られた周知等の措置等を総合的に勘案すべきである。」として，東京高判に比して，やや判断基準が詳細となり，結局これは先に引用のあった最判昭和53年7月12日と同様の判示と言いうる。

なお，前掲・最判平成23年9月22日では，租税法規上の地位の変更に係る予測可能性に言及がない。この点，必ずしも明確ではないが，この根拠として，引用された最判昭和53年7月12日において予測可能性が問題とされていないこと（なお，前掲・福岡高判平成20年10月21日においては，予測可能性の有無も合憲性判断基準の一つとされている。これは前掲・最判昭和53年7月12日が必ずしも完結的な基準を示していない故であろう），または，東京高判平成21年3月11日訟月56巻2号176頁（上告審：最判平成23年9月30日判時2132

号39頁では，前掲・最判平成23年9月22日と同旨の判断がなされている）のように，税制改正に係る予測可能性を要求することにより，税制改正が困難になること，予測可能性は納税義務者個人によりまちまちであることから，租税法律主義は個々の納税義務者に係る予測可能性の完全な充足を求めていない，とする立場に与していること，が挙げられうる(125)。これは，租税法律主義の観点で問題がある。

また，前掲・福岡地判平成20年1月29日は，「……租税法規については，刑罰法規とは異なり，憲法上遡及適用を禁じる旨の明文の規定がないほか（憲法39条前段参照），適時適切な景気調整等の役割も期待されていることなどにかんがみると，租税法規不遡及の原則は絶対的なものではなく，租税の性質，遡及適用の必要性や合理性，国民に与える不利益の程度やこれに対する救済措置の内容，当該法改正についての国民への周知状況等を総合勘案し，遡及立法をしても国民の経済生活の法的安定性又は予見可能性を害しない場合には，例外的に，租税法規不遡及の原則に違反せず，個々の国民に不利益を及ぼす遡及適用を行うことも，憲法上許容されると解するのが相当である。」として，遡及適用の可能性は例外的であるとする。この判示は本稿で引用した他の判決には見られず，問題の遡及適用を違憲としている。ところが，控訴審である前掲・福岡高判平成20年10月21日では，それとは異なり，前掲・最判昭和60年3月27日および前掲・最判昭和53年7月12日が引用され，その枠内のもとで遡及適用の可否が検討され，結局は遡及適用が合憲とされた。福岡地判の判断の位置づけは一概には出来かねるが，差し当たって，次の理解が可能かもしれない。一に，遡及適用の例外性は租税法律主義の趣旨をよく斟酌していると言いうるが，先例となる最高裁判決との整合性が必ずしも取れていないかもしれない。すなわち，遡及適用の例外性に与すると，租税立法者に対する拘束力が一層発揮され，租税立法者の広い裁量とは必ずしも整合しない。その結果，福岡高裁の前述の判示があるとも解

(125)　予測可能性については，中里実「憲法84条と遡及」ジュリスト1444号132-134頁。それと同旨か，小林・前掲注（123）113-114頁。

される。二に，そうした例外性が遡及適用の可否に如何に影響するか必ずしも明確ではないが，判文からすると，少なくとも，遡及適用が可能とされる基準への当てはめが厳格な傾向を示す可能性はある。

V　租税回避の否認と租税法律主義

1　租税回避の否認ー租税法解釈論における位置づけー

租税回避論と租税法解釈論は密接に関連している。わが国の学説においては，文理解釈の意義に触れられることがあるが，その意味するところは，厳格な解釈（適用）であって，課税権の行使が法律の枠内に確実に収まることを指向するものであり，こうした厳格さを法解釈および事実認定の双方に及ぶと立論するのである[126]。この背景にあるものは，まさに租税法律主義の重要性への着目であって，課税への枠組みを配備し，恣意的課税を防止することの重要性であろう。

この租税法解釈論における厳格性は，いわば実質主義・経済的観察法と対をなすものである。これらは，学説の整理によると，租税法律主義の潜脱をもたらすものであり，すなわち，課税可能性を指向する平等原則を根拠に，法律の文言には必ずしも包摂されない事実関係に課税を行うことに繋がる[127]。具体的には，法の解釈に際しては，拡張解釈，類推解釈に行き着き，事実認定の場面では，厳密には異なる，類似する事実関係をまさに実質的に同一視するものであると言える。こうした解釈適用の営為を通じて，課税可能性は立法者が企図するよりも相当程度に拡張する。そこで，実質主義は厳格な解釈適用という定式を無効化するものとして現代租税法においては理論上も実際上も排除されるものである。

以上に述べたことの名宛人は課税庁，つまるところ国家であると考えるべきである。何故なら，課税という局面では国家の課税権力の行使の態様が問

(126)　谷口・前掲注（2）37 頁。
(127)　谷口・前掲注（2）37-39 頁。

題となるからである。ここで租税回避論のもとでは，いわゆる個別的否認規定の原則を参照するべきである。すなわち，違法ではないが，不当である租税回避行為を規制し，本来生ずるであろう税負担を創出するべく，実際に行われた取引を無視し，本来であれば選択されたであろう取引形式がなされたものとして課税するためには，否認対象取引が法律上具体的に規定され，それが別の取引形式がなされたものとして課税する旨を定めた規定が必要であることになる(128)。右の立論については，租税法と私法の関係に関わる。すなわち，私法を前提とし，換言すれば，その経済的成果に着目して課税するのが租税法であって，納税義務者が選択した取引形式を租税法上無視することは，予測可能性・法的安定性を著しく害するのである。

ところが，租税回避規制について明文の規定がない場合には，解釈を通じた規制が追求されることになる。その点で，参照すべきは，いわゆる具体的条文の趣旨目的に基づく解釈の可能性である(129)。この点，有力説によれば，法律の趣旨目的が課税要件と同程度に法律上明らかである場合に可能であるとされる(130)。これは，租税法律主義の厳格性を直視すれば，この立場に行き着くのであるが，何故なら，租税法律主義を厳格に理解すれば，（具体的取引を租税回避と性質決定し否認を可能とする帰結を導く）趣旨目的が法律上明確でない以上，租税法律主義に即した課税は実現しないからである。以上の立論は，趣旨目的につき相当程度の具体性を求めるために，個別的否認規定の必要性と整合する。とはいえ，所論の言うところの，趣旨目的が法律上課税要件と同程度に現れるとは，具体的にどのような場合かは明確には示し難い。

2　具体例としての一般的否認規定－その機能性－

(1)　一般的否認定の意義

既に見たような，租税法律主義から指示されるところを前提とすれば，所

(128)　金子・前掲注（1）411-412頁。
(129)　谷口・前掲注（2）42-43頁。
(130)　谷口・前掲注（2）43頁。

得税法157条，法人税法132条等をどのように理解するか，具体的には，それらの一般的否認規定は，その規定内容の個別具体性の欠如により，課税要件明確主義に違反すると性質決定すべきか否か，という問題が提起できよう。この点，周知のように，税制改正を通じて法人税法は個別的否認規定を相当配備されているけれども，その132条がまったく無意味ではないとの通説による指摘がある(131)。これは法人税法に係る指摘であるけれども，所得税法157条についても聞くべきところはあるかもしれない。

ここで以上を整理すると，前叙の租税法律主義の観点から，一般的否認規定は個別取引が条文上表されてはいないことを根拠に，①一般的否認規定は租税法律主義の要請を充足しないので，適用不能であると解する立場(132)，そして，そうではなく，一定の場合にはその適用可能性を否定せず，②その機能性を確保する論理がありうる。後者については，特に，その例外的な適用可能性(133)を以て，一般的否認規定の正当化を試みることもありうる。すなわち，ここで例外性の意味であるけれども，法律上個別取引が否認対象として挙げられていなくとも，納税義務者の予測可能性を失わないほどに，ある取引が否認対象となることを首肯しうるということであろうか。

この点，次の具体例を通じて，検討を行うこととしたい。

⑵　具体例

所得税法157条につき，租税回避の否認のみではなく，適正所得算出機能をも認める立場がある。これは取引当事者の選択した取引形式を別のそれに置き換えるものではなく，取引条件の修正を行うことに繋がる。例えば，東京地判平成9年4月25日訟月44巻11号1952頁，広島地判平成13年10月11日LEX／DB28092272等がその実例であろうか。この機能を承認すべきか否かは議論に必ずしも見解の一致があるわけではない。租税回避の否認機

(131)　金子・前掲注（1）501頁。
(132)　否認規定の個別性が必要であることを徹底するとこのようになるはずである。
(133)　例えば，石島弘「同族会社の行為計算否認規定の解釈適用」岡山大学法学会編『世紀転換期の法と政治　岡山大学創立50周年記念論文集』（有斐閣，2001年）18頁。

能も課税要件明確主義に違反し，また，所得税法について経済的合理性の前提を措かないことにより，この機能をも認めないとするならば，所得税法157条は死文化する(134)。

この議論に決着をつけることが現段階では困難である。勿論，個別的否認規定の原則性を導ける租税法律主義を強調すれば，一般的否認規定は適用困難である。また一般的否認規定の適用によって，課税庁にとっても課税処分後の争訟リスクは無くならない。但し，一般的否認規定の蘇生を敢えて試みれば，前叙の例外性の他には，目下次のような議論が可能である。すなわち，不合理な取引がなされ，その際に個別的否認規定が見当たらない場合には，一般的否認規定の要件への包摂可能性が問題となる。その後課税処分を通じて争訟に至った場合，課税庁は当該取引の要件包摂を争い，裁判所にその主張が受け入れられ，それが繰り返されれば，裁判所の判断として否認可能性は明確となる(135)。さらに，“不当性”要件も一定の事実関係との兼ね合いで解明できるとすれば，解釈論としては成立すると考えられる。

(3)　“合わせ技”としての通達？

では，通達による否認事例の例示を通じて，租税法律主義を補完することができるか否かが検討されるべきである。ここで補完とは，一般的否認規定における課税要件の抽象性を通達による例示がなされることを通じて解消されると解釈論的に構成することができるか否かである。いわば課税庁の法解釈の具体的要素について通達を通じて明確化するのである。確かに，こうした手法は，予測可能性・法的安定性を高めることに繋がる。これは通達の機能論からも論証可能である。しかし，そうした例示は法律上のものではないという点は重要である。もし，課税庁の否認があると，それに納得しない納税義務者が争訟で争う契機になる。何故なら，通達は前叙のごとくそもそも

---

(134)　手塚貴大「行為計算否認規定を中心とした同族会社課税の諸問題（1）－判例および理論の現状分析，そしてその展望－」広島法学35巻1号66-67頁。

(135)　手塚・前掲注（134）73頁。同「租税法総論（4）－解釈と立法の基礎理論－」広島法学40巻1号89-88頁。

行政の内部規範であるために，通達を通じて法律上の課税要件の意味内容が具体化するとしても，法律上の明確化された否認ではないので，納税義務者は通達内容には拘束されないため，紛争は生じうるからである[136]。すなわち，法律の文言から一義的に解釈に係る帰結が導出され，それを課税庁および納税義務者が共有するという租税法解釈論に係る学説の示すところは得られないのである。換言すれば，通達は法律とは完全に同性質では到底なく，通達上の明確化は法律上否認要件が規律された場合と同一ではないのである。したがって，通達の内容が法律の解釈と適合することが，例えば訴訟において，論証されなければならない。それ故，通達による明確化の効用は，通達内容が課税庁のみではなく，納税義務者にとっても説得的である場合に限り得られるものである。

Ⅵ 結　　語

本稿は租税法律主義に関する諸問題について税務行政の観点から検討を行った。それに関する帰結は本稿の随所で示したので，ここで本稿の締めくくりとして，その検討から得られた示唆のごく一端に触れる。

本稿で近時の租税法律主義に関連する議論を管見したわけであるが，租税法律主義の重要性は否定できない。伝統的な言い方を借用すれば，侵害行政法としての租税法の性質からはそれは否定しようがない。この議論は租税実体法においても，租税手続法においても同じようにそれは当てはまる。本稿では特に，税務行政法の議論について検討を行ったわけであるが，租税法律主義と税務行政の実態との間には緊張関係に立つ要請はいくつかあるので，それらの調整を可能とする理論が必要である。

例えば，行政基準について言えば，税務行政過程における投入の必要性があり，同時に，租税法律主義と緊張関係に立つため，それらの対立に統制を

(136)　同旨，岡村・前掲注（50）155頁。

かける必要性がある。とはいえ，行政基準の現実的機能を直視すると，租税法律主義のもとでも重要性が高い。何故なら，それらは，法律上すべて規定しきれない事項を規定するものであって，法律による課税を補完するという点で，租税法律主義の機能を一層実効化する機能を有しうるからである。しかし，例えば，本稿で既に見たように，通達と法律とを完全に同一視できないわけであって，一般論としては，法律と下位の法令との棲み分けを理論に照らして厳格にしていきつつ，行政基準の有効性を最大限に高めるという途が目下の理論的に考究されるべきことである。

そして，租税法律主義につき，わが国の学説の説くところでは，その厳格性に着目がなされる。この点，課税という国家作用の性質を直視すれば，その言明は首肯できることは言うまでもないが，現実の課税の局面を見ると，一定の場合には，一見租税法律主義の後退ともいうべき現象も見られる。これを租税法律主義違反として断じることも可能であるが，“例外”を伴う“原則”としての性質にも着目すべきかもしれない。例えば，行政基準を通じて税務行政制度の具体的構築を行う場合，さらには税務執行の具体的場面では，租税法律主義はあくまでも他の原則とのトレードオフという調整作業のもとに置かれると考えるべきであろう。尤も，租税法律主義の機能によれば，かような例外はあくまでも例外である。

なお，租税法律主義は極めて厳格なものであるべきで，特に，合法性の原則が徹底されつつ課税が執行されれば，違法な課税はそもそも生じ得ない。そして，租税法解釈の帰結が課税庁と納税義務者との間で一致することとなる。しかし，現実には，本稿で見たような争訟が生じており，現実にはそうした租税法律主義の機能が完全に発揮されているとは言いえない。この場合，納税義務者の立場に与して争う役割は租税法の専門家としての税理士が担うこととなる。要するに，もし違法な課税がなされた場合にはそれを（特に訴訟で）争い，是正する必要があって，言うなれば税理士が租税法律主義の実現の一翼を担うわけである。本稿に若干見た課税の現状を直視すれば，税務行政過程における納税義務者の権利保護の第一の担い手という点で，税理士

（および税理士制度）の重要性は今後一層高まるはずである。

税務行政法の制度的環境変化と法的課題

日 税 研 論 集　第75号　(2019)

平成31年3月20日　発行

定　価　(本体3,889円＋税)

編　者　公益財団法人　日本税務研究センター

発行者　浅 田 恒 博

東 京 都 品 川 区 大 崎 1 - 11 - 8
日本税理士会館1F

発行所　公益財団法人　日本税務研究センター

電話 (03) 5435-0912 (代表)

製　作　第一法規株式会社